概説 教育行政学

平原春好［編］

東京大学出版会

An Invitation to Educational Administration
Research in the 21st Century Japan
Haruyoshi HIRAHARA, Editor
University of Tokyo Press, 2009
ISBN 978-4-13-052078-2

はじめに

本書の趣旨

一九九〇年代以降、経済の構造改革を基礎として、行政改革や教育改革などの〝改革ラッシュ〟が起り、新たな教育行政の現代的課題が浮上し、教育に関係する者もそれ以外の者も、教育行政のあり方を自ら主体的に考えることが重要になった。教育行政学は、変転の激しい制度を静態的に整理するだけでなく、政策や立法とのかかわりで教育行政を動態的に把握・分析し、教育行政の現代的課題を究明することが、以前にも増して求められるようになった。本書は、このような要請に応えることを目指して企画編集された。

また、教育行政や教育行政学は行政職員や学校管理職のためのもので、学生や一般教師には無縁のものだという理解が行きわたって久しいものがあるが、学生・教師はもちろん、自ら学習する権利の主体であり、子どもの学ぶ権利の実現に責任をもつ人々に深くかかわる教育行政学が、ますます必要になっている。このような必要性に今日的な水準で応えることも、本書が意図したところである。

このような考え方は、編者の前著（平原『教育行政学』東京大学出版会、一九九三年）を引継いでおり、教育行政・教育行政学の考え方や歴史など前著の叙述に委ねた部分もあるので、必要な場合にはそれをも参照していただければ幸いである。

教育行政の構造的な把握

本書では、教育行政を構造的にとらえるため、教育の政策と立法を考察の範囲内に置いた。教育政策とのかかわりに留意するゆえんは、教育行政が教育政策を実現する組織や機能であることによる。教育政策は、教育の目標を達成する方針・行為であり、国・地方公共団体の公的な政策から民間諸機関・団体等の私的な政策まで、広く多様な分野・内容に及んでいるが、わが国では、政策と言えば公的な政策を指すことが多く、その具体化の代表的な形態が改革であるから、本書では、教育と行政の改革について検討した。

教育立法とのかかわりに留意しなければならないのは、教育行政に「法律による行政」の原理が適用されているからにほかならない。政策の大綱は立法の過程を経て成文法規（国会が制定する法律とこれを実施するための政令、府省令等、及び、地方公共団体の議会が定める条例と教育委員会が定める規則）となり、それに準拠して行政が行われる。判例の集積により形成される不文法規も行政の基準ではあるが、成文法主義を採るわが国では成文法規の力が強い。行政分野では行政当局の法解釈が公定力をもつとされるので、本書では、法規の制定状況や行政解釈の動向にも注意を払った。

わが国の場合、法律案は内閣提出法案（閣法）が圧倒的に多く、教育関係法律では文部科学省が法案作成と国会答弁に大きな役割を果していることからすると、教育行政は立法から隔絶された存在ではない。また、省庁改編以後、文部科学省の政策立案能力が強化されたこともあり、教育行政を教育政策の実現という次元に限定することもできない。したがって、本書では、このような態様の教育行政にも着目したことは言うまでもない。

本書の内容

本書は、教育行政・教育法・教育政策研究に実績のある専門研究者九人の協力を得て、次のような構成で内容を展開する。

第Ⅰ部では、教育行政を方向づけている教育改革と行政改革をとり上げる。第1章では、教育改革の構想とそれを受けた制度・行政の改編を点検し、現体制の中心に位置づく教育を受ける権利＝学習する権利と教育行政原則を確認し、第2章では、行政改革の主要課題であった省庁改編、規制改革、地方分権改革の足跡を追い、その中で揺れ動く教育行政を考察する。

第Ⅱ部では、教育行政の組織について検討する。第3章では、中央教育行政機関である文部科学省の現状と当面する課題について述べ、第4章は、地方教育行政機関である教育委員会制度の原理や特徴などを明らかにし、教育委員会再生の方向を検討する。第5章は、わが国教育委員会制度のモデルである米国教育委員会制度を特別にとり上げ、その生成・展開過程を通してわが国の制度見直し論議への示唆を提供する。

第Ⅲ部では、教育現場における教育行政のはたらきを多面的に点検する。第6章は、教育行政の任務の一つである教育機会の平等の実現と財政保障のあり方などを考察し、第7章は、公教育において特別のニーズのある子どもを含む子どもの学習権保障のあり方について検討する。第8章は、学校選択の自由の現状と理論を整理分析し、学校の参加・共同のあり方を検討し、第9章は、教員の免許・研修・人事などについての制度理念と改編の意味、問題点などについて論及し、第10章は、特に大きく転換している高等教育政策・行政について、一九九〇年代以降の構造的な変容とその意味を明らかにする。第11章は、少子化や規制緩和の流れの中で展開される保育政策・行政の再編と保護者の意識・行動について考察し、第12章は、子どもの自立支援・矯正教育と学校教育が交錯する場面における行政の改善点と、行政の総合的体系化の方向を提起する。

凡　例

本書の文中では、年号は主として西暦を使用し、法令や機関等の名称は適宜簡略化して記載したところもある。研究論文で行われるような引用文献・頁数等の詳細な注記は省いたが、叙述の途中で特に必要な箇所には括弧内に文献名等を記し、各章末に「参考文献」を掲げた。掲出した文献は少数に過ぎないが、読者がさらに調べ、研究するときの手がかりとして活用していただきたい。巻末に「参考基礎資料」として、主要七か国の教育改革と教育行政組織の概略を掲げた。これらは、おおよそ二〇世紀末から二一世紀はじめの概況であり、本書各章で記述されている内容の基礎的な参考資料として利用していただけると思う。その他紙幅の関係で十分説明できなかった事項や基本用語等については、平原春好・寺﨑昌男編集代表『新版　教育小事典（第3版）』（学陽書房、二〇一一年）を手はじめに、各種事辞典で補っていただきたい。

謝　辞

顧みると、東京大学出版会発行の私の教育行政学関係著作は、本書が四冊目である。同会刊行助成による私の博士論文『日本教育行政研究序説』（一九七〇年）は出版賞を受け、後に復刊学術書として再刊された（一九七九年）。同書を踏まえて執筆した『教育行政学』（前出）は、現在も読者に迎えられ、九回刷りを重ねている。本書もこれらと同様に多くの読者を得て、教育行政学の深化発展に寄与できれば幸いであるが、そのような機会を今回も与えていただいた東京大学出版会に深甚の謝意を表する。また、本書の企画・編集過程を通じて、真摯な努力と適切な助言をいただいた編集部の後藤健介さんに心から御礼を申し上げる。

編者　平原春好

概説　教育行政学——目　次

第I部

教育改革と行政改革

第1章　教育改革と教育行政

一　二一世紀に向けた教育改革構想

1　「生きる力」を育む「ゆとり教育」――中央教育審議会答申

わが国の教育は今後どのようにあるべきか。二一世紀を前にして、文部大臣（与謝野馨）から諮問を受け審議した第一五・一六期中央教育審議会（会長＝有馬朗人）は、「二一世紀を展望した我が国の教育の在り方」について、次のような方向を答申した。

「今後の教育の基本的方向」については、これから求められる資質・能力は変化の激しい社会を「生きる力」であり、それを育むためには子どもをはじめ社会全体に「ゆとり」をもたせることが必要であること（第一次答申、一九九六年七月一八日）、その中で「時代の変化とともに変えていく必要があるもの」は、①形式的平等の重視から個性の尊重への転換、②能力・適性に応じた教育の展開、③教育制度の複線化構造を進め、画一的なシステムを柔軟なものにすることなどである（第二次答申、一九九七年六月二六日）、とした。

答申を受けた文部大臣（奥田幹生及び小杉隆）はいずれも、その方向は極めて重要であり、文部省として教育改革の推進に全力を挙げて取組む所存であると述べ、学習内容の削減、毎週土曜日休み（公立学校）などの制度改正を実施した。しかし、その後学力低下が社会問題化し、「教育再生」が政権の重要課題となるに及んで、〝ゆとり教育路線〟は転換を余儀なくされることになる。

2　「人間性豊かな日本人の育成」「教育基本法の見直し」等――教育改革国民会議報告

教育改革に力を入れた政府・与党（自民・公明）は、文部省―中央教育審議会という通常のルートとは別に、これを超えるもう一つのルートを設定した。

教育改革を内閣の最重要課題とし「教育立国」を目指した内閣総理大臣（小渕恵三）は、二〇〇〇年三月二四日、三党合意（自民・自由・公明）にもとづき、総理大臣決裁で、教育改革国民会議（議長＝江崎玲於奈）を設置した。この会議は、有識者二六人で構成され、「戦後社会を形作ってきた自由と平等の問題など日本人の軸を再構成するための議論を行い、その中で教育基本法の改正についてもふれ」、「また、文部省だけでは扱うことができない問題についても取り上げ」ることにした（第一回会議議事録）。

同年暮れの「報告」で、「人間性豊かな日本人の育成」（教育の原点は家庭、学校は道徳を教えることをためらわない、など）、「一人ひとりの才能を伸ばし、創造性に富む人間の育成」（個性を伸ばす教育システム、リーダー養成、など）、「新しい時代の新しい学校づくり」（教師の報奨評価体制、地域の信頼に応える学校づくり、など）、「教育振興基本計画の策定と教育基本法の見直し」について一七項目の提案をまとめ、政府に対しては省庁の枠を超えて全体で取組み、国民には提言の実施状況を注視するよう求めた（「教育改革国民会議報告――教育を変える一七の提案――」一二月二二日）。

この会議は、同じ内閣総理大臣に所属するものであっても、かつての臨時教育審議会が国会審議を経て法律にもとづき設置されたのとは異なり、総理大臣決裁の私的諮問機関であった。委員は、全体として政府・与党の立場に協調的な人物が多く、運営は、十分な国民的審議が必要だとしながらも、短期間で報告をまとめて実施に移すという性急な手法が目立った。国民の広い意向の反映や公正中立なる運営に配慮すべき審議会とは異なり、一定の立場・方向が予見される改革を構想する会議として人々の注目を惹いた。

二 「確かな学力と豊かな心」「自立と創造」等の推進

1 文部科学大臣名の教育改革プラン

この報告後しばらくの間、文部科学省は、大臣名で教育改革の重点施策を公表するようになった。

最初の「二一世紀教育新生プラン」(町村信孝、二〇〇一年一月)は、教育改革国民会議の報告を踏まえ、「重点戦略」として①「確かな学力と豊かな心の育成」、②「楽しく安心できる学習環境の整備」、③「信頼される学校づくり」、④「奉仕活動・体験活動の推進」、⑤「教える『プロ』としての教師の育成」、⑥「世界水準の大学づくりの推進」を掲げた。

次の「人間力戦略ビジョン」(遠山敦子、〇二年八月)は、「画一から自立と創造へ」をスローガンに、わが国の将来を担う人材を育成するため、初等・中等・高等教育を一貫する教育改革を目指し、重要施策を体系化した。次の見出しで分かるように、「知の世紀をリードするトップレベルの人材養成」、「競争的環境の中での個性化」など脱画一の姿勢を強調し、エリート教育色を大胆に打出した。①「確かな学力の育成——国民の教育水準は競争力の基盤——」、②「豊かな心の育成——倫理観、公共心と思いやりの心——」、③「トップレベルの頭脳、多様な人材の養成——世界をリードする人材——」、④「「知」の生起をリードする大学改革——競争的環境の中で個性輝く大学づくり——」、⑤「感動と充実」、⑥「新しい時代を生きる日本人の育成」。

これに対して、「義務教育の改革案」(河村建夫、〇四年八月)は、これからの教育を語る懇談会(座長=牛尾治朗)や中央教育審議会（次掲）の検討などを踏まえ、①「義務教育の到達目標の明確化と制度の弾力化、②教員養成の大幅改革、③学校・教育委員会の改革、④国による義務教育保障機能の明確化、の検討を提起した。「甦れ、日本！」（中山成彬、〇四年一一月）は、これを踏まえつつ、①「教育基本法改正」、②「学力向上のための具体方策」、③「教員の質の向上」、④「現場主義」、⑤「義務教育費国庫負担制度の改革」を掲げた。

「教育改革のための重点行動計画――どの子どもにも豊かな教育を――」（小坂憲次、〇七年一月）は、「国際社会の中で活躍できる心豊かでたくましい人づくり」を目標とし、「どの子どもにも豊かな教育を」という考え方に立ち、初等・中等教育を中心に、教育改革のために今後重点的に取組むべき関連施策を公表した。

2　教員免許制度のあり方、大学の質の保証など――中央教育審議会の答申（その1）

これらのプランをより具体的にするために、文部科学大臣は審議会に諮問し、答申を待って方針を定める。依拠する審議会はいろいろあるが（第4章参照）、中央教育審議会はその中心に位置し、基本的な各種教育改革構想を答申する（会長＝第一七期根本二郎、新第一～三期鳥居泰彦、第四期山崎正和、第五期三村明夫）。

（1）　初等中等教育関係

そのうち、初等中等教育の分野では、社会問題化した子どもの学力低下とそれに対応する教育課程、指導方法をはじめ、学校の管理運営、教員免許制度、子どもの奉仕・体験活動、体力、食の指導、健康・安全などのあり方に関して、次のような答申を行った。

「今後の教員免許制度の在り方について（答申）」（〇二年二月）小学校等における専科指導の拡充、現職教員の隣接校種免許状の取得の促進、教員免許状の失効及び取上げ事由の強化、一〇年経験者研修の創設、特別免許状の授与要件の緩和及び有効期限の撤廃など。

「青少年の奉仕活動・体験活動の推進方策等について（答申）」（同年七月）奉仕活動・体験活動の推進の意義・必要性の整理、初等・中等教育段階の青少年及び一八歳以降の個人についての奉仕活動・体験活動の具体的な推進方策、社会的仕組みの整備、社会的気運の醸成方策など。

「子どもの体力向上のための総合的な方策について（答申）」（同年九月）子どもの体力の低下傾向の現状と原因の分析、体力向上のために子どもがより一層身体を動かし、運動に親しみ、望ましい生活習慣を確立する方策。

「初等中等教育における当面の教育課程及び指導の充実・改善方策について（答申）」（〇三年一〇月）子どもたちに求められる学力についての基本的な考え方（「生きる力」「確かな学力」「個に応じた指導」「わかる授業」など）を踏まえ、新学習指導要領のねらいの一層の充実を図る観点からの具体的な課題や改善方策。

「食に関する指導体制について（答申）」（〇四年一月）望ましい食習慣の形成を通じて、子どもの体力向上や健康の保持増進を図るための、栄養教諭制度の創設を柱とする食に関する指導体制の整備。

「今後の学校の管理運営の在り方について（答申）」（同年三月）地域が運営に参画する新しいタイプの公立学校運営のあり方及び公立学校の管理運営の包括的な委託のあり方など。

「次代を担う自立した青少年の育成に向けて（答申）」（〇七年一月）すべての大人が具体的に行動する五つの提言。

「子どもの心身の健康を守り、安全・安心を確保するために学校全体としての取組を進めるための方策について（答申）」（〇七年一月）学校保健の充実、学校における食育（食に関する知識・実践力の習得）の推進、及び学校安全の充実。

（2）高等教育関係

高等教育の分野では、大学・大学院における社会人の受入れ、高度専門職業人の養成、薬学教育、大学入学資格検定、留学生政策などについて、規制緩和・高度化・多様化を進める提案が多く見られた。

「大学等における社会人受け入れの推進方策等について（答申）」（〇二年二月）近年のニーズの増大に対応した、大学等における長期履修学生制度、専門大学院一年制コース、通信制博士課程の制度化等。

「大学の質の保証に係る新たなシステムの構築について（答申）」（同年八月）国による最小限の事前規制と事後チェック体制を整備する、大学の設置認可の緩和や第三者評価制度の導入等。

「大学院における高度専門職業人養成について（答申）」（同前）大学院における高度専門職業人養成を一層促進するための、実践的な教育を行う専門職大学院制度の創設。

「法科大学院の設置基準等について（答申）」（同前）司法制度改革・大学改革を受けて、新たな法曹養成制度の中核として法科大学院を実現するための、制度設計に直接かかわる設置基準、学位、入学者選抜について。

「新たな留学生政策の展開について（答申）」（〇三年一二月）「留学生受入れ一〇万人計画」（一九八三年策定）の目標達成後の、留学生交流の拡大と質の向上を目指した新たな留学生政策の基本的方向と具体的施策。

「薬学教育の改善・充実について（答申）」（〇四年二月）医薬分業の進展、医療技術の高度化などを背景にした、大学における薬剤師養成のための薬学教育の修業年限の延長。

「大学入学資格検定の見直しについて（答申）」（同年八月）大学入学資格検定機能を維持しつつ、より広い活用と社会的認知度を高めるための方策。

（3）教育基本法関係

教育基本法の改正については、「新しい時代にふさわしい教育基本法と教育振興基本計画の在り方について（答申）」で、新時代にふさわしい教育基本法が必要であること、新しい教育基本法では、現行の「個人の尊厳」「人格の完成」「平和的な国家及び社会の形成者」などの理念とともに、二一世紀を切り拓く心豊かでたくましい日本人の育成を目指す観点から、信頼される学校教育の確立や「知」の生起をリードする大学改革の推進など七項目の理念や原則を明確にすることを提案した（〇三年三月）。

教育振興基本計画の具体像については、その後特別部会を設けて審議し、五年後に答申を行った（後述三2参照）。

三　「教育再生」と教育基本法改正を受けた制度改編

1　「社会総がかりで教育再生を」——教育再生会議・教育再生懇談会

「美しい国創り内閣」を組織し、「家族、地域、国、そして命を大切にする、豊かな人間性と創造性を備えた規律ある人間の育成に向け、教育再生に直ちに取組む」とした内閣総理大臣（安倍晋三）は、「教育基本法（改正）案の早期成立」、「公教育の再生」（高い学力と規範意識の習得）、「学力の向上」（授業時間数の確保、基礎学力強化プログラムの推進）、「教員の質の向上」（教員免許更新制、外部評価の導入）を掲げ、内閣に早急に教育再生会議を発足させることを言明した（所信表明演説二〇〇六年九月二九日）。

翌月早々の閣議決定により設置した教育再生会議（座長＝野依良治）は、間もなく有識者委員一同の名で「いじめ問題への緊急提言」を発表（一一月二九日）。翌年には、「教育再生」の「七つの提言」と「四つの緊急対応」（第一次報告「社会総がかりで教育再生を——公教育再生への第一歩——」、〇七年一月二四日）、学力向上のための「ゆとり教育」見直しの具体策（第二次報告、六月一日）、さらには「学力向上への徹底的な取組み」、「徳育の教科化」、「世界のトップレベルの大学・大学院づくり」など七つの柱から成る公教育再生策を提言した（第三次報告、一二月二五日）。

この教育再生会議は、かつての臨時教育審議会はもちろん、教育改革国民会議とも異なり、構成員は内閣総理大臣、内閣官房長官、文部科学大臣及び有識者一七人から成り、総理大臣が会議を開催し、総理大臣が所信表明演説で明示した政策を具体化するという異色の会議であった。

安倍総理大臣は、〇七年夏の参議院選挙における与党大敗の「深い反省」に立ち、「戦後レジームからの脱却」「教育再生の具体化」などを目指して「続投を決意した」（所信表明演説九月一〇日）が、組閣後間もなく突然辞任したため（同月二五日）、会議の行方は後継総理大臣（福田康夫）の手に委ねられた。五ヵ月後、「二一世紀にふさわしい教育の在り方について議論するとともに、教育再生会議の提言のフォローアップを行うために」（閣議決定〇八年二月二六日）設置された教育再生懇談会は、有職者委員数が一〇人に減ったが、総理大臣が会議を開催し、内閣官房長官と文部科学大臣も出席するという仕組に変化はなかった（座長＝安西祐一郎）。教育振興基本計画の策定に向けた緊急提言（五月二〇日）をはじめ、子どもを有害情報から守る方策や留学生三〇万人計画などの審議（第一次報告、五月二六日）、大分県教員採用・昇任における不正行為に対するアピール（八月一一日）を行ったところで、再度突然総理大臣の退陣（九月二四日）があったが審議を継続し、教科書充実の方向と条件整備（第二次報告、一二月一八日）、携帯電話利用にともなう弊害から子どもを守る具体的・実効的取組策、大学全入時代の教育のあり方、教育委員会制度の改善点など（第三次報告、〇九年二月九日）に関する提言をさらに後継の総理大臣（麻生太郎）に手交した。〇九年三月の改組で有識者委員が六人増え、教育のグローバル戦略、教育安心社会、創造性に富んだ科学技術人材の育成、スポーツ立国、を新しい検討テーマとし、審議結果をまとめた（第四次報告、五月二八日）。

2　教育基本法の改正を受けた制度改編——中央教育審議会の答申（その2）

教育基本法の全部改正（二〇〇六年一二月二二日公布・施行。以下「改正教育基本法」と称することもある。詳細は後述四１参照）を受けて緊急に必要とされる教育制度の改正が、中央教育審議会から答申され、二〇〇八年に入ると、教育課程の基準や教育振興計画など、重要事項に関する答申が相次いだ。

「教育基本法の改正を受けて緊急に必要とされる教育制度の改正について（答申）」（〇六年一二月）①教育基本法の改正を踏まえた新しい時代の学校の目的・目標の見直しや学校の組織運営体制の確立方法等（学校教育法の改正）、②質の高い優れた教員を確保するための教員免許更新制の導入及び指導が不適切な教員の人事管理の厳格化（教育職員免許法等の改正）、③責任ある教育行政の実現のための教育委員会等の改革（地方教育行政の組織及び運営に関する法律の改正）。

「幼稚園、小学校、中学校、高等学校及び特別支援学校の学習指導要領等の改善について（答申）」（一月一八日）〝ゆとり教育路線〟を変更したが、その中心に置かれていた「生きる力」を育むという理念は社会の構造的変化の中でますます重要であり、教育基本法及び学校教育法の改正に示された基本理念にほかならないとし、「確かな学力」「豊かな心」「健全な体」の調和を重視。

「新しい時代を切り拓く生涯学習の振興方策について――知の循環型社会の構築を目指して――」改正教育基本法（第三・一〇・一二・一三条）を踏まえ、新しい時代に対応した自立した個人や地域社会の形成に向けた生涯学習振興・家庭教育・社会教育の必要性と重要性を確認し、その再構築を提案。新たな施策として、社会教育関係三法の改正、地域ぐるみで子どもの教育を行う環境づくりなど（二月一九日）。

「教育振興基本計画について――「教育立国」の実現に向けて――（答申）」（〇八年四月）改めて「教育立国」を宣言し、教育振興に向けて社会全体で取組む必要性を強調。「今後一〇年間を通じて目指すべき教育の姿」は、①義務教育修了までに、すべての子どもに自立して社会で生きていく基礎を育て、②社会を支え、発展させるとともに、国際社会をリードする人材を育てること、「今後五年間に総合的かつ計画的に取組むべき施策」については、①社会全体として教育の向上に取組み、②個性を尊重しつつ能力を伸ばし、個人として、社会の一員として生きる基盤を育て、③教養と専門性を備えた知性豊かな人間を養成し、社会の発展を支え、④子どもたちの安全・安心を確保するとともに、質の高い教育環境を整備する、との基本的方向にもとづき、七五項目にわたる施策を体系化するとともに（別紙2）、その中で特に重点的に取組むべき事項（別紙1）を明示。ただ、政府・与党の進める財政改革が壁となり、教育投資の具体的な数値目標が答申に書込まれなかったことについては、与党内部からも批判が出された。

四　教育法律の改正――教育行政の拠り所

以上のような教育改革提案は、立法府の審議を経て法律となり、行政の拠り所となる（「法律による行政」の原理）。これは第2章で述べる行政改革提案に関しても同様である。

1　教育基本法の全部改正

この時期のもっとも大きな出来事は、教育基本法の改正であった。教育基本法は、「憲法に代りわが国戦後の教育と教育制度を通じる基本原理を宣明した中心的地位を占める法律」（最高裁大法廷判決一九七六年五月二一日）として、四七年三月三一日に公布・施行され（法律第二五号）、同法の全部を改正する法律案（内閣提出法案（閣法）第九〇号）は第一六四回国会に提出され、第一六五回国会で成立し、二〇〇六年一二月二二日に公布・施行された（法律第一二〇号）。改正法案の提案理由説明によれば、本法制定以来科学技術の進歩、情報化、国際化、少子高齢化など、教育をめぐる状況が大きく変化するとともに、さまざまな課題が生じているので、教育の根本にさかのぼった改革が求められており、国民一人ひとりが豊かな人生を実現し、わが国が一層の発展を遂げ、国際社会の平和と発展に貢献できるようにするための改正であった。

旧法は前文及び一一条から成る小さな基本法であったが、改正法は前文及び四章一八条となり、①教育の目的・目標を明示し、生涯学習の理念、教育の機会均等を規定し、②義務教育、学校教育、大学、私立学校、教員、家庭教育、幼児期の教育、社会教育、学校・家庭及び地域住民等の相互の連携協力、政治教育、宗教教育のあり方など、教育を実施する際の基本事項についての規定を大幅に追加・加筆し、③教育行政のあり方と責務、教育振興基本計画の策定についての規定を新設し、④関係法律の規定を整備した。

改正法は、これまでの普遍的な理念は大切にしながら、道徳心、自律心、公共の精神など、まさに今求められている教育の理念などを規定した、という。その普遍的な理念とは、それが日本国憲法の精神にのっとり、わが国の未来を切り拓く教育の基本を確立し、その振興を図るための法律であり、その教育は民主的で文化的な国家をさらに発展させ、世界の平和と人類の福祉に貢献するという日本国民の理想を実現するために、個人の尊厳を重んじ、真理と正義を希求するものでなければならないということであるから、道徳心や伝統の継承などはそれと矛盾なく位置づけられなければならない。

なお、改正法案については国会の外でも内でも意見が分かれ、民主党から対案（日本国教育基本法案）も出されたが、与党の賛成多数で、原案のとおり可決成立した。ちなみに、参議院における最終結果は、投票総数二三〇、賛成票一三一（内訳＝自由民主党一〇八、公明党二三）、反対票九九（民主党・新緑風会七七、日本共産党九、社会民主党・護憲連合六、国民新党四、各派に属しない議員三）であった（一二月一五日）。

2　学校教育法の一部改正と関連法律

学校教育のあり方を規定する学校教育法の一部を改正する法律（以下、……の一部改正法と略す）案は、数回にわたり提出され、可決成立を見た。国会回次順に改正の要点を付記する。

第一五五回国会（臨時）①専門職大学院制度の創設、②設置認可制度の見直し、③第三者評価による大学評価制度の導入、など（〇二年一一月二九日公布。一部を除き、〇三年四月一日から施行）。

第一五九回国会　①食に関する指導にあたる栄養教諭制度の創設、②医療技術の高度化や医薬分業の進展を背景にした薬剤師養成大学・学部の六年制化（〇四年五月二一日公布。①は一部を除き〇五年四月一日、②は翌年四月一日施行）。

第一六二回国会　①短期大学卒業者への学位授与（短期大学士）、②大学の教員組織の整備（助教授を廃止し「准教授」に、教育研究を行う助手を「助教」に）、など（〇五年七月一五日公布。①は一〇月一日、②は〇七年四月一日施行）。

第一六四回国会　①盲・聾・養護学校を特別支援学校に一本化、②特別支援学校は在籍児童等の教育を行うほか、小・中学校等に在籍する障害のある児童生徒等の教育の助言援助に努め、小・中学校等は障害のある児童生徒等に適切な教育を行う。

これに関連して、教育職員免許法の一部改正（現在の盲・聾・養護学校ごとの教員免許状を特別支援学校の教員免許状に一本化、授与要件の設定）と、関係法律の一部改正（所要の規定整備）も行われた（〇六年六月二一日公布。〇七年四月一日施行）。

第一六六回国会　教育基本法の改正を受けて緊急に提出された〝教育三法〟の一つとして、①義務教育の目標を定め、各学校種の目的・目標を見直す、②幼稚園、小・中学校等に副校長、主幹教諭、指導教諭という新しい職を置くことができる、③学校は学校評価を行い、学校運営の状況に関する情報を積極的に提供する、④大学等は社会人等を対象とした特別の課程（教育プログラム）を履修した者に証明書を交付できる、など（〇七年六月二七日公布。①③④は、公布の日から六月以内の政令で定める日（＝〇七年一二月二六日）、②は〇八年四月一日施行）。

なお、〝教育三法〟の他の二法のうち、（ア）地方教育行政の組織及び運営に関する法律の一部改正法は、①教育委員会の責任体制の明確化、②教育委員会の体制の充実、③教育における地方分権の推進、④教育における国の責任の果し方（文部科学大臣の是正・改善の指示など）、⑤私立学校に対する教育行政（知事に対する教育委員会の助言・援助）、などについて定め（〇七年六月二七日公布。〇八年四月一日施行）、（イ）もう一つの教育職員免許法及び教育公務員特例法の一部改正法は、①教員免許更新制の導入（教育職員免許法）、②指導が不適切な教員の人事管理の厳格化（教育公務員特例法）、③分限免職処分を受けた者の免許状の失効（教育職員免許法）、などを規定した（〇七年六月二七日公布。①は〇九年四月一日、②③は〇八年四月一日施行）。

3　義務教育費国庫負担法等の一部改正

義務教育費国庫負担制度の改正（第2章・第6章参照）は、財政改革・地方分権改革の焦点の一つとして注目を浴びた。

第一五六回国会　（ア）義務教育費国庫負担法の一部改正法　養護学校小・中学部を除く義務教育諸学校の教職員に係る共済費長期給付及び地方公務員災害補償基金負担金に要する経費を国庫負担対象から除外。（イ）公立養護学校整備特別措置法の一部改正法　養護学校小・中学部の教職員に係る共済費長期給付及び地方公務員災害補償基金負担金に要する経費を国庫負担対象から除外（以上〇三年三月三一日公布、四月一日施行）。共済費長期給付及び公務災害補償に係る部分の一般財源化に伴う地方財源の手当については、地方交付税及び地方特例交付金により全額措置。

第一五九回国会　前記二法律の一部改正法（要点の説明略。〇四年三月三一日公布、四月一日施行）。

第一六二回国会　国の補助金等の整理及び合理化等に伴う義務教育費国庫負担法等の一部改正法　（ア）義務教育費国庫負担法等の一部改法　〇五年度限りの暫定措置として、同負担金から四二五〇億円を減額、（イ）就学困難な児童及び生徒に係る就学奨励についての国の援助、恒久的措置に関する法律等の一部改正法　所要事業費の税源移譲、（ウ）同前の国の援助に関する法律等の一部改正法　市町村等が学用品費、学校給食費等を援助する経費についての国の補助を要保護者に係る経費に限定、（エ）産業教育振興法等の一部改正法　公立高等学校の産業教育のための実験実習設備及び定時制及び通信制の高等学校の設備等所要経費への国の補助を廃止、（オ）スポーツ振興法の一部改正法　スポーツ指導者の養成等経費への国の補助を廃止（三月三一日公布、四月一日施行）。

第一六四回国会　（ア）義務教育費国庫負担法の一部改正法　国庫負担率を二分の一から三分の一に変更し、小・中学校等と養護学校の国庫負担制度を統合、（イ）市町村立学校職員給与負担法の一部改正法　小・中学校等の教職員について、市町村が給与を負担し独自に教職員を任用できる特区の措置を全国展開、（ウ）義務教育諸学校施設費国庫負担法等の一部改正法　改築や補強、大規模改造等の耐震関連経費を中心に、交付金の一括交付制度を創設、文部科学大臣による施設整備基本方針の策定、地方公共団体が策定する施設整備計画事業への交付金の交付、など（〇六年三月三一日公布、四月一日施行）。

4　大学の統合、法人化に関する法律

この時期はまた、大学の教育・研究体制の整備充実を図るとして、大学の統合・改組や大学の法人化が行われたことも、大きな特徴であった。

第一五六回国会　（ア）国立学校設置法の一部改正法　①国立大学の統合（東京商船大学と東京水産大学を統合して東

京海洋大学とするなど一〇件）、②国立大学併設短期大学部の改組（三年制の北海道・東北・京都・熊本大学医療技術短期大学部を四年制の医学部保健学科に）（〇三年四月二三日公布、一〇月一日施行、学生受入れは翌年四月一日）。（イ）「競争的環境の中で世界最高水準の大学を育成するため、（中略）大学の構造改革を進める」（閣議決定、〇二年一一月）国立大学法人法が成立（〇三年七月一六日公布、一〇月一日施行）。①「大学ごとに法人化」し、自立的な運営を確保、②「民間的発想」のマネジメント手法の導入、③「学外者の参画」による運営システムの制度化、④「非公務員型」による弾力的な人事システムへの移行、⑤「第三者評価」の導入による事後チェック方式への移行。独立行政法人通則法にもとづく独立行政法人との違いは、①学外者の運営参画の制度化、②独自の評価システムの導入、③大学の特性・自主性の考慮、にあるとされた。

国立大学の法人化にともない、国立高等専門学校なども独立行政法人化され（独立行政法人国立高等専門学校機構法、同大学評価・学位授与機構法、同国立大学財務・経営センター法、同メディア教育開発センター法、国立大学法人等の施行に伴う関係法律の整備等に関する法律、いずれも同日公布）、公立大学については、地方自治体の選択により法人化が可能になった（地方独立行政法人法、同日公布）。

第一六二回国会　（ア）国立大学法人法の一部改正法　①国立大学法人の統合（国立大学法人富山大学、富山医科薬科大学及び高岡短期大学を統合し、国立大学法人富山大学を設置）、②国立大学法人筑波技術大学の設置（国立大学法人筑波技術短期大学を廃止し、上記大学を設置）、③国立大学法人政策研究大学院大学の主たる事務所の所在地変更（東京都に）（〇五年五月二五日公布、一〇月一日施行、新大学の学生受入れは翌年四月から）。

5　その他の法律

その他の法律については、紙幅の関係上説明を省略し、成立順に題名と公布日を掲げるに止める。

二〇〇二年　放送大学の設置主体を学校法人に転換した放送大学学園法をはじめ、日本私立学校振興・共済事業団法の一部改正法、独立行政法人科学技術振興機構法、同日本学術振興会法、同理化学研究所法、同宇宙航空研究開発機構法、同日本スポーツ振興センター法、同日本芸術文化振興会法（以上いずれも一二月一三日）、〇三年には、著作権法の一部改正法、海洋研究開発機構法、及び、日本育英会を廃止し国の学生支援業務と統合する独立行政法人日本学生支援機構法の制定（以上いずれも六月一八日）。
〇四年　学校法人における管理運営制度の改善、財務情報の公開などを定めた私立学校法の一部改正法（五月一二日）のほか、文化財保護法の一部改正法（五月二一日）、著作権法の一部改正法（六月九日）、私立学校教職員共済法等の一部改正法（六月二三日）、及び、独立行政法人日本原子力研究開発機構法（一二月三日）。
〇六年　役職員の身分の非公務員化や機構の統合・改称などを規定した、独立行政法人に係る改革を推進するための文部科学省関係法律の整備に関する法律（三月三一日）のほか、「認定こども園」の認定・特例措置を規定した就学前の子どもに関する教育、保育等の総合的な提供の推進に関する法律（六月一五日）、及び、著作権法の一部改正法（一二月二二日）。
〇七年　独立行政法人国立博物館法の一部改正法（三月三〇日）、武力紛争の際の文化財の保護に関する法律（四月二七日）、国立大学法人法の一部改正法（六月二〇日）、及び、放射線を発散させて人の生命等に危険を生じさせる行為等の処罰に関する法律（五月一一日）。
〇八年　主幹教諭を置く小学校等に加配措置を導入する、公立義務教育諸学校の学級編制及び教職員定数の標準に関する法律の一部改正法（三月三一日）、独立行政法人日本原子力研究開発機構法の一部改正法（六月六日）、教育基本法の改正を踏まえた社会教育法等の一部改正法（六月一一日）、及び、学校保健・学校安全・食の指導の充実等を図る学校保健法等の一部改正法（題名を「学校保健安全法」と改称、六月一八日）。障害のある児童及び生徒のための教科用特定図書等（＝拡大教科書、点字教科書等）の普及の促進等に関する法律（同前）。〇九年には、独立行政法人に係る改革を推進するための文部科学省関連法律の整備等に関する法律（三月三一日）が制定された。

五　教育と教育行政の基本原則

1　憲法の教育条項――学習権の保障

わが国の教育法体系の頂点には、日本国憲法の教育条項と教育基本法がある。教育改革も教育行政も、これにもとづいて行われていることはいうまでもない。

日本国憲法には、国民の教育を受ける権利の保障（第二六条）が規定されている。この権利条項はいわゆるマッカーサー草案に発するものではなく、わが国民間人の草案（高野岩三郎「日本共和国憲法私案要綱」一九四五年一二月）や政府の「憲法改正草案要綱」（四六年三月）に由来する。

政府は、法案審議の段階で、この権利は的確に対応する義務者を特定できない宣言的な権利であると答弁したが（国務大臣金森徳次郎）、文部省著作の解説書では、国民の「みなさんのほうから、国にたいして教育をしてもらうことを請求できる」権利として、その画期的な意義を説いた（『あたらしい憲法のはなし』一九四七年）。

その後の憲法解釈では、この規定の趣旨を、教育を「受ける」権利（the right *to receive* education）にとどまらず、教育「への」権利（the right *to* education）として積極的にとらえ、さらに、この権利の内実を単なる教育の権利ではなく、「人間として、また一市民として、成長、発達し、自己の人格を完成するために必要な学習をする固有の権利」（学習権）（最高裁大法廷判決一九七六年五月二一日）として把握するようになった。政府も教育を受ける権利は国民各自が人格の完成に向け必要な学習をする権利であり、特に子どもは自己の学習に必要な教育を大人一般に要求する権利がある、という認識を明らかにしている（第一六五回国会衆議院教育基本法特別委員会〇六年六月八日）。

しかし、国際的には、学習権（the right to learn）は、単に学校で知識や考え方などを学ぶ権利にとどまらず、人間が社会で読み書きを行い、問い、深く考え、想像し、創造し、自分自身の世界を読みとり、歴史を綴る権利であり、それを獲得するために教育的資源を活用し、個人的・集団的に力量を発展させる権利であると、より広くより深くとらえ、人間の生存にとって重要不可欠な基本的人権としてこれを位置づけるようになっている（第四回ユネスコ国際成人会議宣言「学習権」一九八五年）。

このような一連の経過は、教育を受ける権利を主体的、能動的にとらえ、学ぶ主体を中心に据えて解釈を再構成し、さらに、教育という営みが人間の生存と発達に不可欠な学びを実現する一つの手段・方法であり、この学びこそが権利だという学ぶ権利の考え方が人類の共通認識になっていることを示している。わが国の教育改革も教育行政も、このような認識をつねに確認し、具体化するように努めなければならない。

2　改正教育基本法の教育行政条項

改正教育基本法の成立経緯と内容の概略は既に述べた（四1参照）ので、ここでは教育行政条項（第一六条）に焦点をあてる。はじめに、教育は不当な支配に服することなく、国と地方公共団体との適切な役割分担と協力のもと、公正かつ適正に行われなければならない、と定め（一項）、教育施策の作成と実施に関する国・地方公共団体の義務、及び、必要な財政的措置を講ずる責任を新たに規定した（二項〜四項）。

国と地方公共団体との適切な役割分担の原理はここに明示されていないが、国と地方の義務規定を見ると、地方分権推進計画（一九九八年五月閣議決定）とそれにもとづく地方分権一括法（九九年。正式名称は「地方分権の推進を図るための関係法律の整備等に関する法律」）により改正された地方自治法の規定（第一条の二）に対応していることがわかる。このような方向をもってしても教育行政は集権的体質を脱却できないのではないかという不安・疑念を人びとに抱かせないためには、「現行教育法制における重要な基本原理」の一つである「教育に関する地方自治の原則」(最高裁大法廷判決一九七六年五月二一日)にもとづき、地方分権を強力且つ確実に推進しなければなるまい(国と地方の役割分担及び地方自治の原則については、さらに第2章一4、第4章一1を参照)。

旧法において解釈上の争点の一つであった「不当な支配」についての政府解釈は、主体の如何を問わず不当な支配の主体になり得るのは最高裁判決(前出・七六年五月二一日)の示すところであり、教育行政の中正かつ適正な執行は法律に規定するところであるとしながら、教育内容に対する権力的介入が一切排除されているとの結論を導き出すのは早計だとしている(第一六五回国会参議院教育基本法特別委員会〇六年一一月二四日)が、この規定の本来の趣旨を形骸化し、あるいは最高裁判決の論旨を曖昧にすることなく、憲法・教育基本法の理念に沿った教育行政の実施が求められている。

もう一つの争点であった教育行政の「条件整備」(「教育の目的を遂行するに必要な諸条件の整備確立」旧法第一〇条二項)のあり方については、改正法からこの文言自体が削られたため、解釈論上でとり上げられる機会は今後なくなるかもしれないが、新たに「教育施策の総合的な策定と実施」(改正法第一六条二・三項)を教育行政のしごとと定めるにしても、条文の解釈や執行に当り、教育に対する教育行政の権力的な支配・介入を戒めたそもそもの理念を忘れ去らないことが必要である。

改正法が政府に対して策定、報告、公表を義務づけ、地方公共団体には地域の実情に応じた制定努力を求めている教育振興基本計画(第一七条)は、〇八年に至りはじめて策定された(七月一日閣議決定)。そこでは、「今後一〇年間を通じて目指すべき教育の姿」として、①義務教育終了までに、すべての子どもに、自立して社会で生きていく基礎を育て、②社会を支え、発展させ、国際社会をリードする人材を育てることを掲げ、「ＯＥＣＤ諸国など諸外国における公財政支出など教育投資の状況を参考の一つとしつつ、必要な予算について財源を措置し、教育投資を確保していくことが必要」であると記し、「今後五年間に総合的かつ計画的に取り組むべき施策」として、四つの基本方向と七七項目にわたる施策や、特に重点的に取組むべき事項を明示したが、前述したように肝心の教育予算の確保に関する数値目標を入れることができなかったため、さらなる具体化が求められている。

（平原春好）

参考文献

○「二一世紀を展望した我が国の教育の在り方について　第一五期中央教育審議会第一次答申」『文部時報』ぎょうせい、第一四三七号（一九九六年八月臨時増刊）、「同　中央教育審議会第二次答申」『文部時報』第一四四九号（九七年七月臨時増刊）、「中央教育審議会中間報告　今後の地方教育行政の在り方についてほか」『文部時報』第一四五九号（九八年四月臨時増刊）、「中央教育審議会答申　新しい時代にふさわしい教育基本法と教育振興基本計画の在り方について」『文部科学時報』ぎょうせい、第一五二五号（二〇〇三年五月臨時増刊）、「教育基本法関係資料集」『文部科学時報』第一五七四号（〇七年三月臨時増刊）、など。

○首相官邸、文部科学省、衆議院、参議院のホームページ　http://www.kantei.go.jp/　http://www.mext.go.jp/　http://shugiin.go.jp/　http://www.sangiin.go.jp/

第2章　行政改革と教育行政

一　二一世紀に向けた行政改革構想

1　新しい国づくりのための行政改革——行政改革委員会意見

行政改革の歴史は、池田勇人内閣（自民）と臨時行政調査会（第一次臨調）（一九六二〜六四年）の昔にさかのぼらなければならないが、二一世紀に向けた行政改革構想については、村山富市内閣（社会・自民・新党さきがけ連立）を引継いだ橋本龍太郎内閣（連立の枠組を維持した自民単独）と行政改革委員会からはじめてよいであろう。

行政改革委員会は、行政各般の制度・運営につき必要な改革の推進に資するため、一九九四年一二月総理府に設置され、五人の委員と多数の専門委員で構成された（〜九七年、委員長＝飯田庸太郎）。輝ける二一世紀を迎えるためには、あらゆる分野で構造改革を実行し、活気ある社会を実現しなければならないとして、行政・政治分野をはじめ、業界、さらには国民の意識改革の必要性を提起した。構造改革にあっては、規制の緩和・撤廃を万能と考えているわけではないが、新しい国づくりのためにはその早期断行が有効であり、そこにおける市場原理の導入と民間の自己責任原則の確立が急務だと述べていた（「規制緩和の推進に関する意見（第一次）光輝く国をめざして」九五年一二月一四日）。

2　中央省庁等の改革、規制緩和、地方分権の推進——行政改革プログラム

九六年一一月七日に発足した第二次橋本内閣は、行政改革を国政の最重要課題と位置づけ、新たに内閣総理大臣の直属機関として、国の行政機関の再編・統合について基本的・総合的な調査審議を行う行政改革会議を設置した（同月二一日）。総理大臣を会長とし全閣僚で構成した同会議は、行政改革委員会の「第二次意見」と地方分権推進委員会の「勧告」を踏まえて、二一世紀に向けて「行政改革プログラム」を公表した。

行政改革委員会「第二次意見」は、規制改革において行政関与を見直す際の基本的考え方として、①市場原理の優先をはじめ、②国民本位の効率的な行政、③アカウンタビリティの確保を挙げ、見直しの判断基準として、①民間活動の優先、②行政活動の効率化、③行政による説明責任の遂行と透明性の確保、④定期的な見直しの実施、を掲げ（「規制緩和の推進などに関する意見（第二次）」九六年一二月一六日）、地方分権推進委員会「勧告」は、機関委任事務の廃止、自治事務・法定受託事務（いずれも仮称）の創出などを提示していた（「第一次勧告——分権型社会の創造」同月二〇日）。

政府の「行政改革プログラム」（同月二五日閣議決定）は、当面取組むべき改革課題として、①新時代に対応できる簡素で効率的な行政の実現（中央省庁改革など）、②国民の主体性を尊重する行政の実現（規制緩和の推進、地方分権の推進など）、③国民に開かれた信頼される行政の実現（行政情報公開の推進など）、④国民に対する質の高い行政サービスの実現（申請等にともなう国民負担の軽減など）を掲げ、二〇世紀中に思い切った行政改革を計画的に推進するとして、課題ごとに改革の目標年限を明示した。

行政改革会議は、このプログラムを計画通りに実現すべく、内外の意見・要望を聞き（文部省に対するヒアリングは五月二一日、九項目）、翌年「最終報告」をまとめた（九七年一二月三日）。「Ⅰ行政改革の理念と目標」では、戦後型行政の問題点（硬直性、非効率、不透明、閉鎖性など）の打開が行政改革の中核であり、「この国のかたち」（小説家司馬遼

太郎の表現を引用）の再構築は、行政改革のみならず経済構造改革や財政・社会保障改革、教育改革などをあわせ実行してはじめて実現するとして総合的な取組みを求め、Ⅱ以下で具体的な中央省庁改革計画を明示した。文部省は科学技術庁とともに、教育科学技術省になることになった。

その後、政府は「行政改革大綱」（〇〇年一二月一日閣議決定）で、行政改革の今後の重要課題として、①行政組織・制度の抜本改革、②さらなる地方分権の推進、③規制改革の推進、などを再確認した。

3　教育の規制緩和——学校選択の弾力化、社会人教員の登用など

教育が規制緩和の一二番目の対象分野に加えられたのは、九七年三月であった（「規制緩和推進計画の再改定」同月二八日閣議決定）。経済的な立場からする教育の規制緩和は、本書第1章二～三で見た教育改革の発想と異なるものが多かった。

教育の規制緩和の項目例を挙げると、学校選択の弾力化、社会人の教員への登用促進、中学校卒業程度認定試験（六六年文部省令三六号）の受験資格の弾力化、高等学校におけるボランティア、企業実習など学校外活動への単位認定の拡大、高等教育（大学・大学院）におけるマルチメディアを活用した遠隔授業の単位認定、通信制の大学院の設置可能化、大学の学部・学科の設置認可手続の簡素化（学部改組の場合等の教員資格審査廃止）などであり（「主な項目」）、それらは「多様で豊かな国民生活の実現」策と位置づけられた（「ねらい別規制緩和項目」）。

これら規制緩和・規制改革の推進状況については、後に項を改めて検討する（本章三。なお、その結果については第1章四も参照）。

4　国と地方の役割分担——住民に身近な行政は地方で

行政改革の要点の一つである国と地方の役割分担の再検討については、政府は九八年五月「地方分権推進計画」をまとめ（同月二九日閣議決定）、国と地方公共団体の新しい役割分担の原則を次のように定めた。

国は、①国際社会における国家としての存立にかかわる事務、②全国的に統一して定めることが望ましい国民の諸活動又は地方自治に関する基本的な準則に関する事務、③全国的規模・視点で行われなければならない施策及び事業（ナショナルミニマムの維持・達成、全国的規模・視点からの根幹的社会資本整備等に係る基本的な事項に限る）などを重点的に担い、地方公共団体は、地域における行政を自主的・総合的に広く担う、とした。

この趣旨は、地方分権一括法（九九年七月成立、翌年四月施行）の中に盛込まれ、地方公共団体は地域における行政を自主的かつ総合的に実施する役割を広く担い（改正地方自治法第一条の二第一項）、国は本来果すべき役割を重点的に担い、住民に身近な行政はできる限り地方公共団体に委ねることを基本とした（同条二項）。地方公共団体の中では市町村を「基礎的な地方公共団体」（第二条三項）とする規定に変化はなかったが、都道府県の事務規定（旧法第二条六項）から「統一的処理を必要とするもの」が削られた（同条五項）ことにより、市町村の事務の範囲が制度的に広がり、市町村優先の原則が一層明確になった。しかし、実際はむしろ都道府県への分権に過ぎないという見方が少なくない。

二　省庁改編と教育行政

1　政治主導の確立、行政機関の再編成など——中央省庁等改革法の目指したもの

行政改革課題の第一に挙げられていた中央省庁等の改編は、中央省庁等改革基本法（九八年六月）及び中央省庁等

改革関連一七法律（九九年七月）により実施に移された。教育行政に関しては、国の教育行政機関を文部省（改編後は文部科学省）、地方の機関を都道府県・市（区）町村の教育委員会とする従来のシステムが持続されたが、地方分権一括法の規定を踏まえ、各機関の権限、役割等は変化した。これにより、集権的に過ぎると批判されていた教育行政にも分権化が進み、住民により近いところで充実した教育行政が行われることに対する期待が高まったが、それにともなう権限や財源の移譲が進まないため、期待は未だ実現していない。

中央省庁等改革法は、行政改革会議「最終報告」（前出）に沿って、①政治主導の確立、②縦割り行政の弊害の排除と行政機関の大括り再編成、③行政の透明化と自己責任、④行政のスリム化を目指した。

2　内閣府、副大臣、諮問会議の新設など——①行政における政治主導の確立

政治主導の確立とは、国家目標の複雑化や内外の激しい環境変化などを背景に、行政全体の戦略性・総合性を確保し、機動的で迅速な意思決定ができるよう、内閣及び内閣総理大臣の国政運営におけるリーダーシップを高める仕組を整備することであった。見方を変えれば、内閣の機能を強化し、行政における官僚支配を弱め、そこに政治のトップダウン方式を導入するものであった。

内閣の構成は、内閣総理大臣及び文部科学大臣など国務大臣一四人以内（特別に必要ある場合は一七人以内）に縮小し、内閣総理大臣の権限を強め、国政運営における指導性を明確にした。内閣官房は企画立案機能を明確にし、内外から人材登用を行うこととした。

内閣機能強化の一環として、内閣に内閣総理大臣を長とする内閣府を新設した。内閣府には、行政各部に対する内閣の統轄を助けるという一段高い位置づけを与え、関係行政機関に対する強力な調整権限を持つ特命担当大臣を置き、経済財政諮問会議など重要政策に関する四つの会議（内閣総理大臣または内閣官房長官を長とし関係国務大臣、学識経験者

で構成）をはじめ、総合規制改革会議、地方分権改革推進会議などを設置した。これらを活用することにより、内閣総理大臣は各省庁に強大なリーダーシップを発揮できることになった。

各省に関しては、政治主導の政策判断が迅速に行われるよう、大臣の政治的な政策判断を補佐する機能を強化し、副大臣（大臣の命を受け政策・企画を掌り、政務を処理し、大臣不在の場合その職務を代行。二二人）と大臣政務官（大臣を助け、特定の政策・企画に参画し、政務を処理。二六人）のポストを新設した（従来は二四人の政務次官のみ）。省庁のトップに政治家が倍増したことにより、行政に与党の影響力が強まることになった。文部科学省には、副大臣二人、大臣政務官二人が置かれた。

3　経済財政政策と人間力戦略――経済財政諮問会議

以上のうち、教育行政にも大きな影響を及ぼしてきた経済財政諮問会議について特記しておく。同会議は、経済財政政策に関して、民間有識者の意見を政策形成に反映させることを目的として、二〇〇一年一月に設置された。構成員は、議長（内閣総理大臣）及び議員一〇名の計一一名であるが、法定議員は内閣官房長官、経済財政担当大臣（置かれた場合）、及び全体の四割以上の民間有識者とあるだけで、他は任命者の裁量に委ね、議案を限って他の国務大臣を臨時議員として会議に参加させることができる、とした。主な役割は、内閣総理大臣の諮問に応じて、経済全般の運営の基本方針、財政運営の基本、予算編成の基本方針等、経済財政政策に関する重要な事項その他について調査審議し、答申・意見等を提出することなどである。通常、答申などは閣議決定を経て内閣の方針となった。

この会議は、毎年「経済財政運営と構造改革に関する基本方針」（いわゆる「骨太の方針」）を閣議決定し、実施を図った。主要改革プログラムの中に教育を組込み、文部科学省の施策を上から方向づけた。小泉純一郎内閣の下で、「改革なくして成長なし」等を基本理念とした「基本方針二〇〇一」は、「聖域なき構造改革」を進め、教育の分野にも競争原理を導入し、「人間力戦略」（「同二〇〇二」）・「人間力の強化」（「同二〇〇三」）・「人間力の抜本的強化」（「同二〇〇四」）・「次世代の育成」（「同二〇〇五」）のための初等・中等・高等教育改革を提示した。

「基本方針二〇〇二」の立案過程では、臨時議員として文部科学大臣（遠山敦子）の出席を求め、提出された文部科学省の資料や文部科学大臣名のビジョン（人間力戦略ビジョン「新しい時代を切り拓くたくましい日本人の育成――画一から自立と創造へ」、第1章参照）を集中的に検討し、構造改革に対する文部科学省の積極的な対応を促した（〇二年八月第二五回制度・政策改革集中審議や同年一〇月第三二回集中審議参照）。

後継の安倍内閣は、「美しい国づくり」を目指し「成長力の強化――大学・大学院の改革」「持続的で安心できる社会の実現――教育再生」を取組むべき課題とした（「同二〇〇七」）が、福田内閣及び麻生内閣では影響力にかげりが見られるようになり、第一七一回国会では与党側から同会議（及び規制改革会議）の廃止を求める意見が表明された（〇九年一月三〇日参議院本会議における自民党議員会長（尾辻秀久）の代表質問）。

4　文部省と科学技術庁の統合再編――②縦割り行政と行政機関の再編成

縦割り行政の弊害を排除し、行政機関を大きく括り直すことは、国の行政が担うべき役割の見直しを図り、主要な任務を基軸として、できる限り総合的・包括的な行政機能を担えるようにするものであった。

省庁等の編成は、それまでの総理府及び二二省庁（国家公安委員会、金融再生委員会を含む）を内閣府及び一二省庁とし、〇一年一月六日に発足した。はじめ教育科学技術省になる予定であった（前出・改革基本法）文部省は、その後小渕首相の裁断で文部科学省と名を改めた。

各府省が互いの政策について協議する省間調整システムが新設され、また、各府省の政策を評価し企画立案に反映させる政策評価制度が導入された。政策評価はまず各府省が自ら行い、その上で総務省が民間有識者からなる第三者機関を設置して評価することにし、国民への説明責任を果すため、評価に関する情報を公表することとした。

文部科学省では「文部科学省の使命と政策目標」にそって、事業評価、実績評価、総合評価の三方式で実施することとし、政策評価の客観性を高め、評価に関する政策助言を得るために、政策評価に関する有識者会議（一五人）を設置した（第3章四参照）。

5　国の事務・事業の独立行政法人化――③行政の透明化と自己責任

行政を透明化し、自己責任にもとづく業務運営を進めるという理由で、一定の国の実施機能を独立行政法人に行わせることにした。

独立行政法人とは、国が行ってきた公共的な事務・事業のうち、必ずしも国が自ら直接実施する必要があるとはいえない事務・事業部門を独立させ、これに法人格を付与したものである。役員の任命や中期目標の設定、行政評価などについては独立行政法人通則法に規定し、単年度予算にしばられない予算の自由裁量を可能とし、また、業務運営においては事前の統制をできる限り排して法人の自主性・自律性を発揮させ、事後に業績を厳しく評価し、その結果をその後の業務運営に反映させることにした。ただ、法人の自主性・自律性の確保その他さまざまの重要問題は、未だ解決済みとは言えない。

文部科学省では、国立博物館、大学入試センターなど一九事務・事業を独立行政法人化して一六法人とし、職員の身分は、国立青年自然の家など三法人を非国家公務員型、その他を国家公務員型とした。その後、国家公務員型職員も非公務員化し、国立青年の家などを廃止・統合し国立青少年教育振興機構を新設した（〇六年）。

6　官房・局・課、審議会等の縮減――④行政のスリム化

行政のスリム化は、「官から民へ」と「国から地方へ」の観点から行われた。これは、①国が行う必要のない事務・事業は廃止・民営化、規制緩和、地方分権化するなどの改革を行い、国で引続き行う事務・事業についても、実施にあたって民間委託等の効率化を進め、②これに応じた行政組織のスリム化を図り、③国家公務員の定員削減を進め、④審議会等（国家行政組織法第八条並びに内閣府設置法第三七条及び第五四条の審議会等）の組織整理を行い、政策決定の透明化、政治主導の実現などの観点から運営を改善するものであった。

中央省庁の官房・局は総数を一二八から九六に、課・室は総数を約一二〇〇から一〇〇〇程度に縮減するとともに、その編成を可能な限り弾力的なものとするため、局長級、課長級の分掌職制を活用することにした。ほかに、国立大学、国立病院、国立療養所、その他の試験研究機関などを見直し、国立大学は国立大学法人に改組した（国立大学法人については第1章四参照）。計画的削減と独立行政法人・郵政公社への移行により、国の行政機関の定員削減を強力に推進し、一〇年間で現定員（約八五万人）の二五％削減を図ることとした。また、全体で二一一あった審議会等を九〇に統合再編した。

文部科学省は、官房・局数は一三（文部省七、科学技術庁六）から八に、課・室数は八六（前者五六、後者三〇）から六六に、審議会等は二三（前者一七、後者六）から八に減少した。

なお、審議会等の統合再編方針は、①「政府の隠れみの」または「縦割り行政を助長」した弊害を改めて整理・合理化を図る、②いたずらに審議会等を設置することを避け、必要性が低下した審議会等は廃止する、③存置される審議会等の組織は、委員数は原則として二〇名以内とし、これを上回る必要がある場合も三〇名を超えない、④審議会等の運営は、委員により代表される意見、学識、経験等が公正かつ均衡の取れた構成になるよう留意する、⑤「懇談会等」（調査研究協力者会議など）は、審議会等とは異なりあくまでも行政運営上の意見交換、懇談等の場であることに留意する、などであった（「審議会等の整理合理化に関する基本的計画」九九年四月二七日閣議決定）。

三　規制改革と教育行政

1　需要側に立つ教育システムへの改革——規制緩和から規制改革へ

第二の行政改革課題であった規制緩和は、世紀の変り目を前にして、規制緩和から規制改革の段階に移行した。規制改革は、規制の緩和・撤廃に加えて、事前規制型行政から事後チェック型行政への転換にともなう新たなルールの創設や、規制緩和の推進にあわせた競争政策の積極的展開等に及んだ（行政改革本部長決定一九九九年四月六日）。

翌年、中央省庁等改革の成果をより確実にし、「行政改革大綱」・「今後の行政改革方針」・「行政改革の重要方針」の集中的・計画的な実施を推進し、行政改革の総合的・計画的な推進を図るために、内閣に新しく行政改革推進本部（本部長＝内閣総理大臣、すべての国務大臣で構成、二〇〇〇年一二月一九日閣議決定）を設置した政府は、「規制緩和推進三か年計画」に代えて「規制改革推進三か年計画」を決定した（〇一年三月三一日閣議決定）。

そこでは、基本目的として「経済活性化による持続的な経済成長の達成」など四項目、改革の重点として「創造性や個性を発揮でき創意や努力が報われる社会の実現」など五項目を掲げ、ほかに、セーフティネットの確保や、市場機能をより発揮するための競争政策の積極的展開等への取組みなどを付記した。教育・研究分野の基本方針としては、人材の養成や知的資産の創出に向けて「需要側の視点に立った」教育システム改革の推進と、大学・大学院における競争的環境の整備と産学官（＝産業・大学・官公庁）の連携の推進、を掲げ、重点事項を、①学校の個性化と学校選択の拡大、②個性・習熟度に応じた教育の推進、③教育の情報化の促進、④個性豊かで質の高い教員の確保、⑤大学運営の自主性・自律性の向上、⑥産学官連携の推進と人材の社会的流動性の拡大、と定め、個別的措置事項例として、公立小・中・高等学校における通学区域の弾力化、習熟度別学習の導入、公立学校教員の評価と処遇、大学の学科設置認可の見直し、国立試験研究機関等の研究者の流動性向上、を挙げた。

2　教育の規制改革が目指したもの

その後、政府は、内閣府に設置した総合規制改革会議の答申を最大限に尊重して、右の「三か年計画」の改定を重ね（改定〇二年三月二九日、再改定〇三年三月二八日）、ときに「三か年計画のフォローアップ結果」を公表して規制改革を進めた。その後引続き「規制改革・民間開放推進三か年計画」（〇四年三月一九日、改定〇五年三月二五日、再改定〇六年三月三一日）及び「規制改革推進のための三か年計画」（〇七年六月二二日、改定〇八年三月二五日）を閣議決定した。

総合規制改革会議は、「行政改革大綱」や「規制改革についての見解」（いずれも前出）を受けて、内閣総理大臣の諮問に応じて経済社会の構造改革を推進する観点から、必要な規制のあり方に関する基本的事項を総合的に調査審議するため、委員一五人以内の陣容で内閣府に設置したもの（〇一年四月一日、議長＝宮内義彦）であるが、三年の任期を終えた後、なお必要があるとして民間有識者一三人から成る規制改革・民間開放推進会議を設置し（〇四年四月一日、議長＝同前）、さらに三年後、委員一五人から成る規制改革会議を設置した（〇七年一月三一日、議長＝草刈隆郎）。いずれの場合も、会議の担当大臣と議長は、年に二回～五回、経済財政諮問会議（前出）に出席し、審議内容の説明または方針の事前協議を行うなどして、緊密な連携を図った。

一例として「規制改革推進のための三か年計画（改定）」の「分野別措置事項　3教育・研究関係」を掲げる。重点事項は、①高等教育における自由な競争環境の整備、②高等教育機関によるキャリアアップの充実、③高等教育における公的支援のあり方の見直し、④コミュニティ・スクール導入のための法制度整備に向けた実践研究の推進、⑤小・中学校設置基準の明確化と私立学校参入促進のための要件の緩和、⑥初等中等教育における評価と選択の促進、であった。高等教育においては教育機関や教員が互いに質の高い教育を提供するよう競い合う観点が、初等・中等教育においては多様化を進め、需要者による選択と参画を推進する観点が強調された。

「推進計画」の多くは徐々に実施に移されたが、未実施のものもある。「規制改革・民間開放推進三か年計画」（〇五年三月二五日）と「経済財政運営と構造改革に関する基本方針二〇〇五」（六月二一日）が十分な検討を求めた「教育バウチャー制度」（＝発券・補助金等による教育給付）は、未実施の一例である（文部科学省・教育バウチャーに関する研究会「教育バウチャーに関する検討状況について」〇六年五月一八日、規制改革・民間開放推進会議・重点事項推進ワーキンググループ・教育サブワーキング「資料等提出依頼」六月六日、などを参照）。

3　推進計画の実施

「推進計画」の実施状況は、「三か年計画のフォローアップ結果」で確認することができる（「規制改革推進（改定）」・「同（再改定）」のフォローアップ結果は〇三年五月公表、「規制改革・民間開放推進」のそれは〇六年八月、「同（改定）」・「同（再改定）」については〇七年七月公表）。細かく分かれた点検項目には、法律、政令、省令の制定または改正等による実施状況が示されている（法律については第1章四参照）。

その一端を「規制改革推進三か年計画（改定）のフォローアップ結果」で見てみると、「分野別措置事項　3教育・研究関係」の「ア　初等・中等教育」には二六の閣議決定項目、「イ　高等教育」一九項目、「ウ　研究開発等」一〇項目が設定され、それぞれに措置内容、実施予定時期、講じられた措置の概要等が記されている。

法律による措置事例としては、公立義務教育諸学校の学級編制及び教職員定数の標準に関する法律等の一部を改正する法律（〇一年法律第二二号）による「学級編制と教職員配置の弾力化」（教育委員会の判断をより一層弾力化する）の実施（同年四月一日施行）、施行令による事例としては、学校教育法施行令の一部を改正する政令（〇二年政令第一六三号）による「障害児の就学決定」（小・中学校への受入れを可能にする）の実施（同年九月一日施行）、省令による事例としては、学校教育法施行規則の一部を改正する省令（〇三年文部科学省令第一三号）による「保護者や児童生徒の希望に基づく就学校の指定の促進」（市町村教育委員会の判断により学校選択制を導入できる）の実施（同年四月一日施行）や、小・中学校設置基準（〇二年文部科学省令第一四・一五号）の制定による「小・中学校の設置基準の明確化」（多様な教育理念にもとづく私立小・中学校の設置を促進する）の実施などがある（同年四月一日施行）。

このほか運用上の工夫として、「学習指導要領の性格の周知」（各学校において弾力的な取扱いを排除するものではないことについて教育現場や社会一般に理解を得る）を行うための、「確かな学力のための二〇〇二アピール『学びのすすめ』」の公表（文部科学省〇二年一月一七日）などもある。

何回かアンケート調査を実施して（「学校制度に関する保護者アンケート」の調査結果〇五年一〇月六日、「学校評価の実施状況、教員の採用・評価などに関する教育委員会アンケート」〇八年五月二三日、など）審議された教育の規制改革により、教育界の旧弊が除去されたという一面はあったものの、個性化、自由化、競争的環境などを旗印とする経済成長のための規制改革が、初等・中等・高等教育で充実した教育を保障し、学ぶ権利（第1章五1参照）に応え得るものであったか否かについては、意見が分かれるところである。

4　特区を設けて行う構造改革

総合規制改革会議は、規制改革の突破口として構造改革特別区域（特区）制度を提言し、「全国規模での実施か特区での先行実施か」との二者択一で改革を推進し、第四次提案までで特区認定数三二四、規制の特例措置数一七六、全国で行うべき規制改革事項は二五〇にのぼったと、自らの役割を強調した（『三年間の主な活動実績』〇四年三月）。文部科学省は、その間改革に消極的とみなされることがあり、構造改革特区担当大臣（鴻池祥肇）が同省の「回答ぶり」は「理論的にもおかしい」と非難する一こまもあった（「構造改革の突破口としての構造改革特区」〇二年一二月一三日、

「構造改革特区の検討状況について」〇三年二月一七日)。

特区では、学校の設置者として株式会社（学校教育法の特例）や協力学校法人（地方公共団体の協力により設置され所轄庁の審査を要しない学校法人で、私立学校法の特例）を認める（構造改革特別区域法一二・二〇条）などして、多くの特例事業を認定した。〇七年の段階で、発足後一五回にわたり認定された特例事業は九八四件にのぼった。分野別に見ると、教育関連事業は生活福祉関連事業に次ぐ第二位で合計（現在数）一四一件、累計一九一件であり、申請主体別では、第一回は市区町村がほとんどであったが、その後株式会社やＮＰＯ法人等による学校の設置・運営や公設民営型学校の設置申請が多くなった。

文部科学省所管の教育関連特例事業としては、不登校の子どもを対象とした学校での教育課程の弾力化や、学校設置会社や学校設置非営利法人による学校設置事業など、一五の事業があらかじめ設定されていたが、実際に認定された事業は構造改革特別区域研究開発学校設置事業（№８０２）が最も多く、次いで市町村費負担教職員の任用事業（№８１０）がその約半数、校地・校舎の自己所有を要しない小学校等の設置事業（№８２０（８０１―２））がさらにその半数という状態であった。

最多事業の№８０２は、教育課程の基準に拠らない教育課程の編成・実施を可能にするものであるが、その内訳は外国語教育に関するもの（早期教育、英会話教育、国際教育など）が約六割と多く、次いで小・中一貫教育に関するものが約四分の一であった。№８１０は、「地域の教師」の採用や、少人数学級・習熟度別学級などの編成を実施するものであり、№８２０（８０１―２）は、学校設置会社による学校設置とセットで考えられている。

成果の代表的な事例として掲げられたのは、キャリア教育推進特区（東京都千代田区）、太田外国語教育特区（群馬県太田市）、海部町ふるさと教育制度特区（徳島県海部町）（内閣官房構造改革特区推進室作成の成果事例集『特区は宝の山』〇五年三月）や、小中一貫特区（東京都品川区）、伊東市書道教育特区（静岡県伊東市）（内閣官房構造改革特区推進室・地域再生推進室作成の成果事例集『特区・地域再生は宝の山』〇七年五月）などである。

構造改革特区の認定事業には、利用者や地域住民の立場から現行教育制度の原理・方法などを問い直し、風穴をあける効果が期待され、地方に密着した教育改革を誘導する糸口になると思われるものはあった。しかし、教育の理念・特質など根本に立返って改編を考える姿勢はほとんど見られないばかりか、校地面積基準の引下げ（No.８１１）や校地・校舎の自己所有を有しない学校設置認可（No.８２０（８０１―２）、No.８２１（８０１―１））など、学校環境の後退を招く危険性があるものもあり、さらに、実際に改善指導や警告を受けた学校設置者＝株式会社（No.８１６）が出ている事態も見受けられる。消費者・需要家のニーズを表面的・一方的にとらえ、これに安易に応えようとする事業が多くなると、競争、能率、格差の拡大などが進み、教育機会の平等や能力の公正な発達という大切な原則が揺らぐ危険性が出てくる。改革を求める側も求められる側も、改革が学ぶ権利を真に保障し得るものかどうかを冷静に判断し、慎重に改革を進めることが肝心である。

四　地方分権改革と教育行政

1　機関委任事務の廃止、国の関与の見直しなど――地方分権一括法の目指したもの

二一世紀に向けた行政改革のもう一つの課題である地方分権の推進は、地方分権一括法（一九九九年七月）により行われた。

同法は、①行政における国と地方公共団体の役割分担を明らかにする、②地方に国の事務を処理させてきた機関委任事務制度を廃止し、新しい事務区分（自治事務、法定受託事務）を創設する、③地方に対する国の関与を見直す、④権限委譲を推進する、⑤必置規制を見直す、⑥地方行政体制の整備確立を図るなどして、住民に身近なしごとはでき

る限り地方に委ねる、というものであったが、このうち文部省関係では、②については文部省の機関委任事務一〇五件のうち四一件（三九％）が法定受託事務とされ（教科書展示会の開催、学校法人の寄付行為の認可、史跡名勝天然記念物の仮指定、など）、③は教育長の任命承認制の廃止など一五件、④は市町村立高等学校の通学区域の設定（都道府県からすべての市町村へ）、県費教職員の研修（都道府県から中核市へ）など五件、⑤は公民館運営審議会や青年学級主事など一三件であった。

一括法に含まれた文部省関係の改正法律は二一件で、教育における国、都道府県、市町村の役割分担のあり方を見直すとともに、新たな連携協力体制を構築し、地域に根ざした主体的・積極的な地方教育行政の展開を図ることを目的とした。その中から教育委員会制度のあり方を見直す改正を摘記すると、次のようである。

地方教育行政の組織及び運営に関する法律の一部改正法　①教育長の任命承認制度を廃止する、②市町村と同じく、都道府県及び指定都市の教育長を教育委員のうちから任命する、③都道府県及び指定都市の教育委員を五人ないし六人とする、④市町村立高等学校の通学区域は、市町村が都道府県と協議の上定める、⑤県費負担教職員の研修権限を中核市に委譲する。

教育公務員特例法の一部改正法　教育長に関する規定を整備した。

公立義務教育諸学校の学級編制及び教職員定数の標準に関する法律（義務標準法）の一部改正法　市町村立学校の学級編制について、都道府県の認可制を改め事前協議制とした。

学校教育法の一部改正法　学校の施設設備や教育内容等の基準設定事務等の主体を「監督庁」と規定し、「監督庁」を「当分の間、文部大臣とする」などと規定してきた方式を改め、各条項において事務の主体を「文部大臣」、「都道府県の教育委員会」または「都道府県知事」と明確に規定した。

このような見直しは、地方分権を推進する基本的な施策として、地方教育行政を前進させ活性化する一面があったものの、例えば、教育長任命承認制の廃止に代って導入された議会の同意制が期待された効果を発揮し得ない場合（第4章二3参照）や、関与の廃止や権限の移譲が限られた事項にとどまり、権限移譲に財源移譲がともなわない場合には、地方の自治、自主性、自律性の拡大に至ることはない。また、都道府県と中核市・市町村との間の十分な調整や、地方間または地方内格差・不均衡の是正が行われないと、期待された効果を発揮できないなど、解決すべき実施上の問題点は少なくない。

2　義務教育費国庫負担制度の改編

地方分権一括法施行後、政府は、行政体制の整備その他の地方制度に関する重要・緊急事項を調査審議するために、一一人の委員で組織する地方分権改革推進会議を内閣府に設置した（〇一年七月三日、議長＝西室泰三）。同会議は、事務事業見直しの基本的な考え方として、①国と地方の役割分担の明確化、②生活者である国民の視点を踏まえた改革、③財政の持続可能性（「サステイナビリティ」）の回復、確立、④公共サービスの多様化と住民自治の強化、⑤地域社会における社会的公正の実現、を掲げ、教育・文化分野の論点整理では、①国中心の画一的教育から地域に根ざした教育行政に向けてさらに検討し、②生涯学習・社会教育分野で地域の自主性が発揮できる環境整備が重要であるとして、文部科学省提出の具体的見直し案を高く評価し、今後に期待を表明した（「中間論点整理」〇一年一二月一二日）。

その後、教育・文化分野の基本的な見直し方針として、①「地域の教育力」を十全に発揮できるようにし、②学習指導要領の大綱化や学級編制の弾力化等を通じた国の関与を一層進めるとともに、国と地方の経費負担のあり方を見直し、③具体的には、義務教育費国庫負担制度の見直しを検討し、④将来的な課題としては、負担金の一般財源化を念頭に置いた検討を掲げ（「事務・事業の在り方に関する中間報告――自主・自立の地域社会をめざして――」〇二年六月一七日）、これからは、①国庫補助負担事業の廃止・縮減の議論は経済財政諮問会議ほか政府部内での論議に移し、②当会議の審議は、国と地方の税財源配分のあり方について、国庫補助金・交付税・税源移譲を含む三位一体で検討し、教育・文化分野の主要課題を義務教育費国庫負担制度の見直しに限るとするに及んで（「事務・事業の在り方に関する意見」同年一〇月三〇日）、国庫負担制度の堅持を志向する文部科学省との間に意見の対立を見るようになった。

義務教育費国庫負担制度は、市町村が小・中学校の設置・運営を行い、都道府県が教職員を任命し給与を負担するもので、国はその給与費の二分の一を負担する。これに関して政府・与党は、〇五・〇六年度予算で地方向け国庫補助負担金を三兆円程度廃止・縮減し、文教分野では、①義務教育制度については、その根幹を維持し、国の責任を引続き堅持する方針の下で、費用負担についての地方案を生かす方策を検討し、また教育水準の維持向上を含む義務教育のあり方について幅広く検討し、②〇五年秋までに中央教育審議会において結論を得ることとした。ここでいう地方案とは「国庫補助負担金等に関する改革案」（地方六団体〇四年八月二四日）を指し、義務教育費国庫負担金は第二期改革（〇七年度以降）までに全額廃止・税源移譲し、第一期改革（〇六年度まで）では中学校教職員の給与分を廃止・税源移譲（一般財源化）する、というものであった（「三位一体の改革について」〇四年一一月二六日）。

これについて中央教育審議会は、義務教育は憲法が国民に保障する「教育を受ける権利」の最小限の保障（「ナショナルミニマム」）であり（初等中等教育分科会教育財政部会教育条件整備に関する作業部会「義務教育費に係る経費負担の在り方について（中間報告）」、〇四年五月）、その目的は一人ひとりの国民の人格形成と国家・社会の形成者の育成との調和のとれた教育の実現にあり、その内容・水準は「ナショナル・スタンダード」として全国的に一定水準以上のものを定め、実現を担保し、義務教育の到達目標を明確化する必要がある、とした（義務教育特別部会「審議経過報告」〇五年七月）。最終段階では、義務教育の質の向上という観点から、教育における地方分権に配慮しつつ、国全体を通じて確固とした教育条件を整備する必要があり、その前提として、義務教育に必要な財源を確実に確保する必要があるというおおよその共通理解に立ち、義務教育費の一般財源化は地方六団体の提案する教育の自由度の拡大を実現することにならず、また、中学校分の一般財源化は小・中学校の取扱いを分けるもので、合理性がなく不適当だとして、異例の多数決をもって答申案の採否を問い、地方移譲案を否決した（「新しい時代の義務教育を創造する（答申）」〇五年一〇月二六日）。

しかし、その結論は政府・与党の既定路線と異なるものであったため、国の負担額の減額と国の負担率の引下げ（二分の一から三分の一へ）で政治的な決着が図られた（第6章及び第1章四参照）が、小泉政権の四人の文部科学大臣は、地方分権・規制改革・市場化は教育になじまないとして、義務教育財源の地方移譲に反対したと報じられている（「教育に及んだ構造改革」『朝日新聞』〇六年九月一七日付）。確かにそのような政治的決着により教育の機会均等や教育水準の維持向上が担保される保証はない。如何に聖域なき構造改革とは言え、国民や国家のために高所から冷静に議論し、場合によっては例外的な対応もあり得るとする柔軟な姿勢がよりよい政治的選択ではないか、という見方もある。

3　教育委員会制度の見直し意見——地方分権改革推進会議など

教育行政における地方分権にあって重要なものは、地方で教育の推進を担ってきた教育委員会制度のあり方である。教育委員会は、第二次大戦後、「教育行政の地方分権と独立」・「公正な民意に即した教育行政」・「教育の自主性の確保」を目指し（教育委員会法提案理由）、米国教育委員会制度をモデルに創設された行政委員会であった。

一九五六年に公選制から任命制に変り、国と地方の行き過ぎた一元化や教育行政の官僚化が進んだため、八〇年代に国の内部機関から「教育委員会の使命の遂行と活性化」の要望が出されたことがある（臨時教育審議会「第二次答申」八六年四月）が、文部省の取組みは十分な進展を見せず、教育委員会側の自己努力の成果も見られないままに、地方分権改革一括法を迎えた。

その後、地方分権の推進や市町村合併にともなう自治体制の変化など、教育委員会制度をとりまく状況が大きく変化し、教育委員会制度のあり方が表面だって論じられるようになり、埼玉県志木市（市長＝穂坂邦夫）の構造改革特区の申請（教育委員会の廃止、〇三年六月）や、総合規制改革会議「答申」（同年一二月）、地方分権改革推進会議「意見」（〇四年五月）、経済財政諮問会議「基本方針二〇〇六」、教育再生会議「報告」（〇七年一月）、規制改革会議「見解」（同年二月）などにおいて、教育委員会の任意設置論から制度そのものの根本的な見直し論まで提起された。

地方分権改革推進会議は、任意設置を主張した。①教育の政治的中立性を確保しつつ、各地域の実情に応じて地方公共団体の判断で教育委員会制度を採らないという選択肢を認めるべきである。②権限の見直しにおいては、教育の地方分権を促進するという教育委員会制度創設の趣旨を徹底し、教育内容の地方分権を推進していく意味から、学習指導要領を超える多様なカリキュラム編成、児童の習熟度に応じた就学年齢の弾力化、週間授業日数の弾力化等について、教育委員会（地方公共団体）等の権限で行えるようにすることなどを検討する必要があり、③少なくとも、現在構造改革特区において認められているものについては、全国化すべきである（「地方公共団体の行財政改革の推進等行政体制の整備についての意見――地方分権改革の一層の推進による自主・自立の地域社会をめざして――」〇四年五月一二日）。

教育再生会議は、これに対して、教育委員会の現状を問題視し、あり方そのものを抜本的に問い直す見直し論を展開した。①問題解決能力が問われている教育委員会は、いじめ・校内暴力など学校の問題発生に正面から向き合い、危機管理チームを設け、迅速に対応する、②文部科学省、都道府県教育委員会、市町村教育委員会、学校の役割分担を明確にし、教育委員会の権限を見直す、③当面、教育委員会のあるべき姿についての基準や設計を国で定めて公表するとともに、第三者機関による教育委員会の外部評価制度を導入する、④小規模市町村の教育委員会に対しては、広域的に事務を処理できるよう教育委員会の統廃合を進める（「社会総がかりで教育再生を――公教育再生への第一歩――（第一次報告）」〇七年一月二四日）。

規制改革会議は、教育再生会議の提言を評価し、教育委員会制度の抜本的な改革を望んだ。①前身の規制改革・民間開放推進会議と同様に、市町村教育委員会の権限を首長に移譲する特区の実験的な取組みの推進や、「骨太方針二〇〇六」（「教育行政の仕組、教育委員会制度について抜本的な改革を行うこととし、早急に結論を得る」こと）への対応が、当会議の責務である、②文部科学省による裁量行政的な上意下達システムの弊害を助長することなく、併せて、レイマン・コントロールという教育委員会の基本的な理念（教育行政執行組織の外部にいる「素人」が管理するという理念）の再認識が必須である（「教育委員会制度の抜本的見直しに関する規制改革会議の見解」〇七年二月一五日）。

このような状況の中で、文部科学省の中央教育審議会は、教育委員会制度の維持と部分的改善の必要性に早くから言及していたが（「今後の地方教育行政の在り方について（中間報告）」九八年三月二七日、「同（答申）」同年九月二一日）、その後のいろいろな意見に応えて、教育委員会制度のあり方について改めて見解を整理し（教育制度分科会地方教育行政部会「地方分権時代における教育委員会の在り方について（部会まとめ）」〇五年一月一三日、義務教育特別部会「審議経過報告（その一）」同年五月二三日）、教育委員会制度は教育行政の基本的な制度として定着しており、現在の基本的な枠組を維持しつつ各自治体の実情に合わせて制度を弾力化するとともに、教育委員会の機能の強化、首長と教育委員会の連携の強化や役割の明確化のための改善を図ることが適当だと結論づけた（「新しい時代の義務教育を創造する（答申）」同年一〇月二六日）。文部科学省は、この立場で教育委員会制度意見への対応を図った。

教育委員会制度改革において、地方分権や規制改革の推進は考慮すべき大きな原則ではあるが、教育の中立性の確保や合議制組織としての利点など、検討に欠かせない論点もあり、広く深く考察する必要がある。また、教育委員会制度についての理解を一面的または主観的なものにとどめず、わが国における制度創設時の理念や、モデルにした米国教育委員会制度の理念と展開などを仔細に検討し、歴史や比較によって得た教訓を十分生かして改革構想を描き直すことが必要である。わが国の教育委員会制度創設時の理念等については既に述べたところに譲り（平原『教育行政学』第四章二参照)、本書では特に米国教育委員会制度の考察に一章を充て、理念、組織、機能などを確かめ、教育委員会制度見直しの方向を検討する(第5章参照)。

4　学校の自主性・自立性の確立と地域社会との連携

最後に、地方分権推進の中で、学校の自主性・自立性の確立が強調されたことにふれておく。

かつて中央教育審議会答申は、教育委員会と学校との間で、教育委員会の関与が必要以上に強すぎ、学校の主体的活動を制約しているとして、両者の現状を見直し、学校裁量権限の拡大を提案した(「今後の地方教育行政の在り方について」九八年九月)。この指摘は、学校を活性させ教師のやる気を回復させる上で期待できる提案として映ったものの、出された具体的改善方策は管理強化(学校管理規則の見直し、管理職手当等の改善、人事・研修行政の見直し、適格性を欠く教員等への対応強化など)に終始し、答申自ら設定した「教職自体を魅力あるものにするとともに、教員が自らその資質能力を継続的に向上させようとする意欲を喚起しなければならない」という課題の根本的な解決策たり得るかどうか、疑問視されることにもなった。

また、学校運営組織の見直しも、今まで以上に家庭や地域社会と連携協力し、地域に開かれた学校運営を推進する中で行われる限りは、閉鎖的・官僚的な学校運営組織を改める効果を発揮する可能性をもつであろうが、この連携協力が管理システムの強化(主任体制の明確化、企画・運営委員会等の積極的活用)やトップダウン体制の強化(職員会議を校長の主宰する意見交換の場とする)の延長線上に構築されるに過ぎないならば、果して教職員が力を合わせて質の高い教育を創る有効な手段となり得るか、また、豊かな識見と教職経験に裏打ちされた信頼できる校長をつくり出す職場づくりの後見役たり得るか、大いに検討を要するところである。

地域住民が学校運営に参画する具体的改善方策としては、各学校が地域住民に教育計画等を説明し、達成状況等に関する自己評価を実施・説明することや、学校評議員を設置し意見交換の機会を設けること、保護者や地域住民が一定の権限と責任をもって学校の運営に直接参加する学校運営協議会（いわゆるコミュニティ・スクールの制度化）を設置することなどを求めた。文部科学省は、学校運営協議会の全国的設置と充実した取組みの推進を期待し、学校評議員制度の学校運営協議会への移行の積極的検討を支援しているが、これらの制度については後に再述する（第8章二参照）。

（平原春好）

参考文献

○行政改革委員会ＯＢ会監修『行政改革委員会　総理への全提言——規制緩和、情報公開、官民の役割分担の見直し——』財団法人行政管理研究センター、一九九八年。
○行政改革会議事務局ＯＢ会編『二一世紀の日本の行政——行政改革会議活動記録——内閣機能の強化・中央省庁の再編・行政の減量・効率化』財団法人行政管理研究センター、九八年。
○地方分権推進委員会事務局編『地方分権推進委員会第一次勧告　分権型社会の創造』／同『第二次勧告』／同『第三次・第四次勧告』ぎょうせい、九七年。
○総理府編『地方分権推進計画』大蔵省印刷局、九八年。
○政府広報『時の動き　特集中央省庁等改革』財務省印刷局、通巻一〇三一号、二〇〇一年一月。
○文部科学省初等中等教育局初等中等教育企画課編集『教育委員会月報　特集＝地方分権時代における教育委員会の在り方』第一法規、通巻六六六号、〇五年三月。
○文部科学省編集『文部科学時報　中央教育審議会答申＝新しい時代の義務教育を創造する』ぎょうせい、通巻一五五八号（臨時増刊）、〇五年一二月。
○首相官邸、総務省、文部科学省のホームページ　http://www.kantei.go.jp/　http://www.soumu.go.jp/　http://www.mext.go.jp/
経済財政諮問会議、規制改革諸会議、地方分権改革推進会議のホームページ　http://www.keizai-shimon.go.jp/　http://www8.

cao.go.jp/kisei/　http://www8.cao.go.jp/bunken/

第Ⅱ部

教育行政の組織と課題

第3章　文部科学省

一　文部科学省の組織と任務

1　設置理念、任務、所掌事務

二〇〇一年以後文部省を引継ぎ教育行政を管掌している文部科学省の設置経緯や政府部内での位置などについては既に述べたところに委ね（第2章参照）、本章では文部科学省の組織と役割について述べる。

文部科学省はその設置理念を、「我が国の明日を夢開くものに」するため、二一世紀に向けて人材の養成、知的資産の創出を図り、教育、科学技術・学術、文化・スポーツに関する行政を一体的に推進し、未来への先行投資を図るものとし、英文名をMinistry of Education, Culture, Sports, Science and Technologyと表記した。

この理念を実現するための任務は、①教育の振興及び生涯学習の推進を中核とした豊かな人間性を備えた創造的な人材の育成、②学術、スポーツ及び文化の振興、③科学技術の総合的な振興、④宗教に関する行政事務を適切に行うこと、と規定した（文部科学省設置法第三条）。ここには、「豊かな人間性」や「創造的な人材」など、文部省の任務にはなかった新しい文言が使われており、今後その意味内容をより具体的に確定していかなければならない。

任務を達成するための所掌事務は、法律に一〇〇項目近く掲げられている。その主な柱をまとめると、次のようである（同法第四条）。

・豊かな人間性を備えた創造的な人材の育成のための教育改革に関すること
・生涯学習に係る機会の整備の推進に関すること
・初等中等教育、大学・高等専門学校における教育の振興に関する企画・立案、援助・助言
・科学技術に関する基本的な政策の企画・立案、推進、関係行政機関の事務の調整
・スポーツの振興に関する企画・立案、援助・助言
・文化の振興に関する企画・立案、援助・助言
・科学技術に関する研究開発の推進のための環境の整備
・学術の振興、基礎研究及び共通的・総合的な研究開発

所掌事務の冒頭に「教育改革」の文言が登場したのも新しい特徴であり、これにより人間性豊かな創造的な人材を育てる施策の展開が期待されるところであるが、実際に教育改革の内実をどのように考え行うかが任務の成否を分ける。この規定は、置かれている位置からして総則的な規定であるから、教育改革を政府・与党が主導する特定の時期・テーマの改革に限定せず、常に学習・教育の主権者のために教育を改善する方策や行動の総体として広く理解し運用するのが望ましい。

同省に外局として置かれている文化庁の任務は、文化の振興及び国際文化交流の振興を図るとともに、宗教に関する行政事務を適切に行うこと、所掌事務は、文化の振興に関する企画・立案、援助・助言、文化財の保存・活用、ユネスコ（UNESCO　国際連合教育科学文化機関）活動の振興に関すること（外交政策に係るものを除く）、など二一項目の規定がある（同法第二六～二八条）。

同省の歴史的活動の一端は、国民との双方向コミュニケーションを目指す「文部科学省　情報ひろば」（Museum of the Ministry、〇八年三月開設）で展示紹介されている。

なお、文部科学省は、その所掌事務の遂行にあたり、他の省庁と協力して行うことが法定されているものがある。例えば、幼児期の子どもや放課後の子ども、障害をもつ子どもなどに関しては厚生労働省、青少年問題に関しては総務省や法務省、生涯学習の振興にあっては経済産業省との関係が存在し、最近ではこれらについてより一層密接な提携・協力が行われる場合も少なくない（第11章・第12章参照）。また、省庁改編以後は、内閣府に設置された重要政策会議（特に経済財政諮問会議）をはじめ、規制改革諸会議、地方分権推進会議との間に新たな協力関係が求められ、文部科学行政の基本的方向に大きな影響を及ぼすこともある（第2章参照）。

2　組織編成の重点と効果

新しい文部科学省は、組織編成上いくつかの改編が行われた。主な変更点を挙げると、次のようである。

・政策官庁としての機能を強化するために、大臣官房、生涯学習政策局、科学技術・学術政策局及び文化庁に「政策課」を設置

・国際社会に向けて、国際対応能力を強化するため、教育、科学技術・学術、文化・スポーツの国際交流について、大臣官房や国際統括官の下で国際交流を総合的に実施

・科学技術及び学術研究の調和及び総合性を確保するため、科学技術庁の各局と文部省学術国際局を再編統合し、「科学技術・学術政策局」「研究振興局」「研究開発局」の三局を設置、また、科学技術及び学術関係の六審議会を「科学技術・学術審議会」に統合

・初等中等教育行政における国の役割などを踏まえて、より効率的な体制を準備するため、初等中等教育局と教育助成局を一元化し、これにともないカリキュラム関係事務や教員研修業務を本省からアウトソーシング（外部委託）

このうち、政策官庁機能の強化は、臨時教育審議会「教育改革に関する第四次答申（最終答申）」（一九八七年八月七日）で最初に提案され、十数年ぶりに実現した。これは、教育改革、生涯学習等の推進を図る一つの措置として位置づけられるが、前述のように、その事務を遂行するにあたっては、学習・教育の主権者のためによりよい教育改善

を企画・立案することが求められる。

科学技術庁との組織統合のメリットは、①「教育立国」と「科学技術創造立国」という二つの重要目標を担う両省庁の統合により、総合的な行政を推進することが可能となり、②科学技術政策と大学学術政策など文教政策との連携強化により、わが国の科学技術及び学術振興の中核として総合力を発揮することが可能となる、と説明された。

3　内部組織

文部科学省は、文部科学大臣の下で、副大臣、大臣政務官（前述）のほか、事務次官（大臣を助け、省務を整理し、各部局・機関の事務を監督。一人）を頂点とする事務組織が事務を担当する。外局として文化庁を置き、その長を文化庁長官とすることは、文部省時代と変りはない。

官房・局数は一三（文部省七、科学技術庁八）から八に、課・室数は八六（文部省五六、科学技術庁三〇）から六六にそれぞれ削減し、審議会等は整理合理化により二三（文部省一七、科学技術庁六）を八に再編した。現在の省の内部組織は別掲図の如くであるが（巻末の参考基礎資料——3「文部科学省の組織図」参照）、省の改編時における各局組織の変更点はおおよそ次のようである。

・**大臣官房**＝政策重視の観点から政策課（基本的・総合的な政策の企画立案、政策評価を行う機能を強化）、国際関係事務の対応強化の観点から国際課（国際交流に関する基本政策を所管）を新設

・**生涯学習政策局**＝教育改革の推進を図るため、従来の文部省大臣官房で所掌していた文教分野の基本政策事務を所掌して政策機能を強化

・**初等中等教育局**＝従来の初等中等教育局と教育助成局を統合して初等中等教育行政を一元化

・**高等教育局**＝大学・高等専門学校教育の振興及び私立学校教育を所掌、従来学術国際局で担当していた留学生関係事務を高等

教育行政に一元化

・**科学技術・学術政策局**＝科学技術全体の基本的政策、学術振興の基本的政策、研究者・技術者の養成、科学技術の社会的影響の評価・措置、原子力安全規制、国際交流関係事務を所掌

・**研究振興局**＝基礎研究、学術研究の推進とともに、研究環境の整備、産学連携、情報基盤の整備などの研究振興施策を所掌

・**スポーツ・青少年局**＝国民の心身の健全育成行政を総合的に推進する観点から、従来の体育局が所掌していたスポーツの振興に加え、生涯学習局の青少年教育の振興及び総務庁の青少年健全育成推進・体育づくり関係事務を所掌

・**文化庁**＝政策機能強化の観点から大臣官房に政策課、国際文化交流充実のため長官官房に国際課を設置、文化財の保護と利用両面を重視する観点から文化財保護部を文化財部とし、美術館・歴史博物館関係事務を一元化

・**国際統括官**＝ユネスコ活動の振興や協定等国際約束の実施等の国際関係事務を能率的に遂行するため、局長級分掌職として新設

二　文部科学省の役割

1　競争・重点配分による支援

文部科学省の行政で特に目につく機能的変化としては、「支援」の強調である。支援はそれまでの「援助」とは異なり、補助金を重点的に配分し、あるいは関係者を競わせて優れたものに助成する方式である。

支援方式は、特に大学教育分野で顕著に見られる。二〇〇二年度から導入された「二一世紀ＣＯＥプログラム」（研究拠点形成費補助金）は、「第三者評価にもとづく競争原理により、世界的な研究教育拠点の形成を重点的に支援し、国際競争力のある世界最高水準の大学づくりを推進」するものであり、申請にあたっては「学長を中心とするマネジメント体制の下、どの専攻等を如何にして世界的な研究拠点に育成するかという大学の将来構想、専攻等の拠点形成

計画、研究教育活動等をとりまとめて、学長から文部科学大臣宛に必要な書類を提出し」、二年目以降の補助金額は「二年経過後に行われる中間評価等を踏まえ、毎年見直される」ものであり（「公募要領」）、競争原理を基盤にして、新しい大学管理体制や評価方式にもとづく集中的・効果的な投資であった。その翌年から実施された「特色ある大学教育支援プログラム」も、右と類似の考え方にもとづき高等教育の活性化を促進しようとする施策であった（「募集要領」参照）。

その後「国公私立大学を通じた競争的環境の下で、特色・個性ある優れた取組を選定・支援する」施策はさらに拡大強化され、新規プログラムも誕生し、多くの予算額が計上されている。強化プログラムとしては、「グローバルCOEプログラム」（前掲「二一世紀COEプログラム」の成果を踏まえ、世界的に卓越した教育研究拠点の形成をより重点的に支援）や「大学院教育改革支援プログラム」（高度な人材養成のための優れた組織的・体系的な教育の取組みを支援）などがあり、新規プログラムとしては、「質の高い大学教育推進プログラム」（「特色ある大学教育支援プログラム」と「現代的教育ニーズ取組支援プログラム」を発展的に統合）、「戦略的大学連携支援事業」、「大学病院連携型高度医療人養成推進事業」などがある。

優れた研究をさらに発展させ、特色ある教育活動を顕彰することは、有意義なことではあるが、大学教育の質の維持・向上を支える基盤全体の充実なくして、将来の発展はおぼつかない。大学法人化以後、補助金・交付金の整理・削減の中で、経常研究費の減少や基礎研究領域予算額の停滞が見られるようになったと言われる。〇八年度からは、国立大学の主な経費を支える運営費交付金の算定に個々の大学の〝努力度〟を一層反映する配分ルールがはじめられた。このような一連の施策により、大学間・教育研究領域間にさらに格差が広がり、研究・教育の全体的発展を妨げないよう留意しなければならない（なお、大学については第10章参照）。

2 学習指導要領の改訂と基準性

初等中等教育分野で目を惹く問題としては、教育内容に関するものが多い。特に、学力の向上を求める社会的な要請が強まる中で、学校教育の目標を明確化し、各教科の到達目標を示す必要があるなど、教育課程の基準（＝学習指導要領）のあり方に対して保護者や一般の人々の関心が高まっている。

文部科学省は〇八年三月、幼稚園教育要領と小学校・中学校学習指導要領を改訂した（高等学校と特別支援学校のそれは一二月に改訂案を公表）。そこでは「生きる力」を育むという現行理念を引継ぎながら、①改正教育基本法を踏まえて教育内容を改善し、②知識・技能の習得、思考力・判断力・表現力等の育成及び学習意欲の向上を図るために、授業時数の増加を図り、特に言語活動や理数教育を充実し、③子どもたちの豊かな心と健やかな体を育むために道徳教育や体育を充実することとした。公示に際して文部科学大臣（渡海紀三朗）は、「新学習指導要領に対する保護者の期待や関心は極めて高く、平成二一（二〇〇九）年度から理数教育を中心に前倒しして実施したい」、実施に先立ち「教師など教育関係者はもとより、保護者や広く社会に対してしっかりと説明する」と述べ、国民に支援を求めた（三月二八日付談話）。

これまで学習指導要領は、その法的基準性が強調され、そこに書かれていることは動かし難い基準とされてきたため、研究開発学校などで教育課程編成の特例（学校教育法施行規則第五五・五六条）を認められた場合、及び構造改革特区で同様の特例措置の認定を受けた場合（事業番号No.８０２、No.８０３（８１８）、第2章三4参照）を除き、学校や地方で自主的・創造的な教育を行うことは困難であった。しかし、学力低下を防ぐため学習指導要領の規制を超えて教えることを認めるべきだという声が強まるにつれて、文部科学省は、学習指導要領はすべての児童生徒に対して指導すべき内容を示す最低基準であり、学校で必要がある場合には、これに加えて「発展的な学習内容」を指導することができること、また、国民として共通に学ぶべき学習内容を明確に定めた上で、学校ができるだけ創意工夫を生かして教育課程を編成できること、などを認めるようになった。

この変化は、学習指導要領を教育課程の法的な基準とし、その規定からの逸脱を認めないことにおいては従前どおりであるが、書かれている内容以外の教育をまったく認めないのではなく、規定内容を教えたならばそれ以上の創意工夫を学校に認めるとした点で、従前とは異なっている。このように基準を上回る教育を容認する態度は、〇三年一二月の学習指導要領改訂時に明らかにされた、「学習指導要領に示している内容の確実な定着を図るための指導を十全に行った上で、学校において特に必要がある場合には、学習指導要領に示していない内容も必要に応じて指導できる」という立場を引継ぐものであるが、今ではおおよそ世論の承認を得ているという（内閣府「学習指導要領に関するアンケート調査結果」〇七年一二月一一日）。（わが国の教育課程行政については平原『教育行政学』第六章を参照。）

3　全国学力・学習状況調査の実施

文部科学省は新しく、「次世代の人材確保の基盤である義務教育の質の向上に国家戦略として取組むためには、児童生徒の学習到達度・理解度を客観的に把握するための全国的な学力調査を実施する必要がある」（全国的な学力調査の実施方法等に関する専門家検討会議の「設置の趣旨」から。〇五年一一月八日）として、〇七年度から全国調査を実施した。

その背景には、学校教育の現状や課題を把握する必要性や、二〇〇三年実施の国際学力調査（経済協力開発機構（ＯＥＣＤ）の生徒の学習到達度調査（ＰＩＳＡ）及び国際教育到達度評価学会（ＩＥＡ）の国際数学・理科教育動向調査（ＴＩＭＳＳ））の結果に見られる学力・学習意欲の低下傾向、義務教育の質を保証する仕組の構築要請などがあり、文部科学省の〇六年度概算要求書には、必要性の根拠として「蘇れ、日本！」（前出。「競争意識の涵養、全国学力テスト実施」）をはじめ、中央教育審議会義務教育特別部会「審議経過報告」（〇五年五月二三日、六月三〇日）、「経済財政運営と構造改革に関する基本方針二〇〇五」（六月二一日閣議決定）、「義務教育に関する意識調査」結果（六月一八日中教審）など、全国的な学力調査の実施を求める見解や世論動向が列挙された。

全国学力・学習状況調査は、①全国的な義務教育の機会均等とその水準の維持向上の観点から、各地域における児童生徒の学力・学習状況を把握・分析することにより、教育及び教育施策の成果と課題を検証し、その改善を図る、②各教育委員会、学校等が全国的な状況との関係において自らの教育及び教育施策の成果と課題を把握し、その改善を図る、という目的に即して、名称を全国学力・学習状況調査とした。対象を、小学校・特別支援学校小学部第六学年と中学校・中等教育学校・特別支援学校中学部第三学年の、原則として全児童生徒としたが、下学年の内容などに代替して指導を受けている児童生徒及び知的障害者特別支援学校の教科内容の指導を受けている児童生徒は対象から除いた。調査の実施率は、国・公立学校で九六％を超えているが、私立学校は六割程度で、かつ低下傾向にある（〇七年度六一％、〇八年度五三％）。

調査結果は、①国語、算数・数学の主として「知識」に関する問題と、主として「活用」に関する問題の平均正答率など、②都道府県・市町村・学校・児童生徒の学力の分布状況等がわかるグラフ、③各教科の設問ごとの正答率、④質問紙調査結果の回答状況などを示すこととした。そのうち一般に公表する範囲は、国全体の状況及び国・公・私立学校別の状況など一定のものに限定するが、各教育委員会、学校等に対しては、公立学校、各学校または当該学校全体の状況ほか関連調査結果を提供し、学校は児童生徒に各人の調査結果を提示し、ともに現状の改善に役立てることとした。

調査結果の取扱いにあたっては、「本調査により測定できるのは学力の特定の一部分であることや、学校における教育活動の一側面に過ぎないことなどを踏まえるとともに、序列化や過度な競争につながらないよう十分配慮して、適切に取扱う」（「実施要領」）ことを求めている。確かに、国も自治体も、そのような問題状況を引起す機会を提供するようなことがあってはならず、ましてやかつての全国一せい学力調査（いわゆる「文部省学テ」）の轍を踏んではならない（「文部省学テ」の弊害については「香川・愛媛〈文部省学力調査問題〉学術調査報告書」参照。日本教職員組合編集・発行『学テ白書　No.2』一九六四年、所収）。しかし他方で、一部の府県・市などでは、首長が教育委員会や文科省に対して、調査結果の公開を強く求めている。

調査結果を見て教室における指導の改善に取組みはじめた学校や自治体もあるが、文部科学省は調査の分析・活用の推進について専門家に検討を委ねたところであり（後述三2参照）、教育の水準や質を保証する教育条件の整備には未だ手が届いていない。与党では、財政緊縮策の一つとしてこの調査を廃止する声が上がり、また、「甦れ、日本！」でこの調査の実施を唱導した元文部科学大臣（中山成彬）の不要発言（日教組（日本教育職員組合）の勢力と子どもの学力との関係を調べるという所期の目的を達成したので今後これを行う必要はない。『朝日新聞』〇八年九月二六日～二七日付）もあり、本調査の行方や意義に再考をうながす政治的な動きも見られる。

4　教科書の検定と訂正

教科書に関する行政も人々の注目を惹く問題である。教科書は教科用図書のことであるが、ほかに、視覚障害者のための拡大教科書や点字教科書などの教科用特定図書もある。

文部科学大臣は教科書の検定、発行の指示及び無償給与を行い、教育委員会または校長は使用教科書の採択を行い、結果を文部科学大臣に報告する仕組になっている。

教科書検定の周期はおおむね四年であるが、学校種ごとに実施年度が異なる。例えば、小学校が二〇〇〇年、〇三年、〇七年、〇九年、中学校が一九九九年、二〇〇〇年、〇四年、〇八年、一〇年、高等学校（主として低学年用）が〇一年、〇五年、〇九年、同（中学年用）〇二年、〇六年、一〇年、同（高学年用）〇三年、〇七年、一一年、……に行われている。

検定にあたっては、教科書の記述が客観的にして公正で、適切な教育的配慮がなされたものになるよう、教科用図書検定基準にもとづき、教科用図書検定調査審議会の審議を経て行うこととされているが、図書は文部科学大臣の検定を経てはじめて学校で使用される教科書になるがゆえに、教科書検定は教育行政における重要な行政行為として注目されることが多い。ときおり検定内容に批判が出され、修正が行われることもある。

例えば、〇一年四月、文部科学省は〇二年度から使用する小・中学校教科書の検定結果を発表した。中学校社会科「歴史的分野」教科書で、「新しい歴史教科書をつくる会」主導の保守的内容の教科書が大幅な修正を受け合格し、世の注目を浴びた。この措置について、文部科学大臣（町村信孝）は「バランスのとれた内容になった」と述べたが、教職員組合、野党などの批判や、韓国や中国の反発を招いた。韓国は駐日大使を一時召還し、大統領が日本政府に善処を望む事態にまで発展した。五月、両国政府から、相次いで教科書の記述に修正を求める要求が出された（韓国三五項目、中国八項目）。文部科学省は検討の結果、朝鮮古代史に係る二か所については明白な誤りが明らかになったとして訂正し、その他の個所については、①わが国学界の学説状況から見て必ずしも誤りとは言えないもの、②いわゆる解釈の問題であり検定教科書について訂正を求めることができないもの、または、③学習指導要領において必ずしも取り上げるべき事項とはされておらず、検定制度上記述を求めることはできないものだとして、訂正に応じなかったが、上記教科書の発行者（扶桑社）が教科書の一部について自主訂正の申請を行い、承認された。この件について文部科学大臣（遠山敦子）は、「今回のことを重く受け止め、今後朝鮮史、中国史関係の審議会委員を追加・補充するなど、教科書検定により一層の正確性を期し、今回のようなことが再び起ることのないようにつとめる」旨のコメントを発表した（〇一年七月九日）。

〇六年検定の高等学校日本史教科書では、沖縄における集団自決に関する検定内容が世論の激しい批判を浴びたが、この場合は、教科書発行者がそれぞれ記述の訂正申請を行い、教科用図書検定調査審議会が訂正を承認する旨の意見を文部科学大臣に提出するかたちで、事態の収束が図られた。審議の経過や内容等については、審議の透明化が図られるよう、できる限り公表するする必要があるとの同審議会の判断にもとづき、第二部会日本史小委員会の「平成一八年検定決定高等学校日本史教科書の訂正審議に関する意見に係る調査審議について」が公表された。文部科学大臣（渡海紀三朗）は「沖縄戦は、住民を巻き込んだ国内最大の地上戦である。多くの人々が犠牲になった悲惨な戦いであり、歴史の教訓を決して風化させることのないようにと願う沖縄県民の思いを重く受け止め、これからも子ども達にしっかりと教えていかなければならないと考える。文部科学省としては、沖縄戦に関する学習がより一層充実するよう努めてまいりたい」との談話を発表した（〇七年一二月二八日）。

三　文部科学省の審議会等

1　審議会等

統合再編された文部科学省の審議会は八、それにその後設置された二つの委員会を加えれば、一〇審議会等になる。ほかに、内閣総理大臣の下に臨時に置かれる教育関係審議会・会議（臨時教育審議会、教育改革国民会議、教育再生会議）があるが、設置根拠や性格などにおいてここでいう審議会等とは異なる（本書第1章一参照）。

八審議会の名称は、中央教育審議会、教科用図書検定審議会、大学設置・学校法人審議会、科学技術・学術審議会、宇宙開発委員会、放射線審議会、文化審議会、宗教法人審議会であり、二つの委員会は国立大学法人評価委員会、文部科学省独立行政法人評価委員会である。それらの所掌事務、分科会・部会構成、設置経緯などは六一頁に掲げるようであり、中央教育審議会の教育改革関連答申は、既に特記したとおりである（第1章三参照）。

なお、文部省時代の旧中央教育審議会は、「教育、学術または文化」に関する基本的な重要施策を調査審議するも

文部科学省の審議会等（二〇〇一年〜）

中央教育審議会

・所掌事務＝（1）文部科学大臣の諮問に応じて、①教育の振興及び生涯学習の推進を中核とした豊かな人間性を備えた創造的な人材の育成に関する重要事項。②スポーツの振興に関する重要事項を調査審議し、文部科学大臣に意見を述べること。（2）文部科学大臣の諮問に応じて生涯学習に係る機会の整備に関する重要事項を調査審議し、あるいは文部科学大臣又は関係行政機関の長に意見を述べること。など（文部科学省組織令第八六条）

・分科会等＝教育制度分科会、生涯学習分科会、初等中等教育分科会、大学分科会、スポーツ・青少年分科会、義務教育特別部会、教育振興基本計画特別部会

・設置経緯＝中央省庁等改編の一環として、従来の中央教育審議会を母体として、生涯学習審議会、理科教育及び産業教育審議会、教育課程審議会、教育職員養成審議会、大学審議会、保健体育審議会の機能を整理・統合（〇一年設置）

・答申等＝今後の教員給与の在り方について（答申）、教育基本法の改正を受けて緊急に必要とされる教育制度の改正について（答申）、など

教科用図書検定審議会

・所掌事務＝学校教育法の規定に基づきその権限に属させられた事項を処理する。（文部科学省組織令第八七条）

・部会等＝第一部会（国語）、第二部会（社会）、第三部会（算数・数学）、第四部会（理科）、第五部会（音楽）、第六部会（図工・美術・書道）、第七部会（外国語）、第八部会（保健体育・看護・福祉）、第九部会（家庭・職業・情報）、第十部会（生活）

・設置経緯＝従前の教科用図書検定審議会の新組織（〇一年設置）

・答申等＝教科書制度の改善について（答申）、小・中学校用／高等学校用教科書定価認可基準の最高額の改定について（建議）、など

大学設置・学校法人審議会

・所掌事務＝学校教育法、私立学校法及び私立学校振興助成法の規定に基づきその権限に属させられた事項を処理する。（文部科学省組織令第八八条）

・分科会等＝大学設置分科会、同審査会、同特別審査会、学校法人分科会、同学校法人制度改善小委員会

・設置経緯＝従前の大学設置・学校法人審議会の新組織（〇一年設置）

・答申等＝開設予定大学等一覧（答申）、学則変更予定一覧（答申）、など

科学技術・学術審議会

・所掌事務＝（1）文部科学大臣の諮問に応じて、①科学技術の総合的振興に関する重要事項、②学術の振興に関する重要事項を調査審議し、又は文部科学大臣に意見を述べること。（2）文部科学大臣又は関係各大臣の諮問に応じて、①海洋開発に係る総合的・基本的事項、②測地学および政府機関の測地事業計画に係る事項調査審議し、あるいは文部科学大臣又は関係各大臣に意見を述べること。など（文部科学省設置法第七条）

・分科会等＝研究計画・評価分科会、資源調査分科会、学術分科会、海洋開発分科会、測地学分科会、技術士分科会、技術研究基盤部会、生命倫理・安全部会、国際委員会（旧・国際化推進委員会）、

人材委員会、基本計画特別委員会

・設置経緯＝中央省庁等改編の一環として、従来の航空・電子等技術審議会、海洋開発審議会、資源調査会、技術士審議会、学術審議会、測地学審議会（科学技術・学術関係六審議会）の機能を整理統合（〇一年設置）

・答申等＝技術士試験における技術部門の見直しについて（答申）、「文部科学省における研究及び開発に関する評価指針」の改定について（建議）、など

宇宙開発委員会

・所掌事務＝（1）独立行政法人宇宙航空開発研究機構の役員の任命に対する同意及び意見の申出を行うこと。（2）独立行政法人宇宙航空開発研究機構法第一九条に規定する宇宙開発に関する長期的な計画の議決を行うこと。（文部科学省設置法第八条）

・分科会等＝推進部会、安全部会、調査部会、地球観測特別部会

・設置経緯＝従前の宇宙開発委員会の新組織（〇一年設置）

・報告書等＝概算要求に向けた独立行政法人宇宙航空研究開発機構の研究開発における重点事項について、H—ⅡAロケット一三号機の打上げについて（委員長談話）、など

放射線審議会

・所掌事務＝（1）この法律の規定によりその権限に属させられた事項を処理する。（2）前項に規定する事項に関し、関係行政機関の長に意見を述べることができる。（放射線障害防止の技術的基準に関する法律第五条）

・分科会等＝基本部会

・設置経緯＝従前の放射線審議会の新組織（〇一年設置）

・シンポジウム等＝放射線審議会基本部会シンポジウム東京／京都、航空機乗務員の宇宙線被ばく管理に関するガイドライン、など

文化審議会

・所掌事務＝（1）文部科学大臣又は文化庁長官の諮問に応じて、文化の振興及び国際文化交流の振興に関する重要事項を調査審議し、あるいは文部科学大臣又は文化庁長官に意見を述べること。（2）文部科学大臣又は文化庁長官の諮問に応じて、国語の改善及びその普及に関する事項を調査審議し、あるいは文部科学大臣、関係各大臣又は文化庁長官に意見を述べること。（3）著作権法、文化財保護法、文化功労者年金法等の規定に基づき、審議会の権限に属させられた事項を処理すること。（文部科学省設置法第三〇条）

・分科会等＝国語分科会、著作権分科会、同使用料部会、同法制問題小委員会、同契約・流通小委員会、同国際小委員会、文化財分科会、同第一専門調査会～第五専門調査会、文化功労者選考分科会、文化政策部会

・設置経緯＝従前の国語審議会、著作権審議会、文化財保護審議会、文化功労者選考審査会の機能を整理・統合（〇一年設置）

・答申等＝文化芸術の振興に関する基本的な方針の見直しについて（答申）、各分科会報告書／審議の経過、など

宗教法人審議会

・所掌事務＝（1）宗教法人法の規定によりその権限に属させられた事項を処理する。（2）所轄庁がこの法律の規定による権限（前項に規定する事項に係るものに限る。）を行使するに際し留意すべき事項に関し、文部科学大臣に意見を述べることができる。（3）宗教団体における信仰、規律、慣習等宗教上の事項について、いかなる形においても調停し、又は干渉してはならない。（宗教法人法第七一条）

・分科会等＝なし

・設置経緯＝従前の宗教法人審議会の新組織（〇一年設置）
・答申等＝なし

＊

国立大学法人評価委員会

・所掌事務＝（1）国立大学法人等の業務の実績に関する評価に関すること。（2）その他の法律によりその権限に属せられた事項を処理すること。（国立大学法人法第九条）
・分科会等＝国立大学法人分科会、国立大学法人分科会業務及び財務等審議専門委員会、大学共同利用機関法人分科会、大学共同利用機関法人分科会業務及び財務等審議専門委員会
・設置経緯＝中央省庁等改編の一環として、国立大学が法人化され、国立大学法人評価委員会を置くこととされたのに伴い、文部科学省に新設（〇三年設置）
・報告書等＝業務実績の評価結果について、国立大学法人・大学共同利用機関法人の改革推進状況、など

文部科学省独立行政法人評価委員会

・所掌事務＝（1）独立行政法人の業務の実績に関する評価に関すること。（2）その他この法律又は個別法によりその権限に属せられた事項を処理すること。（独立行政法人通則法第一二条）
・分科会等＝初等中等教育分科会、国立特殊教育総合研究所部会、教員研修センター部会
高等教育分科会、大学支援関係法人部会、日本学生支援機構部会、国立高等専門学校機構部会、日本私立学校振興・共済事業団部会
社会教育分科会、国立女性教育会館部会、国立科学博物館部会
スポーツ・青少年教育分科会、青少年部会、日本スポーツ振興センター部会
科学技術・学術分科会、基礎基盤研究部会、防災科学技術研究所部会、宇宙航空研究開発機構部会、日本学術振興会部会、科学技術振興機構部会、海洋研究開発機構部会、日本原子力研究開発機構部会
文化分科会、国立国語研究所部会、国立美術館・博物館部会、文化財研究所部会、日本芸術文化振興会部会
・設置の経緯＝中央省庁等改編の一環として、独立行政法人を所管する各府省に独立行政法人評価委員会を置くこととされたのに伴い、文部科学省に新設（〇一年設置）
・報告書等＝ホームページに掲載なし

出典　文部科学省ホームページ

のとして、他の教育関係審議会より一段上位に置かれていたが、文部科学省の新中央教育審議会は、所掌分野を「教育」とし、「学術」は科学技術とあわせて科学技術・学術審議会に、「文化」は文化審議会に委ね、各審議会がそれぞれ基本的な政策形成にかかる重要事項を調査審議する仕組に変った。

審議会等の整理・合理化は、審議会等の低迷を救う妙案として期待されたが、改組後の実態を見ると、必ずしも期

待通りとは言えない状況にある。審議会数は確かに減少したが、それを必要とする領域・課題等が減ったわけではないため、一つの審議会の中に複数の分科会や部会を設置して事態に対応することになり、組織の整理・合理化が行われたという印象は薄い。委員数（専門委員等を含む）も極端に減少しているわけではなく、一部特定委員の重用やかけもち現象も見られる。仮に委員の構成や選任に際して、改編の基本方針（第2章二6参照）に対する配慮がなされていたとしても、実際の状況は以前と大きく変っておらず、「政府の御用審議会」という不名誉な評価を返上できたかどうかは、依然として疑問視されるところである。氏名や審議経過の公開は、以前とくらべて進んだものの、審議会によって公開内容に粗密があり、十分とはいえない。

2　懇談会等

文部科学省は、文部省の場合と同様に、審議会等とは別に懇談会等（調査研究協力者会議など）を置き、行政施策の具体化に役立て活用している。

例えば、既述の全国学力・学習状況調査（本章二3参照）に際しては、全国的な学力調査の実施方法等に関する専門家検討会議を初等中等教育局長裁定で設置し（〇五年一一月八日）、調査実施後には、全国学力・学習状況調査の分析・活用の推進に関する専門家会議（同前）を設け、推進策の検討を委ねた（〇七年一二月三日）。

また、今後の教員給与のあり方に関する中央教育審議会答申（〇七年三月二九日）で検討の必要性が指摘された事項については、同じく初中局長裁定により、県費負担教職員の人事権等の在り方に関する協議会（〇八年四月一六日）や学校の組織運営の在り方を踏まえた教職調整額の見直し等に関する検討会議（四月二五日）を発足させた。

懇談会等は多数設置されており、またこれまでも多数設置されてきたため、すべての名称、任務、委員構成、設置経緯、報告などを個々に紹介する紙幅はない。その活動状況は公表されている資料類に譲り、ここでは名称のみを掲げることとする。

文部科学省の懇談会等（調査研究協力者会議等）（二〇〇一年〜）

生涯学習政策関係　大学入学資格検定の改善等に関する調査研究協力者会議、教育行政機関と民間教育業者との連携方策に関する調査研究協力者会議、子育てについての普及資料企画会議、地域電子図書館構想検討協力者会議、思春期の子どもを持つ親のための家庭教育資料作成協力者会議、今後の家庭教育支援の充実についての懇談会、女性の多様なキャリアを支援するための懇談会、「公民館の設置及び運営に関する基準」の見直し検討会、教育バウチャーに関する研究会、今後の教育・学習情報の発信・提供の在り方に関する検討会、生涯学習情報収集・提供検討会、地域で子どもを見守る全国ネットワークシステム検討会、これからの博物館の在り方に関する検討協力者会議、専修学校の振興に関する検討会議、放送大学における放送メディアの在り方に関する有識者会議、検定試験の評価の在り方に関する有識者会議、次世代の教育を考える懇談会、これからの図書館の在り方検討協力者会議、新しい時代に対応した統計調査の推進に関する検討会

初等中等教育関係　教員免許更新制の導入に関する検討会議、言語力育成協力者会議、少年の問題行動などに関する調査研究協力者会議、情報化の進展に対応した初等中等教育における情報教育の推進などに関する調査研究協力者会議、児童生徒の問題行動に関する調査研究協力者会議、時代の変化に対応した今後の幼稚園教育の在り方に関する調査研究協力者会議、幼児教育の振興に関する調査研究協力者会合、幼稚園教員の資質向上に関する調査研究協力者会議、二一世紀の特殊教育の在り方に関する調査研究協力者会議、特殊教育の改善・充実に関する調査研究協力者会議、高校生の就職問題に関する検討会議、総合学科の在り方に関する調査研究協力者会議、教職員配置の在り方等に関する調査研究協力者会議、教育情報ナショナルセンター機能の整備に関する研究開発委員会、衛星通信を活用した教育情報配信ネットワークの在り方に関する調査研究協力者会議、教育分野におけるインターネットの活用促進に関する懇談会、学校週五日制時代の公立学校施設に関する調査研究協力者会議、二一世紀に向けた地方教育行政の在り方に関する調査研究協力者会議、特別支援教育の在り方に関する調査研究協力者会議、英語教育改革に関する懇談会、初等中等教育におけるＩＴの活用の推進に関する検討会議、不登校問題に関する調査研究協力者会議、キャリア教育の推進に関する総合的調査研究協力者会議、人権教育の指導方法等に関する調査研究会議、マネジメント研修カリキュラム等開発会議、初等中等教育における国際教育推進検討会、初等中等教育における教育の情報化に関する検討会、学校教育におけるＪＳＬカリキュラム（中学校編）の開発に係る協力者会議、教職員配置等の在り方に関する調査研究協力者会議、総合施設モデル事業評価委員会、全国的な学力調査の実施方法等に関する専門家検討会議、キャリア・スタート・ウィーク推進連絡会議、学校評価システム世紀の高等教育の在り方に関する懇談会、新教育システム開発プログラム　ステアリング・コミッティー、高等学校におけるキャリア教育の推進に関する調査研究協力者会議、学校評価の推進に関する調査研究

協力者会議、教員のＩＣＴ活用指導力の基準の具体化・明確化に関する検討会、子どもを守り育てるための体制づくりのための有識者会議（〇六年、〇七年）、幼稚園における学校評価の推進に関する調査研究協力者会議、初等中等教育における外国人児童生徒教育の充実のための検討会、指導が不適切な教員に対する人事管理システムのガイドラインに関する調査研究協力者会議、学校のＩＴＣ化のサポート体制の在り方に関する検討会、全国学力・学習状況調査の分析・活用の推進に関する専門家会議、児童生徒の自殺予防に関する調査研究協力者会議、高等学校の看護教育に関する検討会、拡大教科書普及推進会議、今後の幼児教育の振興方策に関する研究会、認定こども園制度の普及促進等に関する検討会、県費負担教職員の人事権等の在り方に関する協議会、学校の組織運営の在り方を踏まえた教職調整額の見直し等に関する検討会議、特別支援教育の推進に関する調査研究協力者会議、教員養成課程の質的な向上に関する協力者会議、学校評価の推進に関する調査研究協力者会議（〇八年～）、子どもの徳育に関する懇談会、「心のノート」の改善に関する協力者会議、「教育の情報化に関する手引」作成検討会、保育所・幼稚園・小学校の連携の推進に関する調査研究協力者会議

高等教育関係　法科大学院（仮称）構想に関する検討会議、法学教育の在り方等に関する調査研究協力者会議、国立の教員養成系大学・学部の在り方に関する懇談会、国立大学等の独立行政法人化に関する調査検討会議、インターンシップ推進のための産学懇談会、医師の卒後臨床研修に関する協議会、二一世紀医学・医療懇談会、医学・歯学教育の在り方に関する調査研究協力者会議、学士を対象とする医学・歯学教育の在り方に関する調査研究協力者会議、大学における学生生活の充実に関する調査研究協力者会議、学生のボランティア活動の推進に関する調査研究協力者会議、今後の育英奨学事業の在り方に関する調査研究協力者会議、留学生政策懇談会、留学生の在り方に関する検討会、大学への早期入学及び高等学校教育の接続に関する協議会、新たな学生支援機関の設立構想に関する検討会議、薬学教育の改善・充実に関する調査研究協力者会議、今後の国立高等専門学校の在り方に関する検討会、国際的な大学の質保証に関する調査研究協力者会議、学校法人会計基準の在り方に関する検討会、私学共済年金制度の在り方等に関する調査研究協力者会議、学校法人の運営等に関する協議会、教員養成系学部等の入学定員の在り方に関する調査研究協力者会議、歯学教育の改善・充実に関する調査研究協力者会議、マルチメディアを活用した二一世紀の高等教育の在り方に関する懇談会、モデル・コア・カリキュラム改定に関する連絡調整委員会、モデル・コア・カリキュラム改定に関する専門研究委員会、国立大学法人会計基準等検討会議、大学・短期大学における看護学教育の充実に関する調査協力者会議、大学への早期入学及び高等学校・大学間の接続の改善に関する協議会（〇五年度～）、学校法人会計基準の諸課題に関する検討会、臨床研修制度のあり方等に関する検討会、獣医学教育の改善・充実に関する調査研究協力者会議、医学教育カリキュラム検討会、薬学系人材養成の在り方に関する検討会、大学における看護系人材養成の在り方に関する検討会

科学技術・学術政策関係　失敗知識活用研究会、対人地雷の探知・除去技術に関する研究会、「脳科学と教育」研究に関する検討会、原子力安全規制等懇談会、原子炉主任技術者試験制度検討会、科学技術理解増進政策に関する懇談会、食品成分に関するデータ整備のあり方等に関する懇談会、研究費の不正対策検討会、研究費

の不正な使用に関する対策チーム、研究開発評価推進検討会、サービス科学・工学の推進に関する検討会、研究機関における公的研究費の管理・監査に関する研究会

研究振興関係　今後のがん研究のあり方に関する有識者会議、産学の連携・協力の推進に関する調査研究協力者会議、産学の連携・協力の在り方に関する調査研究協力者会議、今後の産学連携の在り方に関する調査研究協力者会議、研究開発成果の取扱いに関する検討会、科学技術分野の顕彰制度のあり方についての懇談会、先端計測分析技術・機器開発に関する検討会、量子ビーム研究開発・利用推進検討会、「最先端・高性能汎用スーパーコンピュータの開発利用」プロジェクト・アドバイザリーボード、「最先端・高性能汎用スーパーコンピュータの開発利用」プロジェクト推進委員会、J―PARCの利用方策のあり方に関する懇談会、基礎科学力強化懇談会、研究開発段階の遺伝子組換え生物等の第一種使用規程承認に係る学識経験者からの意見聴取会合、次世代スーパーコンピュータ戦略委員会、次期学術情報ネットワークに関する検討会

研究開発関係　原子力二法人統合準備会議、宇宙3機関・産業界等宇宙開発利用推進会議、ITER（イーター）計画推進検討会、成層圏プラットフォーム研究開発に関する懇談会、防災のための地球観測衛星等の利用に関する検討会、地震及び火山噴火予知研究計画に関する外部評価委員会、防災教育支援に関する懇談会、原子力損害賠償制度の在り方に関する検討会

スポーツ・青少年関係　中学生・高校生のスポーツ活動に関する調査研究協力者会議、学校給食における衛生管理の改善に関する調査研究協力者会議、青少年の野外教育の振興に関する調査研究協力者会議、食に関する指導の充実のための取組体制の整備に関する調査研究協力者会議、ナショナルトレーニングセンターの設置等の在り方に関する調査研究協力者会議、シックハウス症候群に関する調査研究協力者会議、ネット安全安心全国推進会議、登山研修所の大学山岳部リーダー冬山研修会に係る安全検討会

文化関係　日本語教育のための試験の改善に関する調査研究協力者会議、国立博物館・美術館に関する懇談会、私的録音録画補償金制度懇談会（録画部）、映像分野の著作権等に係る諸問題に関する懇談会ワーキンググループ（実演家の権利の在り方検討グループ）、映像分野の著作権等に係る諸問題に関する懇談会、公立文化会館の活性化に関する調査研究協力者会議、埋蔵文化財発掘調査体制等の整備充実に関する調査研究協力者会議、権利の執行に関する協力事業協力者会議、国際文化交流懇談会、私的録音補償金制度の見直しに関する検討、高松塚古墳取合部天井の崩落止め工事及び石室西壁の損傷事故に関する調査委員会、文化発信戦略に関する懇談会、メディア芸術の国際的な拠点の整備に関する検討会、障害者アート推進のための懇談会、美術品等の貸借に係る諸課題に関する調査研究協力者会議

国際関係　国際教育協力懇談会（〇〇年、〇一年、〇六年）、国際教育交流政策懇談会

政策評価関係　政策評価に関する有識者会議

文教施設関係　学校施設整備指針策定に関する調査研究協力者会議、学校施設整備指針策定に関する調査研究協力者会議、今後の国立大学等の施設管理に関する調査研究協力者会議、学校施設の安全管理に関する調査研究協力者会議、環境を考慮した学校施設に関する調査研究協力者会議、学校施設の耐震化推進に関する調査研究協力者会議、今後の国立大学等施設の整備充実に関する調査研究協力者会議、学校施設のバリアフリー化等に関する調査研究協

力者会議、国立大学法人等施設整備に関する検討会、今後の国立大学法人当施設の整備に関する調査研究協力者会議

その他　カビ対策専門家会合、「カビ対策マニュアル」作成協力者会議、デジタルミュージアムに関する研究会

出典　文部科学省ホームページ

これら懇談会等は、省内局部長の下に置かれることが多いため、設立経緯、委員の人選、審議の方法・内容などが外部から見えにくいところがある。しかし、これらは教育行政の具体的な施策立案に直接影響を及ぼすものであるだけに、常に公平性、客観性を担保し、透明性を高め、国民の信頼を損なわないように運営される必要がある。

四　文部科学省の政策評価

中央省庁等改編にともない、行政機関が行う政策の評価に関する法律（行政機関政策評価法、〇二年四月施行）の下で、政策評価制度が全府省に導入された。

政策評価は、企画立案（Plan）―実施（Do）―評価（See）というマネジメント・サイクルの中にこれを制度的仕組みとして組込み、政策の効果やその必要性・有効性・効率性などを明らかにし、政策の企画立案や実施に的確に反映するとともに、政策評価に関する情報を公表することによって、国民に対する説明責任の徹底を図ることを目的とする。これが有効に働き、行政の質が改善されれば、国民にとって望ましい制度となる。

文部科学省では、施策目標・達成目標の達成度合をはかる「実績評価」、必要性・効率性・有効性の観点からする「事業評価」、政策効果の発現状況をさまざまな角度から掘り下げて分析し、政策に関する問題点を把握する「総合評価」の三方式で実施している（大臣裁定文部科学省「政策評価基本計画」〇二年三月、及び「平成各年度実施計画」）。評価は

緒に就いたばかりであるから、その効果や必要性などを判断するには時間を要するが、事前の目標や計画の達成度合を評価することはもちろんのこと、政策の実施内容の妥当性を国民や社会のニーズに照らして客観的かつ厳密に評価することが肝心である。

（平原春好）

参考文献

○文部科学省編『文部科学白書』財務省印刷局、平成一三年度〜、二〇〇二年〜。
○文部科学省編集『文部科学時報』ぎょうせい、一四九六号、二〇〇一年一月。
○文部科学省初等中等教育局初等中等教育企画課編集『教育委員会月報』第一法規出版、六一三号、二〇〇一年一月。
○文部科学省生涯学習政策局調査統計課編集『文部科学統計要覧』財務省印刷局、平成一四年版〜、二〇〇二年〜。
○文部科学省ホームページなど（1・2章末に掲示）。

第4章　教育委員会の現状と課題
——学習権保障の条件整備と教育の地方自治

わが国には、国の教育行政機関として文部科学省が置かれているのに対して、都道府県・市区町村にはその地域の教育事務を地方自治的に管理執行する行政機関として教育委員会が置かれている。

教育委員会は当該地方公共団体が設置する学校、図書館、公民館などの教育機関の管理等の教育事務を管理執行することを主たる任務とする必置の行政機関であり、原則五名（条例により都道府県若しくは市又はこれらが加入する組合は六名以上に、町村は三名にすることができる）の委員（非常勤）で構成する合議制独立行政委員会である。そして、委員の互選により選出される委員長が委員会の会議を主宰するとともに、委員会を対外的に代表する。また、教育委員会が委員（委員長を除く）の中から任命する教育長は、教育委員会の指揮監督の下にその権限に属するすべての事務をつかさどり、所属職員を指揮監督する。

教育委員会は当該地方公共団体における教育事務をほぼ包括的に担当し、その職務権限は地方教育行政の組織及び運営に関する法律（地方教育行政法）に定められており、おおむね次のように整理できる。①学校その他の教育機関の設置管理、②教育財産の管理、③教育委員会及び教育機関の職員の人事、④学校教育に関する事項（学齢児童生徒の就学、児童生徒幼児の入学・転学・退学、学校の組織編制・教育課程・学習指導・生徒指導・職業指導、教科書・その他の教材、施設設備、校長・教員等の研修、保健・安全・厚生・福利、環境衛生、学校給食）、⑤社会教育及びスポーツ、⑥文化財保護、⑦ユネスコ活動、⑧教育に関する法人に関する事務、⑨教育に関する調査統計、⑩広報及び教育行政相談、⑪その他の教育事務。これらの教育事務の管理執行にあたって、教育委員会は国・都道府県からの自主性・自律性（教育の地方自治）のみならず、当該地方公共団体の首長からの独立性（教育行政の一般行政からの独立）も保障されなければならないが、教育委員会制度はこれらとは相反する現実に直面している。

わが国の教育委員会制度は、米国の教育委員会（school board, board of education）に範をとり、教育委員会法（旧法、一九四八〜五六年）に基づいて発足した地方教育行政制度である。教育の民主化を課題とした戦後教育改革の一環として教育行政改革が進められ、そのなかで発足した教育委員会制度には、①教育の民衆統制（住民自治）、②教育行政の地方分権化、③教育行政の一般行政からの独立を実現することにより、公教育が住民の意思に基づいて地方自治的に行われるようにすることが期待されたのである。そのため、発足当初、教育委員は住民の直接公選によって選出されることとされ、教育委員会の住民代表性を担保する仕組みが取り入れられていた。

しかし、一九五〇年前後からいわゆる戦後改革の逆コースが展開しはじめるなかで、国の教育行政が中央集権的性格を強め、教育の地方自治を支えるべき教育委員会の権限と役割は縮小し、さらに教育委員会の教育行政に関する能力と意欲も低下することとなった。そのため、教育委員会の機能低下は著しく、しばしば国も教育委員会の活性化を唱えざるをえないほどであった。ただ、国の活性化策は教育委員の研修強化や適任者の選任などにとどまり、教育委員の住民代表性の確保や教育委員会の権限強化など、本質的な改善にはむしろ否定的であった。

こうした中央集権的教育行政の復活・拡大の動きに対して、教育委員会制度を基盤に教育の住民自治を確立し、教育専門性に裏打ちされた学校自治の創造を目指す取り組みも根強く続けられてきた。しかし、これとは逆に、教育委員会は国―都道府県―市区町村を貫く縦の教育統制システムの一構成要素として機能しているにすぎず、教育委員会制度を通じて教育の地方自治を実現しようとする試みには展望を見出せないという議論もある。

また、今日では、教育委員会制度を廃止し、あるいはその設置を地方公共団体の判断にゆだね、住民の政治的意思を代表する地位にある首長が自ら地方教育行政を担当するようにすべきだとの制度構想も唱えられている。しかし、首長の政治的代表性と教育の政治的中立性との関係、首長の中央政治・中央官庁への依存性、国—地方を貫く、あるいは地方における教育行政官僚制の存在など、教育行政の首長部局化にも多くの問題が内包されている。

わが国の教育委員会制度は、形式的には地方分権的教育行政制度でありながら、その内実が中央集権的教育行政の一翼を担う地方制度となっていることは否定しがたい。それゆえ、地方教育行政と教育委員会の改革は、教育改革の主要なテーマの一つであるとともに、教育行政学における理論的課題の一つとされている。以下では、教育委員会制度の基盤である「教育の地方自治」原理を確認しつつ、教育委員会制度の変遷とその意味を学習権の保障と教育の地方自治の原理に立脚して検討する。

一　教育の地方自治原理と教育委員会制度

1　学習権保障と教育の地方自治

日本国憲法は「すべて国民は、法律の定めるところにより、その能力に応じて、ひとしく教育を受ける権利を有する」と定め（第二六条一項）、国民一人ひとりに公教育を通じて成長・発達する権利を保障している。このことは、国は国民の教育を受ける権利を保障する義務を負っていることを意味し、国及び地方公共団体には「権利としての教育」と呼ぶにふさわしい内実を備えた公教育制度を樹立することが要請されている。

最高裁判所は北海道旭川学力テスト事件判決（一九七六年五月二一日）において、この原理を承認している。すなわち、最高裁は、日本国憲法第二六条の背後には「国民各自が一個の人間として、また一市民として、成長、発達し、自己の人格を完成するために必要な学習をする固有の権利を有する」との観念が存在することを認めるとともに、

「子どもの教育は、教育を施す者の支配的権能ではなく、何よりも子どもの学習する権利に対応し、その充足をはかりうる立場にある者の責務である」と判示し、公教育の管理運営もまた国民の学習権・教育を受ける権利の保障にふさわしいものでなければならないことを確認した。

しかし、国及び地方公共団体が公教育の管理に関与することには一つのジレンマが存在する。人は学習を通じて人間的成長・発達を遂げ自己の人格を形成するものであり、教育はその学習を指導・支援する営みであるから、また国民の人格的自由と人格形成の自由は公教育の場面でも尊重されなければならないから（日本国憲法第一三条）、学習と教育の自由は最大限尊重されなければならない。また、現代社会においては教育は市民社会の共同事業という性格をもち、法制上も国・地方公共団体は公教育制度を組織するとともに、公教育を財政的に支える役割を与えられている。これは、学習・教育の権利性に対応して、国・地方公共団体に権利充足義務を課したものと捉えることができる。しかし、国・地方公共団体が基本的人権保障よりも国家的利益の実現を優先し、公教育制度を国民教化や経済産業政策の手段として利用してきたこともまた歴史的に確認される事実である。

国・地方公共団体による公権力の行使が人権侵害に及ばないようにするため、近代憲法は国民主権主義を確立して公権力の行使を国民の意思に従属させるとともに、三権分立制などにより公権力を制御する政治制度を確立した。さらに、もう一つの権力分立制度として地方自治制度が憲法制度として確立され、地方公共団体には住民自治を基本にそれぞれの地域社会の視点に立って公権力を行使することが期待されている。

最高裁も上記の判決で、「教育に関する地方自治の原則は、戦前におけるような国の強い統制の下における全国的な画一的教育を排して、それぞれの地方の住民に直結した形で、各地方の実情に適応した教育を行わせるのが教育の目的及び本質に適合するとの観念に基づくものであり、現行教育法制における重要な基本原理の一つをなす」と判示し、教育の地方自治が教育法制上の基本原理であることを確認している。「教育の地方自治」原理は、学習・教育の権利主体である国民に対して地域における公教育の管理運営に参加するルートを保障するとともに（住民自治）、国と地方公共団体の関係においても国民の具体的な教育意思が集約された地方公共団体の自治を確立しようとするものである（団体自治）。したがって、「教育の地方自治」原理は国民の学習権保障にとって必須の教育行政制度原理といえよう。

2　学校の設置管理者としての地方公共団体

教育委員会の所掌事務は学校教育のみならず社会教育や文化財保護にも及ぶが、公立学校の設置管理に関する事務の比重はきわめて大きい。そこで、公立学校の設置管理に関する地方公共団体およびその教育委員会の法的地位と役割を確認しておこう。

第一に、地方公共団体は学校を設置する責務を負い、またそれに対応する法律上の権限を有している。この責務は教育を受ける権利を保障する義務に由来し、学校教育法では市区町村に小中学校の設置義務を、都道府県に特別支援学校の設置義務をとくに明示的に課している。国及び地方公共団体による学校設置は、憲法上の義務の履行という意味を内包しているのである。教育基本法第六条に「法律に定める学校は、公の性質を有するものであって、国、地方公共団体及び法律に定める法人のみが、これを設置することができる」と定められていることについて、旧教育基本法制定当初、学校教育は「国家の専属の事業」であり、学校は国家自ら設置するほか、国家から特許を受けた法人のみに設置が許されると解する説があった（教育基本法研究会『教育基本法の解説』、一九四七年）。しかし、日本国憲法の下では、公教育における国家の優越性を主張し、学校教育を国家の専属事業であるとする主張が正統に成立する余地はないだろう。公教育制度が学習と教育を社会的規模で組織するものだとすれば、国・地方公共団体による学校設置は国民の教育意思に基づき、学習権・教育を受ける権利の保障を目的とするかぎりにおいてのみ公共性と正統性を獲得できるというべきだろう。なお、私立学校の設置管理に関しては、国民自身による学校の設置形態を学校法人による設置に限定しつつ、私立学校法で学校法人の設立及び運営の在り方を規定している。これは国民の教育の自由の一環をなす学校設置の自由と、学校の公共性とをバランスさせる趣旨と考えられる。

第二に、地方公共団体にはその設置する学校を地方自治的に管理する権限がゆだねられている。学校教育法第五条には、「学校の設置者は、その設置する学校を管理し、法令に特別の定のある場合を除いては、その学校の経費を負担する」と定め、設置者管理・負担主義を定めている。ここで問題となるのは学校設置者にゆだねられた「管理」をいかなるものと解釈するかにある。この規定が教育の直接責任制を定めた旧教育基本法第一〇条一項と同じ時期に成立したことを念頭におくならば、学校に対する強権的管理を容認したものと理解することは適切ではないだろう。むしろ、地方公共団体が学校の自治・自律性を尊重しつつ、公立学校を地方自治的に管理することを保障したものであり、「教育の地方自治」原理を公立学校の管理運営に適用したものと理解すべきだろう。

なお、学校経費の設置者負担主義については、「法令に特別の定のある場合」にはその例外を認め、義務教育費及び義務教育施設費の一部国庫負担、公立義務教育諸学校の教員給与の都道府県負担、さらに義務教育諸学校の教科書無償給付・給与などの制度が存在する。これらは義務教育の実施に関する国としての基盤的教育条件整備義務の履行という意味をもっている。また、二〇〇三年の地方自治法改正により「公共サービスの民間開放」の一環として「公の施設」の管理委託制度として指定管理者制度（同法二四四条の二第三項）が導入されたが、設置者管理主義の原則からこの制度は公立学校については適用できないものと解されている。

第三に、公立学校（大学を除く）の管理機関である教育委員会には、首長から独立して公立学校を管理する権限がゆだねられている。地方教育行政法第二一条には、大学以外の学校その他の教育機関を教育委員会の所管とし、公立学校の管理を学校設置者たる地方公共団体の教育委員会にゆだね、同法第三三条では教育委員会に学校管理規則制定権を認めている。これは、公立学校の管理を教育委員会にゆだねることにより、公教育の中立性、教育行政の専門性を確保することを期待したものと考えられる。なお、このことは大学に関して首長の政治的関与を承認したものではなく、大学自治の原則により公立大学にはより自律的な管理が保障されていると解すべきだろう。

しかしながら、教育課程編成をはじめとする学校教育活動の内容や方法（教育内的事項）に立ち入って公立学校を権力的に管理することまで、教育委員会に認められていると解することは適切ではなく、それらに関する教育委員会の活動は指導助言に限定されるべきものと解すべきだろう。このことは旧教育基本法第一〇条にはより明確に規定されていたが、今日にあっても教育の中立性確保及び不当な支配禁止の要請から、また教育専門的判断が尊重されてこそ学校教育活動が自主的・自律的に成立しうるという教育内在的要請から、教育委員会を含む行政機関による教育内的事項への権力的介入は許されないと解すべきであろう。

3　自治事務として教育事務

地方自治法は、公的に処理すべき行政事務を、その内容や性格に応じて、次のように国・都道府県・市町村に配分している。

・国は「国際社会における国家としての存立にかかわる事務、全国的に統一して定めることが望ましい国民の諸活動若しくは地方自治に関する基本的な準則に関する事務又は全国的な規模で若しくは全国的な視点に立つて行わなければならない施策及び事業の実施その他の国が本来果たすべき役割を重点的に」担う（第一条の二・二項）。

・都道府県は地域における事務・事業のうち「広域にわたるもの、市町村に関する連絡調整に関するもの及びその規模又は性質において一般の市町村が処理することが適当でないと認められるものを処理する」（第二条四項）。

・市町村は「住民に身近な行政はできる限り地方公共団体にゆだねる」（第一条の二・二項）との原則の下、国及び都道府県が処理するもの以外の事務を処理する。

これは、国に処理させる事務を明示的に限定しつつ、住民生活に密接に関連する事務は各地方公共団体に固有な行政事務＝自治事務として住民自治にゆだね、地方自治的に処理させようとするものである。この区分に従えば、公立小中学校や公民館などの教育機関の管理などの教育事務は、市町村にとって典型的な自治事務の一つに数えられる。

自治事務は地方公共団体の固有の事務として各地方公共団体が自らの判断と責任で地方自治的に管理執行する事務であって、自治事務の管理執行に関して国の都道府県及び市町村に対する関与、または都道府県の市町村に対する関与は地方自治法により制限されている。すなわち、地方自治法は地方公共団体の自治事務の管理執行に明白な違法または怠慢が認められる場合などに限って、同法に定める方法で関与することを認める一方、これによらない恣意的な関与は地方自治に対する不当な介入と見なされる（関与のルール、地方自治法第二四五条～第二五〇条の六）。このことからも、公教育が地方自治にゆだねられており、公教育の具体的な姿はそれぞれの地域の課題と実情に応じて創造的に形成することが期待されていること、またそれが制度的に保障されていることが確認できるだろう。

他方、地方公共団体には法定受託事務の処理もゆだねられている。法定受託事務とは、「国が本来果たすべき役割に関する事務であって、国においてその適正な処理を特に確保する必要があるもの」として法律または政令で定めるもの（第一号法定受託事務）及び「都道府県が本来果たすべき役割に関する事務であって、都道府県においてその適正な処理を特に確保する必要があるもの」として法律または政令で定めるもの（第二号法定受託事務）の総称である。法定受託事務の管理執行については相対的に強い関与が国・都道府県に認められており、その点ではかつての機関委任事務と類似している。ただ、中央省庁が法定受託事務の範囲を恣意的に拡大することがないよう、その指定は法律またはそれに基づく規則に拠らなければならないこととされている。教育事務に関する法定受託事務には、市町村に対する指導助言援助（地方教育行政法第四八条一項）、市町村の教育事務の指定事項に関する調査（同法第五三条二項）、教科書展示会の実施（教科書の発行に関する臨時措置法第五条一項）などがある。

ただ、二〇〇七年の地方教育行政法改正により、自治事務としての教育事務についても文部科学大臣の関与の範囲と程度が拡大された（第三節参照）。これは上記の地方自治法による関与のルールを逸脱する疑いがあり、教育の地方自治原理に反し、かつ国が推進する地方分権改革にも逆行するものであるとの批判もある。

二　教育委員会制度の成立と展開

1　戦後教育改革と公選制教育委員会制度

わが国では戦前、文部省が「日本の精神界を支配した人々の、権力の中心」（第一次米国対日教育使節団報告書、一九四六年）として君臨し、真理に基づく教育を軽視する一方、教育制度は国民に国家主義・軍国主義を注入する手段とされていた。そのため、第二次世界大戦後、日本の再出発のために教育及び教育行政の全面的かつ根本的な改革は不可避のものだった。戦後教育改革は連合国軍の占領下で進められたが、内閣に設置された教育刷新委員会は第一回建議（一九四六年一二月）において、①従来の官僚的画一主義と形式主義の是正、②教育における民意の尊重、③教育の自主性の確保と教育行政の地方分権化、④学校階梯を超えた学校相互の、及び学校教育と社会教育との緊密化、⑤教育に関する調査研究の重視、⑥教育財政の整備を、教育行政改革の方針として提言し改革を方向づけた。

戦後教育行政改革で重要な役割を果たした田中二郎が「中央集権制度や官僚制度の下になめた苦い経験を省みて、教育の自主性を制度上、機能上保障することが特に教育行政の面において強く主張されなければならない」と述べたように（田中二郎「地方公共団体における行政委員会制度」『地方行政委員会制度論』地方自治研究会、一九五六年）、教育の自主性を確立するためには、中央における文部省改革のみならず、地方において教育の自主性を支える地方教育行政制度の確立が不可欠と考えられたのである。

こうして、教育の地方自治を支える地方教育行政制度として、教育委員会法（旧法、一九四八〜五六年）に定める公選制教育委員会制度が誕生した。この制度は戦後教育行政改革の三原則（教育行政の地方分権化、教育行政の民主化、教育行政の一般行政からの独立）に則って、地方教育行政制度を構築しようとするものであった。教育委員会法には、「教育が不当な支配に服することなく、国民全体に対し直接に責任を負つて行われるべきであるという自覚のもとに公正な民意により、地方の実情に即した教育行政を行うために、教育委員会を設け、教育本来の目的を達成することを目的とする」（教育委員会法第一条）と、公選制教育委員会制度の目的が明示されている。

この意味で、公選制教育委員会制度は戦後教育改革の到達点であり、戦後地方教育行政制度の出発点となったが、その特徴は次のようなものだった。

・教育行政の首長からの独立性を確保するために、地方教育行政を合議制独立行政委員会である教育委員会にゆだねることとし、全都道府県・市町村にその設置を義務づけた。
・住民自治を担保するために、教育委員会の委員五名中四名（市町村）、七名中六名（都道府県）は住民の直接公選により選出することとした。ただし、残り一名は当該地方公共団体の議会の議員の互選によって選出することとされた。
・文部大臣・都道府県教育委員会（以下、都道府県教委）・市町村教育委員会（以下、市町村教委）は対等な関係を確保するために、国が都道府県教委・市町村教委に対して、または都道府県教委が市町村教委に対して指揮命令監督を行うことを禁じ、専門的・技術的な指導助言のみ許した。
・教育行政の首長からの政治的・財政的独立性を担保するために、教育委員会には条例案・予算案を独自に作成し議会に送付する権限が与えられた。
・住民の直接公選によって選出される教育委員には住民意思の反映ルートとなることが期待された一方、教育委員会によって任命される教育長には高い教育行政専門性が求められた。これは素人統制（layman control）を通じて実現する民衆統制（popu-

lar control）と、教育長の専門的指導性（professional leadership）との緊張と調和の上に地方教育行政を成立させようとするものであった。

同じく戦後教育改革の所産として公教育制度の基本原理を定めた旧教育基本法（一九四七年～二〇〇六年）の第一〇条には、教育及び教育行政の在り方として、①教育の直接責任制、②教育行政による教育への不当な支配の禁止（教育の自主性尊重）、③教育条件整備義務が規定された。公選制教育委員会制度は旧教育基本法第一〇条の原理を地方教育行政制度として具体化したものであり、住民により直接公選された教育委員が、国の教育行政や首長の政治的支配を排除しつつ、住民の教育意思に基づき当該地域の教育事務を管理執行する制度として構想されたのであった。

教育委員会法に基づく教育委員選挙は一九四八年に都道府県と五大市・四九市町村において実施され、一九五〇年の第二回選挙を経て、一九五二年には全市町村で教育委員選挙が行われ、すべての地方公共団体に教育委員会が設置された。しかし、教育委員選挙が実施されたのはこの三度だけで、首長や議員を選出する政治選挙とは性質を異にする教育委員選挙について国民が経験を積み、そのあるべき姿を具体的・創造的に探り当てる試みが始まりかけたまさにそのとき、早くも教育委員公選制は廃止された。

2　地方教育行政法と教育委員会制度の形骸化

一九五五年に当時の自由党と民主党の保守合同により安定した政治基盤を築いた政府は、一九五六年に教育委員会法を名称ごと地方教育行政の組織及び運営に関する法律（地方教育行政法）に改正し、地方教育行政制度を大幅に改変した。当時、政府はこの法律改正の理由として、①地方公共団体における教育行政と一般行政との調和をはかること、②教育の政治的中立と教育行政の安定を確保すること、③国・都道府県・市町村一体の教育行政制度を樹立することをあげた。しかし、この改正の内実は、次に述べるように、教育行政の一般行政からの独立性、教育行政の民衆統制、教育行政の地方分権化という戦後教育行政改革の基本原理をことごとく否定するもので、教育委員会制度の基本原理にかかわる大改正だった。

第一に、教育委員の公選制を廃止することで、地方教育行政における住民自治を制度的に担保する仕組みを排除したことである。教育委員は首長が議会の同意を得て任命することとされ、住民には教育委員の罷免請求権（リコール権）だけが残された。政府は「公選制は『教育行政の中立性』をそこない党派的支配を招きやすく、任命制のほうが適任者を選任できる」と説明したが、教育行政への地域住民の主体的参加の道を狭め、地方教育行政から住民自治の契機を奪い、教育委員会の活力をも減退させることとなった。しかも、首長による任命制は適任者を得ることにほとんど貢献しなかった。

第二に、教育長を中央集権的教育行政を支える官僚機構に編入したことである。教育委員会法に定められていた教育長の任用資格を削除するとともに、都道府県教育長任命の文部大臣による事前承認制、及び市町村教育長任命の都道府県教委による事前承認制が導入された（教育長任命承認制）。これは各地方公共団体において地方自治的に決定されるべき地方教育行政の重要人事に国・都道府県教委の介入を許すもので、文部大臣や都道府県教委が行政上の上級機関であるかのような関係が作られることとなった。

第三に、教育行政と一般行政との調和を理由に、教育委員会の首長への従属性が格段に強められたことである。上述の教育委員任命制への転換に加えて、教育委員会の条例案及び予算原案の作成送付権が廃止されるとともに、予算支出命令も首長を介して行うこととなった。このため、首長の同意なしに独自の教育施策を実施することが難しくなるなど、教育委員会の首長に対する政治的・財政的従属性が強まった。

第四に、国及び地方の教育行政の一体化を理由に、都道府県・市町村の教育委員会に対する文部大臣の管理統制権が強化されたことである。具体的には、文部大臣の措置要求権（「教育に関する事務及び執行が法令の規定に反していると認めるとき、又は著しく達成を阻害しているものがあると認めるときは（中略）違法の是正又は改善のため必要な措置を講ずることを求めることができる」旧地方教育行政法第五二条）及び調査権が新設され、教育委員会に対して強権的に関与することが可能となった。

第五に、市町村教委に対する都道府県教委の権限が強化されたことである。公立学校の組織編制・教育課程・教材の取扱等の「教育機関の管理運営の基本的事項」について、「教育の水準の維持向上のため必要な基準を設ける」権限が都道府県教委に与えられた。これは一般に基準設定権と呼ばれ、市町村教委による自由で創造的な教育行政を制限し、国―都道府県―市町村を貫く上命下服関係を強化することとなった。

地方教育行政法によって作り替えられた地方教育行政制度は任命制教育委員会制度と呼ばれ、戦後教育改革の「逆コース」への転換を象徴している。この法改正により、教育委員会制度は住民の教育意思に基づいて公教育を地方自治的に創造するための制度として機能する可能性を狭められ、逆に文部省を頂点とする中央集権的教育行政をその末端で支える装置として機能するようになったからである。他方、中央集権的教育行政制度が再建されるなかで、それを支える限りにおいて任命制教育委員会の職務権限が強化され、学校・教員に対する強権的性格が強められた。それにつれて、地方教育行政は指導助言行政という本来の性格を弱め、公立学校の管理運営における「教育の地方自治」を意味した教育委員会の学校管理権は、教育委員会による学校・教員に対する強権的管理を正統化する根拠に転化していった。こうして、教育委員会は地域教育政策を自律的に立案実施する能力を形成できず、地方教育行政機関としての存在意義そのものを急速に低下させることとなった。

他方、このような教育委員会制度の変質の下でも、教育委員会を住民の学習権保障に奉仕する行政機関として再生し、教育の地方自治を実現しようとする取り組みも展開されてきた。たとえば、東京都中野区では一九七九年に区条例により教育委員の準公選制を発足させ、一九八一年から一九九四年まで四回（一九八一、八五、八九、九三年）にわたり、区長による区議会への教育委員任命の同意案件提出に先立って区民投票が実施された。教育委員準公選制には、教育委員の選任に住民参加の道を開き、教育委員に住民代表としての性格を与えたこと、また住民投票制度を通じて住民の間に教育と教育行政に関するコミュニケーションを作り出したことなどの意義が見出せるだろう（伊ヶ崎暁生他『教育委員の準公選』労働旬報社、一九八〇年）。また、埼玉県鶴ヶ島市教育委員会は二〇〇〇年に市民参加の教育審議会を設置し、教育委員会と住民とのコミュニケーションの窓口を開いた。これらは任命制教育委員会制度の下であれ、その運営に住民自治の実質を回復し、教育の地方自治を確立しようとする取り組みであった。

他方、愛知県犬山市では、国が推奨する習熟度別授業を拒みつつ少人数授業・少人数学級を独自に実施したり、その実施目的が同市の教育政策・教育実践に反するとの理由で全国学力・学習状況調査への不参加を決定したりした（犬山市教育委員会編『全国学力テスト、参加しません。』明石書店、二〇〇七年）。犬山市教育委員会の取り組みは、地方教育行政法の下でもなお独自の地域教育改革を展開できる可能性があることを実証するとともに、任命制教育委員会制度の下で教育の地方自治を成立させることの困難性をも示した。

3　地方分権改革と教育委員会制度

二〇〇〇年前後から本格的に展開しはじめた地方分権改革は、地方教育行政制度にも大きな変化をもたらした。地方分権改革は中央省庁主導の縦割りの画一的行政システムを住民主導の個性的で総合的な行政システムに切り替え、「画一から多様へ」という時代の大きな流れに的確に対応することを基本目標とするとして、①国、都道府県及び市町村相互の関係を従来の上下・主従の関係から新たな対等・協力の関係に変えていくこと、②地域社会の自己決定・自己責任の領域を徐々に拡大していくことが課題とされた（地方分権推進委員会最終報告、二〇〇一年）。文部省を含む中央省庁の多くはこの改革に抵抗を示したが、地方分権一括法（一九九九年公布、二〇〇〇年施行）により地方自治法をはじめ四七五本の関連法が一挙に改正された。このとき、地方教育行政法も地方分権改革の方針に沿って大幅に改正された。その概要は次のとおりである。

第一に、教育長任命承認制を廃止するとともに、都道府県及び政令指定都市の教育長も市町村と同様に教育委員のなかから互選により選任することとした。教育長人事への国・都道府県教委の関与がなくなったことで、形式的には地方自治的性格が強められた反面、都道府県・政令指定都市教育長も教育委員に任命される際に首長による任命及び議会による同意という政治的洗礼を受けることとなった。これは「教育委員会において中核的役割を果たす教育長については、地方公共団体が自らの責任において適材を確保する」（中央教育審議会「今後の地方教育行政の在り方について」一九九八年）ためと理由づけられている。しかし、首長と議会の対立のために教育委員の任命が困難になるなど、地方政治の対立構図が公教育に直接持ち込まれる事態も生じている。

第二に、文部大臣及び都道府県教委の措置要求権（旧第五二条）を廃止し、文部大臣による地方教育行政への関与は地方自治法に定める関与の一般原則（是正の要求、勧告、指示など）に則って行うこととした。この改正は、自治事務に関する法令解釈における地方公共団体の自主性を尊重すべきだとの考えに導かれたもので、それまでの措置要求権などによる地方公共団体に対する統制的関与を抑制するねらいがあった。しかし、文部省が当時、「措置要求の要件と、実質的に変るものではない」と述べているように、形式的には措置要求権が廃止されたものの、その実質には大きな変化はなかったと見るべきだろう。

第三に、都道府県教委の市町村教委に対する基準設定権を廃止したことにより、都道府県教委は法律にとくに定めがないかぎり、市町村教委による学校管理規則制定についての準則を設定できなくした。また、県費負担教職員の服務監督に関する都道府県教委から市町村教委に対する法的拘束力を伴う「一般的指示」を「技術的な基準」と改めた。これにより、形式的には教育事務の管理執行における市町村教委の主体性が強まる可能性が生まれたように見える。

しかし、これは都道府県教委の基準に基づいて市町村教委が定めた既存の規則等を遡って無効にするものではないため、それまでに作り上げられた上意下達的教育行政の仕組みが直ちに改革されるわけではなかった。むしろ、都道府県と市町村、あるいはそれらの教育委員会の間に事実として存在する政治的・財政的な力関係のために、市町村教委の自主的・主体的な政策決定とその実行は依然として抑制されているといわざるをえない。

地方教育行政法改正により、市町村教委の教育事務の管理執行に対する法律上の統制手段のいくつかが廃止されたことは確かである。そのため、教育委員会が自律的に地方教育行政を展開する可能性が生まれたと評価する見解も見られる。しかし、この時点においては、義務標準法に基づく都道府県教委による学級編制基準の設定や、県費負担教職員の給与・勤務時間に関する条例による基準設定など、個別法令に基づく基準設定まで廃止されたわけではないため、教育委員会の法令上の権限拡大はそれほど高くは評価できないだろう。

さらに、地方教育行政法の下で長年にわたって中央集権的教育行政に順応してきた教育委員会にとって、法令上の制約が緩和撤廃されてもなお従来の中央追従的行動様式から離脱することはむずかしく、中央集権的教育行政の実質は大きくは変らなかったと見るべきだろう。いくつかの地方公共団体では地域教育政策が展開されたが（小川正人編著『地方分権改革と学校・教育委員会』東洋館出版社、一九九八年。渡部昭男・金山康博・小川正人編『市民と創る教育改革――検証：志木市の教育政策』日本標準、二〇〇六年）、首長主導型の改革も少なくない。しかも、その政策内容は文部科学省の学力向上政策を先取り的に実施したり、内閣府などが推進する新自由主義的教育改革を実行しようとしたりするものである点では、国が設定する教育政策の枠組みを出るものではなく、国の教育政策への追従と先取り競争という従来の枠組みを超えるものとは評価できないだろう（堀尾輝久・小島喜孝編『地域における新自由主義教育改革――学校選択、学力テスト、教育特区』エイデル研究所、二〇〇四年）。

三　教育基本法・地方教育行政法改正と教育委員会制度

二〇〇六年一二月、わが国の公教育制度の基本原理を定めた教育基本法が改正された。新教育基本法の背景には公教育制度を原理的に転換する意図があり、とくに第一六条（教育行政）及び第一七条（教育振興基本計画）については次のような問題点が指摘されている。

第一に、旧教育基本法は教育の自主性尊重を基調とし、教育行政は「不当な支配」に及ぶことなく教育条件整備に徹すべきことを規定していたが、教育内容・方法にまで教育行政の管理統制が及ぶと解しうるよう条文の文言が改められた。第二に、総合的教育施策の策定実施を義務づけることにより公教育全体をカバーする施策の策定実施権を国に与える一方、地方公共団体には当該地域を対象とする教育施策の策定実施義務を課すことによって、国と地方公共団体との「役割分担と相互協力」を明確にした。これにより、教育行政における地方公共団体に対する国の優越性が今後いっそう強化される可能性がある。第三に、政府に教育振興基本計画の策定実施を義務づけるとともに、地方公共団体には政府の教育振興基本計画を「参酌」して地域教育振興基本計画を策定実施する努力義務を課した。ここには、国と地方公共団体が一体となって教育内的事項に立ち入って学校教育活動をコントロールする仕組みを作り上げることに法的根拠を与えるねらいがある。

旧教育基本法は、①学習・教育の自由を確保するため、教育内的事項に対する管理統制に及ばぬように教育行政に対して自己抑制を求めつつ、②教育の地方自治を尊重して公教育における国の役割をできるかぎり限定しようとする理論と実践に法的根拠を与えてきた。今回の改正には、このような理論と実践の立脚点を奪う意図があったであろう。しかし、上述のように公教育制度が再編成されれば、学習権・教育を受ける権利の無差別平等保障や地方自治をはじめとする日本国憲法の諸原理に違反する疑いが生じるのみならず、教育諸科学を基盤に地域・学校・児童生徒の具体的な状況や課題に即して創造的に展開されるべき学校教育の基本からも逸脱する可能性が指摘されている。

さらに、教育基本法改正に付随する関連法令改正の第一弾として地方教育行政法、学校教育法、教育職員免許法の改正案が二〇〇七年六月に国会で可決成立した。地方教育行政法については、①教育委員会の責任体制の明確化（教育委員会の点検評価制度導入、教育委員会が教育長に委任できない事項の明確化）、②教育委員会の体制の充実（教育委員会の共同設置促進、指導主事設置の努力義務、教育委員の研修）、③教育における地方分権の推進（教育委員数の弾力化、教育委員への保護者選任義務、文化・スポーツの首長部局化容認）、④教育における国の責任の明確化（教育委員会に対する文部科学大臣の是正指示権、是正の要求における講ずべき措置の内容の明示）、⑤私立学校に関する教育行政における教育委員会の役割の明確化などの観点から改正したものと説明されている。

この地方教育行政法改正にも、教育委員会制度の根幹に関わる問題点が多く含まれている。第一に、教育行政の体制整備を理由に、複数の市町村による教育委員会の共同設置等（第五五条の二）を推進することは、教育委員会が教育の地方自治の基礎単位である市町村及びその住民からこれまで以上に遊離するのを促す恐れがある。第二に、教育委員会が自ら管理執行すべき事項を明確にしたこと（第二六条）により、かえって教育事務の管理執行をほとんど全面的に教育長に委任できることが明確にされた。これにより、教育長の専決権が強化される一方、地方教育行政における教育委員の役割がこれまで以上に低下する可能性が生まれた。第三に、教育委員会に対する是正要求の方式を定めるとともに（第四九条）是正指示権を文部科学大臣に付与したこと（第五〇条）は地方分権改革以前の措置要求権の復活を意味し、教育委員会の自主的・自律的な取り組みを萎縮させる可能性がある。第四に、教育委員会は自己点検・評価の実施とその公表、さらに評価に基づく改善の努力義務を課された（第二七条）が、これは国による教育委員会の目標管理システムとして機能する可能性がある。

今回の地方教育行政法改正により、文部科学大臣に是正指示権が明記されるとともに、是正要求にあたってその講ずべき措置を明示する権限が付与されるなど、教育の地方自治に対する国家管理が強化されることとなった。さらに、従来型の管理システムに加えて、目標管理と評価にもとづく管理システムが導入されたことにより、地方教育行政の実践と、教育委員会制度論に新たな課題が付け加えられたといえよう。

（中嶋哲彦）

参考文献

○鈴木英一・川口彰義・近藤正春編『教育と教育行政――教育自治の創造をめざして――』勁草書房、一九九二年。
○堀内孜他編『地方分権と教育委員会』全三巻、ぎょうせい、二〇〇〇年。
○日本教育法学会編『自治・分権と教育法』講座現代教育法第三巻、三省堂、二〇〇一年。
○新堂宗幸「教育行政と地方分権化」東京市政調査会『分権改革の新展開に向けて』日本評論社、二〇〇二年。
○中嶋哲彦「教育基本法『改正』と地方教育行政の危機」日本教育制度学会編『教育改革への提言集　教育基本法改正案の意義を考える』第五巻、東信堂、二〇〇六年。

第5章　教育委員会制度の起源と特徴

――アメリカの歴史に学ぶ

本章では、アメリカ合衆国（以下米国）における教育委員会制度の生成発展過程をさぐるなかで、わが国の教育委員会制度のあり方を考えてみたい。初期教育委員会制度はいかなる原則のもとに、どのような過程を経て生成されたのだろうか。現代の教育委員会制度改革に至る過程を分析するなかで、米国における教育委員会制度の特徴を明らかにしたい。

一　米国教育委員会制度の生成過程――一七八〇～一八四〇年代

1　地域共同体学校とボストン教育委員会の生成・発展（一七八九年教育法）

米国人民は、独立革命のなかで、一人ひとりの自治（自律と自己統治）が守り発展させられる限りにおいて、タウン（自治体）・州・連邦政府を樹立することの正統性（legitimacy）を確認してきた。自給自足の生活のなかで、一人ひとりが自らを治める力の形成を強く意識し、様々な形態の学校を自分たちで創りだしてきた。独立革命期の学校管理形態は大別して、マサチューセッツ州など北東部諸州におけるタウン自治の伝統を受け継いだ地域共同体学校（district school）型と、入植者の多様性により共同体自治が緩やかであった中・南部諸州における私塾型に分けられる。

一八世紀後半、北東部では、地域共同体学校が普及していた。父母住民が教場を確保し、教師を雇い、燃料を用意し、教科書を採択していたこれらの学校は、地域住民みんなのものだった。各家庭は自分たちで雇った教師を持ち回りで下宿させたりもした。一方、ボストンのような都市的タウンでは、一八世紀になると、タウンの行政全般の執行にあたる行政委員（公選）は公務の拡大に伴い、教員採用などの教育行政事務を臨時の委員会にゆだねるようになる。マサチューセッツ州の一七八九年教育法はこうした実態を追認し、学校視察等の権限を行政委員だけでなくこの委員会にも与えた。同年、ボストン・タウンでは、一二の行政選挙区（ward）から一人ずつ教育委員を公選し、これに九人の行政委員を加えて二一人で教育委員会（school committee）を発足させた。さらに一八二二年、ボストン市に発展し、市教育委員会が市長、一二人の市会議員および一二人の公選の教育委員（各区一人）で編成され、一般行政から独立した管理機関となった。

ところで、ボストン教育委員会は当初一校の中等学校と数校の読み方学校及び書き方学校を管理していたのみである。一九世紀初め、ボストンでも、ニューヨークと同様に（後述）、初等教育機関として有償の私塾ないし「おばさん学校（dame school）」が普及していたが、それらは家庭教育の延長とみなされ、共同的教育行政の埒外であった。一八一八年、公費立の初等学校（primary school）が設置されたけれども、その管理は教育委員会が任命する三六人（各区三人）の学校委員（trustee）から成る初等学校委員会のもとに置かれた。つまり、事実上、教師一人の公立小学校は学校委員を中心に地域ごとに自治管理され、農村地域と同じディストリクト・システム（教育自治区）がとられていたのである。こうしてボストンの公教育制度は、市教育委員会と初等学校委員（会）との連立した教育自治体制のもとに置かれた。

2　私塾とニューヨーク州一七九五年法

一方、ニューヨーク市では、一七八〇～九〇年代、市民は、子どもたちを独立の有償学校（私塾）へ通わせていた。

これらの学校は、一四歳からの徒弟制度と調和が保たれ、市民社会のシステムとして機能していた。また、協会や教会によって設置された慈善学校もあった。一七九六年段階で、このような私塾（約九〇校）や慈善学校（六校）に就学していた子どもは、約五二五〇人と推定され、ニューヨーク市の五～一五歳人口の約五二％に達していた。教育史家C・ケースルは、こうした都市の私塾をコモン・ペイ・スクール・システム（公共有償学校制度）と規定し、その公共性（共同性）を強調している。

私塾という選択自由な学校形態は、当時の職人を中心とした市民社会の共和主義思想に相応していた。S・ウィレンツは、職人たちが自立、徳、平等思想をわがものとしながら働き生活していた姿を、生きいきと描いている。すべての職人が自己統治し、最後には自立した有能な親方になっていくという秩序のもとで、市民は、個人的野心や利益のためだけでなく、地域的小共和国の維持発展に貢献していた。

一方、ニューヨーク州政府は、一七九五年および一八一二年の補助金立法により、学区立学校の設置を奨励し、以下のような学校管理制度を定めた。まず州レベルには、コモンスクール（万人に開かれた公立学校）基金（補助金）を管理執行する州教育長（superintendent of common schools）を置く。タウンでは年次総会で、タウン教育委員（commissioner of common schools）を三人選出する。タウン教育委員は各学校に州補助金を配分し、それらの学校を監督する。また、六人以内の視学（inspector）を選出する。少なくとも二人以上の視学による人物証明書なくして教師になることはできない。各学校区（学区）レベルの最高決定機関は学区総会（school district meeting）である。総会では、学校用地、建築、教師の採用、教育税などについて決定するとともに、三人の学校委員、一人の学区書記、一人の徴税人を選出する。学校委員は学区総会の決定に基づき、学校を建て、教師を採用するなどの公務を処理する。

以上のような学校管理制度の第一の特徴は、教育行政の基礎単位をタウンにおかず、地域に学区を組織し、地域統制（community control）の原理にたっている点にある。学区総会により有権者（人民）全員の直接参加を保障するとともに、すべての教育行政役員を公選することによって、学区教育政府の正統性を確保しようとしている。第二に、学校管理運営のすべての実務は、学校委員などの役職についた住民によって一年任期の当番制で共同処理され、素人統制の原則にたっている。第三に、学区は財政上の自治権を有し、学区総会による教育税率の決定に基づき、徴税人がその実務にあたる。このようにしてニューヨーク州では、州教育補助金行政下で、学区教育自治制度が普及していった。

3　ニューヨーク市教育委員会の誕生（一八四二年）

しかし、ニューヨーク市では事情を異にしていた。同市議会は、一七九五年法による州補助金を、私塾教師たちの請願にもかかわらず、一一の慈善学校に対してのみ配分した。

その後一八〇五年四月、慈善学校の恩恵に浴していない子どもたちの無知と不道徳を憂え、ニューヨーク市無償学校協会（FSS）が州政府認可の法人として設立された。協会には市長（協会の初代会長）やニューヨーク銀行総裁など市内のエリート企業家、有識者が名を連ねていた。協会立学校は一八二九年までには一一校、生徒数は六〇〇〇人に達した。ランカスター方式による大量一斉授業方式を取り入れ、プロテスタントの聖書講読を重視した。これらの学校を管理する理事会（Board of Trustees）は協会員によって選出され、市長や市会議員も職権委員として加わっていた。

その後、一八二〇～五〇年代に、ニューヨーク市は、カトリックの貧しいアイルランド系移民の大量流入によって人口は四倍増の五二万人に膨れ上がり、子どもは私塾や慈恵学校からあふれていた。市内のカトリック系市民は、一三〇〇人（一八〇〇年）から五〇年には一〇万人に激増し、市人口に占める外国生まれの比率も一一％（一八二五年）から五五％（一八五五年）となり、その半数はアイルランド系移民であった。彼らは私塾に行く余裕はないし、プロテスタント系の協会立学校を敬遠した。移民の不道徳と犯罪が都市社会の深刻な問題となり、彼らへの道徳教育の必要が強調されるようになった。一方、産業革命の進展は都市の共同体的職人の世界を変え、工場制が発達するなかで徒弟制度はすたれていった。こうした都市社会の階層分化のなかで、私塾を中心にした教育自治システムは揺らぎ、公教育の統治形態と内容の抜本的転換が迫られた。

一八二六年には、無償学校協会は公立学校協会（Public School Society, ＰＳＳ）と名称を改め、すべての学校施設を市の財産とし、市はそれらの施設の管理を協会に委託することとした。さらに、一八二九年、公立学校協会は州議会に市教育税制度の導入を認められた。教育税収入は、一八四一年には九万五〇〇〇ドルに達し、同年の州教育補助金三万五〇〇〇ドルと合わせ、公立学校協会の公費教育予算総額は一三万ドルに達した。しかし、法人とはいえ、納税市民を代表しているとはいえない協会理事会による管理との矛盾はいよいよ深まった。この矛盾をついたのは、Ｊ・ヒューズ司教下のカトリック系市民であった。Ｗ・シュワード州知事やＪ・スペンサー州教育長は、カトリック系市民の子どもの多くが就学していない事実を重く受けとめ、協会員のみにより選出された公立学校協会の理事会は正統性を欠き、すべての都市人民による公選の教育委員会を区ごとに設置することを州議会に提言した。

こうして一八四二年、ニューヨーク市にも教育委員会制度が設けられた。一八四二年法による教育管理体制は以下の通りである。各区（ウォード）で二人の市教育委員（commissioner）、五人の区学校委員及び二人の視学を毎年公選する。市教育委員は市教育委員会（三四人＝二人×一七区）を構成する。市教育委員の職務権限はタウン教育委員に準じ、それぞれ所属区の教育財務を担当し、二人以上で学校訪問委員会を編成し、学校を視察する。各区二人の市教育委員と区学校委員五人で区学校委員会（ward school board）を構成し、ウォード学校（コモンスクール）を管理する。協会理事会が管理する学校は、各学校の位置する区選出の市教育委員による監督を受ける。

以上のような一八四二年法の第一の特徴は、市民と教育政府との関係構造にある。公共有償学校（私塾）の伝統のなかで育まれた、自律と自己統治を尊重する都市人民を、公権力＝教育政府＝教育委員会のもとに組織するために、人民主権に基づく民主主義的統治形態を採用し、すべての教育政府役職を毎年直接選挙で選ぶこととしている。

第二の特徴は、教育委員会制度における区（ウォード）と市の関係、すなわち区学校委員会を基本にして、これを市教育委員会が補い調整する教育自治の連立構造にある。これは、市教育委員会の権限を分権化したのではなく、そもそも学校を管理するのは基本的に地域（区）にあることを承認したシステムである。教育の自由と親権思想を反映した私塾形態から、無理なく教育の共同管理体制に移行するためには、どうしても区学校委員会に実質的な管理運営権を保障しなければならなかったのである。このような成立事情から、当初、市教育委員会はウォード学校に対する管理運営上の権限をほとんどもっていなかった。

第三に、すべての教育行政役職者が、区および市レベルの教育行政事務を自分たちで共同処理する体制がとられている。つまり、区学校委員会も市教育委員会も決定機関であると同時に事務執行機関であり、専任の教育行政職員は当初皆無であった。このため市教育委員会では、教育財務委員会、学校建設委員会、教科書審査委員会など、一二の常任委員会を各々三人で編成し処理にあたっていた。

しかし、ウォード学校が続々と建設され、パートタイムの教育行政役員だけでは手が回らず、一八五一年には主に教育課程に責任を負う市教育長職が設置された。続いて一八五四年には学校建築担当教育長職や二つの市教育次長職が設けられるなど、専任の教育行政官の登用が着々とすすめられた。ただし、教育委員会の執行官（executive officer）として位置づけられるのは、それから五二年後の一九〇三年のことである（後述）。ボストンでも一八五一年に設置されたが、同様に一八九八年のことである。初期の教育長は、フルタイムの教育行政事務職員であった。

4　教育委員会制度の確立とコモンスクールの発展

私塾に通っている子どもとその親にとって魅力的なウォード学校にするためには、学校自治（市民による自主管理）の保障とともに、協会立学校にまとわりついていた貧民学校のイメージを払拭する必要があった。そこで、ウォード学校はランカスター方式を採用せず、四歳から一六歳の生徒を三部、すなわち初等部（六級編制）と高等部男子、高等部女子（六〜七級編制）に編成した。さらに、一八四九年、市民投票によって無償市立アカデミー（五年制）を開校した。こうしてニューヨーク市公教育制度は、いち早く、コモンスクールとして初等（ウォード学校）と中等（市立アカデミー）を接続し、カレッジに進学することも可能になったのである。

かくして、ニューヨーク市公立学校制度は、在籍者数の面でも私塾を凌駕していった。一八二九年、協会立学校等の児童数は九六〇〇人に対し、私塾（私立学校）は一万五三〇〇人であった。その後一八五〇年、コモンスクール（ウォード学校および協会立学校）は九万九四一八人に増加し、私塾は一万八〇〇〇人となった。就学率自体は五〇〜六〇％のままであったが、公立学校の比率は三八％（一八二九年）から八五％（一八五〇年）になり、公私の比率は完全に逆転した。また、一八五三年にはすべての協会立学校はウォード学校に再編統合された。ボストンにおいても、一八一七年には私学に通う子どもの比率は六一・八％であったが、公立初等学校の設置により、一八二六年には三二・五％に減り、一八五〇年には一二・二％になった。

一八四〇年代から五〇年代にかけてのニューヨーク市公立学校の再編過程は、ウォード学校が二つの全く異なった性格の学校、すなわち貧民慈恵学校の歴史を持つ協会立学校と私塾を吸収していく過程であった。このことは、区学校委員会および市教育委員会による連立した都市教育委員会制度が、私塾の伝統を受け継ぎ親権思想に基づく共同的自主管理的機能を果たしつつ、協会立学校が有していた秩序維持という階級的機能を合わせ担うことになったことを意味している。このような教育委員会の成立は、ボストンは一八二二年、シカゴは一八三九年、ニューヨークやデトロイトは一八四二年のことである。

共和主義イデオロギーにおける公共善（公益）の資本主義的変容のなかで、一九世紀後半になると、市教育委員会と区学校委員会はウォード学校の統制権をめぐって激しく対立していく。市教育委員会が一八五一年の市教育長職の設置以降、教育行政能力を飛躍的に高めていくのとは対照的に、市民は視学や区学校委員を選ぶ権利を剝奪されていく。一八六四年には、視学の公選制が廃止され、市長が市教育委員会の同意を得て任命することとなった。さらに、一八六九〜七三年の改革で、区学校委員の公選制が廃止され、市教育委員会による任命制に変えられた。遂に一八九六年、区学校委員会そのものが廃止され、市教育長ら市中央教育行政専門職による教育管理へと移行していく。

二　教育長専門職中心体制への再編——一八九〇〜一九一〇年代

1　改革課題——都市教育行政の腐敗

一八九〇年代から一九一〇年代にかけ、米国教育委員会制度は大きく変貌する。独占資本主義の成立過程で市民の階層分化がすすみ、大量の新移民が流入するなか、都市教育行政は悪徳政治家の支配するところとなっていた。例えばニューヨークでは、タマニー組織（政治マシーン）が、新移民群を吸収していくなかで、市教育行政を完全に自己の制御下におき、情実による教員採用をはばからず、市教育行政は腐敗していった。マシーンは、都市政党組織のボスたちが、移民労働者たちに仕事の世話をしたり、クリスマスには七面鳥や薪を配るなどの恩恵を施すかわりに、彼らの票をコントロールして市政を支配し、公共事業費を不当につり上げるなどにより金脈を築いていった。

新移民の大量流入を伴った都市化のなかで、ウォードごとの学校委員会およびその代表で編成された市中央教育委員会は大規模化するとともに、教育行政事務の拡大によって数十もの常任委員会がひしめいていた。例えば、フィラデルフィアでは、四二区（ウォード）に各一二名の学校委員を置き、合計五〇四名を擁するマンモス市教育委員会に膨張していたのである。

腐敗した都市教育行政を真正面から批判したのは、社会階梯の上層ないしは中産層に位置し、商工会議所などを背景とした事業家たちであった。一八八八年、彼らは中産、上層の教育意思を代表する市民団体として「ニューヨーク市公教育会（Public Education Society、会長N・バトラー）を設立し、一八九五年には「公教育協会（Public Education Association, PEA）」に改称し、教育改革運動を推進していった。彼らの基本的要求は、子どもの発達の科学にそった教育（J・デューイ）と、学校の専門職支配（政治ボス支配ではなく）であった。ニューヨーク市における一八九六年の区学校委員会制度の廃止はこのような政治社会情勢の変化のなかで起こった。

2　教育長強権の市中央集権的教育委員会制度への移行

ニューヨーク市では、ブルックリン市を合併した一八九八年以降も、新ニューヨーク市教育委員会は五つのバラー（自治区）からの代表四六人で構成されていた。W・マックスウェル市教育長（在職一八九八～一九一八年）は、教育の地域統制は非能率だとして、教育長を中心とした教育行政専門職による教育改革をすすめた。そして、一九一七年までに、市教委は市長任命の七人制へと縮小、再編された。五人は男性実業家で、二人は女性の慈善活動家であった。同時に、教員採用試験制度を導入するため、教員人事委員会（Board of Examiners）を設けた。また、市教育長のリーダーシップを強めるため、教育長委員会（Board of Superintendents）を組織した。これはマックスウェルが議長を務め、各バラーの副教育長や二〇余名の地区教育長（district superintendent）からなる市教育長キャビネットであり、その後ニューヨーク市教育行政専門職官僚体制の中枢を形成していくことになる。市内二〇余の地区教育委員会は実質的にはこの市中央で決定された政策に忠実な実施機関であり、地域と市中央教育行政組織との関係は逆転した。

このような一八九〇年代にはじまる都市教育行政改革運動は、以下の三点にわたる制度的改革をなしとげた。第一に、学区ボス政治から教育を切り離し能率的運営をはかるとして、地域（ウォード）代表制教育委員会は廃止され、市中央集権の教育委員会制度に移行した。その際、公選、市長による任命を問わず、教育委員数は大幅に縮小された。一九二〇年までには、ボストンも五人、シカゴは一一人に縮小再編された。第二に、専門職支配による行政能率向上を理由に、従来、ウォード学校委員会がもっていた教師の任命権や教科書採択権等は、市中央教育委員会に集権化された。また、教育行政事務機構拡充のなかで、教育長はその執行責任者（chief executive officer）として位置づけられ、権限は飛躍的に高められた。第三に、教員採用等における情実任用を廃し、成績主義（試験制度）が導入された。

もはや、市教育委員会は教育行政事務を直接分担することはなく、教育政策を決定する教育統治機関として位置づけられた。そして、この教育委員会の監督のもとに学校経営責任者として教育長職を確立した。教育委員会の政策執行については、教育長を中心とした教育行政専門職にゆだねたのである。こうして、教育統治過程における教育行政の専門技術過程が分化、発展し、官僚的教育支配を強めていった。

総じて、教育長強権の市中央集権的教育委員会制度への移行は、その教育行政専門職中心的本質に規定され、素人統制や教師の自律の制度的実質的保障を軽視し、教育統治の権限を、一部の中産・上層市民と教育長に収斂させていったのである。

三　地域代表制教育委員会制度への再編――一九六〇〜七〇年代

1　改革課題――官僚的教育行政の肥大化

二〇世紀半ばまで、教育長中心の官僚的教育行政がすすむなかで、教育官僚制は肥大化していった。一九六〇年代になると、大都市人口の多数派を形成しつつあった黒人など非白人市民による平等と公正を求める公民権運動は、黒人解放運動の巨大なうねりとなって新たな教育改革勢力を形成していった。都市勤労市民の貧困化は、非白人住民をますますゲットー（黒人居住区）に追い込み、人種的棲み分けが進行した。一九五四年のブラウン事件判決にもかかわらず、学校は依然として人種差別的に編成され、人種分離学校は増加する傾向にあった。こうした都市学校教育の危機のなかから、一九六〇年代後半、非白人の父母住民を中心に、教育の人民統制を前面に掲げた運動が起こってきた。一九世紀半ばまで、都市（白人）市民によって追求されてきた教育の地域統制要求（コミュニティ・コントロール）が、一世紀を経て新しい都市市民のマジョリティである非白人を中心とした父母住民の平等と幸福を求める生活の深部からわき起こってきた。これに対し連邦政府は、貧困との闘いの「武器」として教育を位置づけ、一九六五年には「初等中等教育法（ＥＳＥＡ）」を制定し、連邦教育補助金政策は新たな段階を迎えた。

一九六〇年代に都市市民からも連邦政府からも批判にさらされた都市教育委員会制度は、市中央集権的教育委員会制度である。都市教育委員会は依然として中産・上層（白人）による支配が続き、急激に増加しつつあった非白人住民の教育行政への参加の機会はまったく閉ざされていた。さらに、能率原理にもとづく市中央集権的教育委員会制度は専門職官僚制を著しく強め、市民への応答性を欠いていたのである。

2　ニューヨーク市学区教育分権法（一九六九年）

一九六三年夏、全国黒人地位向上協会（ＮＡＡＣＰ）、人種平等会議（ＣＯＲＥ）、全国都市同盟（ＮＵＬ）などの公民権運動団体のニューヨーク市組織は連合して、「人種統合学校を要求する全市委員会（議長Ｍ・ギャラミソン）」を結成した。一九六四年二月三日、「非能率と劣悪さと学力低下」に抗議し、学校における人種統合、教育の機会均等、そして質の高い教育を要求して、全市的学校ボイコットが断行された。リベラルな白人住民の支持もえて、市内公立学校生徒の四四・八％にあたる四六万四〇〇〇人が登校を拒否した。

一九六六年の調査によれば、ニューヨーク市内の生徒の三分の一は読み方、計算能力において全米平均を一年以上も遅れており、年々その格差は拡大する傾向にあった。また、六三年秋に入学した高校生六万四一一七人のうち、四年間で卒業できたのは四万三八六四人しかなく、六六年度だけでも中退生徒数は一万二〇〇〇人に達していた。これらの厳しい現実のなかで、ギャラミソン牧師らの急進派は「真の統合はコミュニティ・コントロールから」と、自分たち自身による学校管理を要求するに至った。六六年一一月、オーシャンヒル・ブラウンズビル地域の父母と教師は、教育の荒廃を共同で訴え、父母教師協議会を組織した。協議会は、第一七地区教育委員会から「独立」することを決議し、教師と父母からなる学校管理委員会（Governing School Board）を創設し、定期的に教育問題を話し合うパブリック・ミーティングを開くとの方針を打ち出した。この教育統治形態は、一九世紀半ばのウォード学校委員会やスクール・ディストリクト・ミーティングを彷彿とさせる、直接参加民主主義的コミュニティ・コントロールであった。

しかし、管理委員会は、急進的黒人解放運動が広がるなかで、市教育委員会のみならずニューヨーク市教員組合（UFT）との対立も深めていった。ついにUFTはコミュニティ・コントロール反対を掲げ、一九六八年九月の新学期早々、前代未聞の三か月に及ぶストライキを打つに至った。一見人種的対立に見えるこのストライキ闘争の局面は、父母住民のコミュニティ・コントロール要求と、教師の専門職の自律を求める要求との深刻な対立を反映していた。

こうしたなかで、一九六九年四月、ニューヨーク市教育分権法は成立し、予算編成権、カリキュラム編成権、人事権などの権限をもった三二の地域教育委員会（各々九人の公選教育委員で構成）が発足した。同様に、デトロイト学区では八つの地域教育委員会に分権化された。一九六〇年代に至る新しい都市化のなかで、最も虐げられた非白人の深部からの運動によって、教育の人民統制にいう「人民」の内実は押し広められた。そして、彼ら非白人都市勤労市民が教育統治に参加し得る制度改革をなしとげたのである。しかし、一九六〇～七〇年代は、ストライキ戦術を使った教員組合による教育委員会との労働協約の締結運動などもあり、父母住民と教職員との関係はしばしば対立していた。

こうしたなかで、草の根からわき起こってきた教育ガバナンス改革がシカゴ学区などの学校委員会制度である。

四　現代米国における教育委員会制度改革――一九九〇年代以降

1　シカゴ学区における学校委員会制度の導入と市長介入

一九八八年一二月、イリノイ州議会は、全米第三の大都市学区シカゴ（生徒数約四〇万人、教職員三・八万人）に関する学校改革法（PA85-1418）をほぼ全会一致で可決制定した。同法は、今後五年間に、基礎学力の向上など一〇の教育改革目標の実現をめざし、学区内の五〇〇余校すべてに学校委員会（local school council）の設置を義務づけた。これまで市教育委員会がもっていた権限を分権化し、学校改善計画の策定権、それに基づく学校予算案の作成ならびに執行権、校長の選任権および職務評価権をこの学校委員会に移した。学校委員会は、父母代表が六人、地域住民代表二人、教員代表二人、そして校長の一一人で構成され（任期二年）、高校の場合はこれに生徒代表一人（人事に関しての み議決権なし）が加わる。父母代表が過半数を占めている点に最大の特徴があり、委員長は父母代表でなければならないとしている点でも徹底している。

しかし一九九五年、市民教育団体とコマーシャル・クラブに代表される地元財界との協調（corporatism）がすすむなか、シカゴ学校改革法は大幅に改正された。教育財政再建を理由とした四年間の時限立法ながら、一五人で構成していた市長任命制教育委員会は七人からなる教育刷新委員会に再編され、従来の推薦委員会方式にかえて市長単独による任命制となった。またR・M・ディリー市長（一九八九年～現在）は、教育長職にかわって、企業経営ガバナンスにならい教育経営最高責任者（Chief Executive Officer）とし、市財務部長であったP・ヴァラスを抜擢した。一九九七年六月、ヴァラスはテスト成績が著しく低く（全米平均の学力を有する生徒が一〇％未満）、中退率が六〇％以上ある高校七校を再建校に指定し、校長はじめすべての教職員を解雇、配置換えするという荒療治を断行した。一九九五年改正法は、学校委員会制度を維持しつつも、成果管理による学校経営体制の確立をめざすものといえよう。

2　任命制教育委員会への転換とリーダーシップ・チームの編成――ボストン学区

一九九一年一二月、ボストン学区では、一六九年間続いた教育委員の公選制を廃し、市長による任命制に「実験的に」移行した。それから四年後、再度、学区民の意向を選挙で問い、任命制が確定し、教育長も市長任命となった。ラテン系、アジア系移民の増加によって学区の人種構成はさらに多様化がすすんだため、これらの代表による推薦委員会方式をとっている。最初の任命教育長となったT・ペイザント（一九九五～二〇〇六年）は、一二年間にわたり、学校へ直接指導に入り学校現場とのコミュニケーションをとりながら、基礎学力の向上や授業改善など六つの基本目標にそった学校改善をすすめ全米で高い評価をうけている。

ボストン学区では、一九九三年以降、共同統治機関として学校協議会（School Site Council）を全校に設置しているが、これに加えて、最近では、各校に教育課程づくりと授業改善のための協議体（instructional leadership team）を教職員を中心に編成している。ここでは特に、学校改善における教職員のリーダーシップへの期待が高まっている。子どもの学力向上に責任を負っているのは、学校の校長、教職員であり、学区及び州の教育委員会や教育長でもある。それぞれの責任と相互の連携が強調され、教育改善における教育（行政・経営）専門職者の役割が、分散連携型リーダーシップ（distributed leadership）として理論化されてきている。教育専門職者と父母住民よる学校自治を土台にすえ、教育委員会制度を位置づけ直していこうとしているのである。

3　地域教育委員会制度の「廃止」とリーダーシップ・チームの編成――ニューヨーク市学区

ニューヨーク市では、二〇〇二年の州教育法改正により、〇九年七月に新たな教育ガバナンス体制を確立するまで、市長中心の暫定教育管理体制をしいている。

すなわち第一に、学区教育委員会は従来より任命制（市長任命委員二人＋各バラー長任命五人）であったが、このうち市長任命委員を二人から八人に増やし総計一三人とし、市長の意向が反映しやすくするとともに、教育長の任命権を教育委員会から市長に移した。M・ブルームバーグ市長（二〇〇〇年～現在）は法曹界からJ・クラインを抜擢し六年になる（二〇〇八年一月現在、二年雇用契約の三回目）。二〇〇二年の改革に至る一一年間に八人の教育長が交替していたことと比較すれば、確かに安定してきている。

第二に、三二の地域教育委員会をいったん廃止し、それぞれの地域教育事務所には地域教育長とその諮問機関として地域教育審議会（community education council）を各学校のリーダーシップ委員会（後述、school leadership team）の代表による選挙で編成している。なお、二〇〇二年州教育法改正は、前述した一九六九年のニューヨーク市教育分権法の全面改正であるが、二〇〇九年七月から、三二の地域教育委員会は再編スタートする可能性をも残した規定になっている。

第三に、各学校には学校リーダーシップ・チームを教職員と保護者（中等学校では生徒代表を含む）同数で編成、必置としている。これは、校長選考、学校評価、学校財政に実質的な権限をもった学校管理機関としての性格を有しており、すでに一九九六年より導入されている。と同時に、このチームは特に学力向上に向けて、校長および教職員の強いリーダーシップを期待した学校改善推進委員会でもある。定数は各学校で決めることができ、平均は一四人。チームは、学校総合教育計画を作成し、これにそって学校教育予算（一校平均一万四六〇〇ドル）を管理運営している。

4　現代教育委員会制度改革の特徴

このような現代教育委員会制度改革の特徴は、以下の三点にまとめられよう。

第一に、教育ガバナンスへの市長介入である。学力の向上に失敗し、大都市教育委員会制度は機能不全に陥っているというのが、介入の理由である。さらにまた、教育長の在籍年数が極端に短くなってきていることも問題として指摘されていた。都市学区では非白人人口が多数を占めるけれども、最近は黒人だけでなくヒスパニック系やアジア系も増えてきており、そうした人種間の利害の調整など全市的な視野で教育政策を立案していく必要があり、分権化した地域代表制の教育委員では、合意形成が難しいとする。もっとも、この間、市長介入の様々な実践で明らかになったことは、たとえ市長の直接介入を組み込んだ教育ガバナンス体制を試みても、それが時限立法にとどまり教育委員会制度を堅持しているのは、市長介入による教育改革によって、学力の向上などの目標が直接、達成されるわけではないことが広く知られるようになってきたからである。また、全米一〇〇大都市学区のなかでも、このような市長介入は、三市のほかデトロイトやクリーブランドなど一〇学区程度であり、大半は公選制教育委員会のままである。

第二に、学校地域レベルにおける学校委員会の復権と共同統治の発展である。シカゴ学区の学校委員会制度やニューヨーク市学区やボストン学区のリーダーシップ・チームなど、学校地域レベルに保護者や住民が学校委員の選任や学校管理に直接参加できる制度が整備されつつある。これは、米国教育委員会制度の草創期にみられた初等学校委員会やウォード委員会と比較した場合、保護者や住民に身近な学校地域レベルに教育統治機関を整備した点では伝統を受け継いでいるが、委員会やチームの構成はまったく異なっている。生成期の委員会は素人（父母住民）ばかりであったが、今日では、校長・教職員など教育（経営）専門職のリーダーシップに期待した共同統治機関になっている点が歴史的特質といえる。

第三に、大都市学区は、教育予算のおよそ一五～二〇％を連邦補助金でまかなっており、連邦政府と州政府そして学区との政府間関係にも大きな変化が生まれている。二〇〇一年の初等中等教育法改正（No Child Left Behind of 2001、以下ＮＣＬＢ法と略す）による教育アカウンタビリティ制度改革により、「連邦（議会・教育省）―州（議会・教育委員会）―自治体（市町村長・議会・学区教育委員会）―学校」におけるトップダウンの厳格な政府間関係が形成されつつある。

こうしたＮＣＬＢ法の新しいアカウンタビリティ制度の内実は、「学力の向上がみられない学校（failing schools）」に対する強制介入の装置である。連邦教育補助金を得ようとするすべての初等中等の公立学校は、毎年第三学年から八学年の生徒に読み方と数学の州統一テストを実施しなければならない。それぞれの州教育当局は、年次ごとの適切な向上改善の数値目標、基準（Adequate Yearly Progress, ＡＹＰ）を設定し、学区、学校ごとに達成状況を報告しなければならない。もし、学校がＡＹＰを達成することに失敗したならば「改善が必要」との認定を受け、廃校処分に至るまで、段階的な強制介入を受ける。一九六五年の初等中等教育法以来形成されてきた連邦―州―学区―学校の政府間関係は、ＮＣＬＢ法によって、成果管理に基づくアカウンタビリティ・システムへと再編されてきているのである。

五　米国教育委員会制度の基本理念と日本への示唆

1　教育統治論と直接参加民主主義

米国における人民主権の教育統治論は、子どもの学習権保障や親の教育の自由を損なうような（学区）教育政府はいつでも廃し、新しい教育政府ないしは教育統治形態を選び創ることは人民の権利であるとする。教育委員会制度は、教育人権保障のための教育政府として生成発展してきたのである。教育統治論は、一人ひとりの自己統治から組み立てられており、教育統治主体である保護者と学校とのダイレクトな関係が最も重視されており、直接参加民主主義が大原則になっている。初期の学校委員会やウォード委員会、一九七〇～八〇年代の地域教育委員会そして今日の学校委員会やリーダーシップ・チームなど、常に学校地域における教育自治が基本にすえられている。

わが国においては、特に行政学の分野から、公選された首長の教育行政分野における権限行使の正統性を絶対視し、地方教育委員会の廃止論や強化されつつある校長権限の正統性に疑問が出されたりしている。一見、こうした議論は、現在の文部科学省の教育政策を根底から批判しているようにみえる。しかし、米国の公教育における正統性の問題は、市中央と学校との間の権限関係と同時に、まず、学校レベルにおける直接参加民主主義と専門職のリーダーシップとの調整、協働の問題でもあった。人民から遊離した市中央教育行政官僚制を打破し教育の質的改善をはかるとする市長の介入に正統性を認めつつも、これによって、学校レベルの学校改善能力（キャパシティ、協働関係によって生みだされる力）が低下することのないように、例えば、校長権限の正統性確保の問題が追求されている。すなわち、校長という学校経営専門職権限の正統性は、校長の選考及び評価過程あるいは学校評価における保護者や地域住民さらには生徒（中等学校）の参加を保障することによって、校長の代表性は高まり、教育的正統性が確保されるとする。わが国においても、直接参加民主主義を学校地域レベルでどう整備していくのか。統治主体としての保護者住民の参加と教育公論の場の形成が、教育委員会制度の土台づくりとして重要だろう。

2　共同統治と校長・教職員のリーダーシップ

第二に、米国教育委員会制度は、素人による学校統制の原則から共同統治（shared governance）に発展してきている点にも歴史的特質がある。初期の教育委員会には、教育行政専門職など皆無であって、すべての教育事務を住民が分担していた。そこから教育長や校長職が教育行政専門職として発展し、一九世紀末から二〇世紀にかけて教育行政専門職中心の教育統治が、能率に最高の価値を見出し推し進められた。その後、一九六〇年代の非白人住民と学校との激しい対立を経て、教育統治主体である父母住民と、学校経営専門職である校長、教授学習活動に責任を負う教職員が、学校委員会やリーダーシップ・チームを組織し、共同して学校を運営するというのが共同統治である。

父母住民は教育共同体への持続的参加を通して、教育統治・自治能力を高めていく。そして、校長や教職員は、学習主体である子どもの発達要求に応えるのみならず、父母住民の疑問や要求にもていねいに応え、応答的で、相互に学びあう学習的関係性を築いていく専門的力量とリーダーシップが期待されている。

米国では、わが国の文部科学省のいう「政治的中立」のために教育委員会を堅持するなどという議論はまったく聞かれない。学校委員会やリーダーシップ・チームの要求に専門的かつ機敏に応答できる教育政府としては教育委員会が最も適切だと考えられている。学校改善のためには、校長さらには教職員のリーダーシップが発揮できるシステムづくりが大切であることが理解されてきているのである。共同統治とともに、教育委員会も校長・教職員あるいは父母住民もそれぞれにリーダーシップを発揮し、学校さらには学区の能力（キャパシティ）を高めていく分散連携型リーダーシップないしは共同的リーダーシップ（shared leadership）の考え方が、今日の教育委員会制度改革の基本理念になっていることにも学びたい。

（坪井由実）

参考文献

○Elmore, Richard F., *School Reform from the Inside out*, Harvard Education Publishing, 2004.（神山正弘訳『現代アメリカの学校改革』同時代社、二〇〇六年）
○Viteritti, Joseph P. ed., *When Mayors Take Charge : School Governance in the City*, Brookings Institute Press, 2009.
○Wong, Kenneth K. et al. eds., *The Education Mayor : Improving America's Schools*, Georgetown University Press, 2007.
○黒崎勲『学校選択と学校参加』東京大学出版会、一九九四年。
○坪井由実『アメリカ都市教育委員会制度の改革』勁草書房、一九九八年。

第III部

教育行政の諸問題

第6章　教育機会の平等と財政保障

一　教育機会の平等観念

1　平等観念の基本原則

近代公教育の理念とされる教育を受ける機会の平等（以下、教育機会の平等という）は、教育の自由とならんで現代の教育の基本的な原則の一つである。それは、ブルジョア革命に端を発する大衆教育の進歩的指標として今日まで「人類の共通財」として受け継がれてきた歴史を有し、現代では公正で自由な教育を実現するために目標とすべき理念、拠るべき方法となっている。教育機会の平等は教育の領域だけではなく、また、政治や社会のあり方に関わる重要な原則と考えられている。たとえば、法哲学者のドゥウォーキンは、平等の措置によって獲得される個人の資源が自由の行使を可能にするとの観点から、平等は自由に優越し、平等の配慮と尊重が政治共同体の至高の徳であるとし、個人の資源の獲得に関わる教育の機会の平等に、そのための特別な価値を見出している。

そうした特別な意義をもつ原則であるが、教育機会の平等という言葉自体は、抽象的な表現でどのようにも解することができる。それゆえ多くの定義や解釈が存在する。しかしながら、どのような定義や解釈を下すにせよ、教育機会の平等という言葉には、踏まえるべき理念上の基本原則がある。そして、そうした基本原則とは、次のようなものと考えられる。すなわち、語義からいえば、教育機会の平等には「平等」の言葉が付されているように、それは他との関係に着目した関係概念である。したがって、それは、第一に、各人の教育を受ける機会が他との関係において公平で適切なものになっているかどうかを問い、その実現を要請する。また、教育機会の平等観念は、関係概念にとどまらず、平等観念から導かれる個人の尊厳、人間性の尊重に基づく人格的平等に配慮した教育の機会を配慮すべき道徳的概念ともなっている。それゆえ、第二に、それは、当の教育の機会が個人の人格を尊重するものになっているかどうかを問い、その実現を求める。

教育機会の平等に関する定義は、どのようなものにせよ、こうした理念上の基本原則を踏まえたものでなければならない。教育機会の平等に関する多様な定義や解釈が存在するのも、そうした課題へのアプローチの試みが多様に存在していることによると解される。わが国の憲法第二六条第一項、教育基本法第四条第一項が定めている教育を受ける機会が個人の能力以外の条件（人種、信条、性別、社会的身分、経済的地位など）によって差別されないという規定も、そうした多様な定義のなかの代表的な定義の一つである。それゆえ能力による区別も、公平で人格的平等を尊重したものでなければならないのである。

しかしながら、定義や解釈が多義にわたることは否定されるべきことではない。教育を受ける者の多様な能力やさまざまな環境の諸要因に適切に対応するには多元的な判断基準は必要であり、また、平等のあり方が社会の問題に深く関連を有していることを考えれば、教育機会の平等観念が多義にわたることは当然である。

2　平等定義の類型

教育機会の平等に関する定義や解釈は多義、多様にわたるが、一般的には、次のような三つが代表的な定義と考えられている。すなわち、①教育を受けるすべての者に同一の教育を保障する形式的な平等、②教育を受ける者の能力その他の要因を考慮してその必要性に応じてより手厚い教育を保障しようとする補償論的平等、③教育の成果を上げることを強調する結果の平等である。わが国の憲法第二六条で定める〝ひとしく能力に応じる〟教育とは、文言上はこれら①と②を含めた定義である。

これら三つの定義のなかで①と②は取扱い（手続き）の平等を述べており、③は成果（内容）の平等を述べている。したがって、③は、①と②のような言葉の本来の意味における「機会」の平等の観念に含まれるものかどうか疑問がないとはいえないが、成果が保障されてこそ実質的な平等が達成されると考えれば、結果の平等は機会の平等に含めるべきであろう。というより、結果の平等については、結果の評価に際して教育機会の出発点から過程を経て結果に至る全部の過程を検証することが必要になることを考えれば、結果の平等は、手続きの平等を含む総合的な観点からの平等観であるといえよう。

これら三つの定義にはいずれも長短があり、事例によってもっとも適した方法を採るのが望ましく、どれが必要でどれが不要というものではなく相互補完的である。形式的平等は、「同一の状況にある者は同一に取扱う」というもっとも基本的な平等の姿であり、そこに平等本来の原則がある。しかしながら他方で個人のさまざまな条件、とりわけ個人に責任のない、偶然的な要因（人種、性別、精神的・身体的状況、社会的身分や経済的地位など）を考慮しない点において、不平等を放置し拡大させることにもなる。補償論的平等は、そうした偶然的な要因を除去して、「異なる状況にある者は異なる取扱いをする」点において誰にでも平等を保障しようとする長所はある。しかしながら他方で特定の個人や集団を他と区別して取扱うために、差別を固定・助長し、その反対に、必要以上に特定の個人や集団を優遇し、逆差別といわれる現象を生み出すことがある。また、結果の平等は、誰にでも一定の成果を保障しようとする長所があり、より実質的な平等を図るものとなっているが、成果の獲得目標と水準の設定が難しいことに加えて、設定の内容や水準によっては望ましくない教育を均等に与えるなどの問題を起こすこともある。

発生の経緯からすれば形式的平等から結果の平等に至る流れとなっており、また、内容の推移から見れば形式的な平等から実質的な平等への力点の推移となっている。教育の領域において実質的平等は望ましく必要なものであるが、実質的平等の措置には、右のような問題を起こす可能性があることを考えると、それへの移行は無条件に容認というわけにはいかない。

以上のようなことを考えると、実質的平等を実現するには取扱いの平等と内容の平等の二つの観点から当該の平等の実現を図ることが必要となる。学校教育の場合でいえば、各人が能力やニーズに即して学習のあらゆる過程において平等な取扱いを受けているかどうか、そしてその受ける教育の質や内容が他の生徒のそれと比較して損傷のないものとなっているかどうかを問うことである。

3　平等の再定義

ところで、右の三つの定義は、どのような方法でどのような平等を達成するのか、その方法を示しているが、誰が誰に対して平等措置を講ずるのかという点に関しては何も語っていない。しかしながら、現代において教育機会の平等を法的に保障すべき第一義的責任を負うのは国家である以上、それは、政府が必要と判断し決定した一定の教育を個人（あるいは集団）に供給するという資源配分方式を前提としていることは明らかである。ただし、この基本方式にはすべてを政府に委ねるという方式だけではなく、教育の内容の決定を政府が単独で行うのか、それとも他の公的私的機関がその決定に何らかの形で参加するのか、また、教育の供給方式については政府が単独で支給するのか、あるいは他の公的私的機関も供給に加わるのかという選択肢がある。

こうした選択肢のなかで教育の内容の決定・供給を政府の独占に委ねているのが、福祉国家の教育資源配分方式である。福祉国家型の資源配分方式により所得階層の異なる国民の間に教育の機会が普及し拡大したことはもちろんである。とはいえ、政府主導の資源配分方式にも問題がないわけではない。「政府の失敗」論など福祉国家を批判する論によれば、行政主導による資源配分は画一的で独善に走りやすく、消費者の選択の余地もなく、それゆえ需給関係を正しく反映していないために非効率で効果もあがらないという。そして、それを改革するには、公共財の需給関係に市場システムを導入し、消費者の選択を重視する政策を採るべきだという。要するに、資源配分の決定と供給に政府以外の機関等の参加を認めよとの主張である。学校選択制は、そうした選択肢の一つである。

福祉国家の資源配分方式においては、教育を受ける者を教育の受給者という受動的な位置に置いているのに対して、「政府の失敗」論のような見解においては、教育を提供する者、そして受ける者の自由を担保しようとする点が異なるが、このことは教育機会の平等の意味をより主体的な意味でとらえようとする点において重要である。こうした点を含めて教育機会の平等については新たな考え方を示す論があり、そうした論を参考にしていえば、以下に述べるように、新たなアプローチからの教育機会の平等論の再定義が可能であり、必要となっているといえよう。

第一に、教育を受ける者の主体的な選択を認める教育機会の平等原則の理解の仕方である。すなわち、教育の「機会」とは、政府が供給する教育を受ける「機会」というような受動的な意味だけでなく、各人の主体的な選択を可能とする「機会」でもあるというような理解をすることである。教育が個人の潜在的能力の開発や発達を目的とするのであれば、教育の選択に際して個人の自由意思や判断を尊重することは当然であろう。そのことは各人の人格的平等を目指す教育機会平等の道徳的理念にも適う。ただし自己選択、自己決定の機会は、学校段階により、また生徒の発達段階により態様が異なることはいうまでもない。いずれにせよ、一般の平等論において主張されている「自由の平等」という観念は、教育機会の平等原則においても採り入れられるべき考え方である。

なお教育機会の平等論のなかには、「機会」の意味を出発点の機会であるとし、その後の教育の成否は個人の責任とみる、一種の自由論がないわけではないが（狭義の選択論）、ここでいう自由とは、教育の出発点から全過程に至る選択の自由ととらえる点において、そうした狭義の選択論とは基本的に異なる。

第二に、従来の福祉国家的な平等観念においては個人に焦点を当てた教育の供給という形を採るため、教育の功利主義的観点を強め教育が社会の共有財としての性質をもつことがなおざりにされがちである。「政府の失敗」論が説くように教育の領域に市場システムを導入することは、そうした功利主義的傾向をさらに強める懸念があるので慎重でなければならない。教育が個人のためだけではなく社会のためでもあることを考えると平等原則に基づき公的に保障しようとする教育には個人財としての教育だけではなく、社会財としての教育という性質をもつことを認識しなければならない。また、そうした認識により、より充実した教育の公的保障を求めることができる。

そして第三に、教育機会の平等論には何のための平等なのかという教育の目的論に即した理解の仕方が必要ではないかということである。教育機会の平等論に目的論を掲げるのは、自由の観念と矛盾し、自由を擁護するリベラリズムのような立場からは問題とされるかもしれない。たとえば、センの潜在的能力の平等論やドゥウォーキンの資源の平等論においては「自由の平等」という観点から、機会の平等により獲得された条件をどのように活用するかは各自の選択に委ねられるとしている。

しかしながら、教育については教育目的が何でもよいというような公教育論はありえず、とりわけ教育が社会財であるとすれば教育機会の平等論には教育の目的論は欠かせない。ここでいう教育の目的とは、短期的な教育目標を含めた教育の根本的な方向性を目指す目的のことである。そして教育機会の平等理念は民主主義の理念を教育において表明している原則であることに留意すれば、目的とされる教育とは民主主義社会に生き、民主主義社会を担う知性や感性、行動力をもつ人間に必要とされる資質を培う教育であるということができるであろう。その意味で教育機会の平等とは資質の平等であるということができる。そしてそのための教育とは最低限度の教育でよいというのではなく、手厚く高い質の教育を各人に保障するものでなければならない。このように定義しても各自が獲得した資質を学校や社会の場においてどのように活用するのかは各人の自由であるので、資質の平等論においては選択の自由は基本的に担保される。

資質の平等論に集約される以上のような論点は、手続論中心の受動的画一的な教育機会の平等のあり方とその考え方に再考を求めるものとなっている。

二　教育機会の財政的平等と司法判断

1　教育費と教育の質

教育機会の平等が理念にとどまらずに実現されるためには制度的な保障が必要であるが、そうした制度的な保障を経済的に可能にするのが財政措置である。そしてその財政措置は、各人の教育を受ける機会を平等に保障すべく教育財の配分において平等であること、すなわち、財政的平等に基づいたものでなければならない。その場合に、どの学校段階までの財政的平等を考えるか、そこに私立学校を含めるのか、あるいは保護者の社会的経済的地位も関連づけて考えるかという問題があり、それぞれに教育機会の平等に関わる重要な問題であることはもちろんであるが、本章では小学校から高等学校までの公立学校を念頭に置いて論を進める。公立学校の教育は、保護者や地域の経済的財政的要因に左右されることなく廉価で良質のものでなければならず、そこに公立学校の意義があると考えられるからである。

それでは教育機会の財政的平等とはどのような状態をいうのかが問題になる。前節で述べた教育機会の平等定義の類型により生徒の事情が異なるが、本章では、そうしたものをまとめて、同じような状況にある生徒一人あたりの学校教育費が地域間で、あるいは学校間において同一であるということを教育機会の財政的平等であると定義する（異なる状況にある生徒については同一の異なる状況のカテゴリーにおいて教育費が同一であること)。教育費で定義するのは、財政的平等とは基本的には教育費の比較で示されるものだからである。いうまでもなく教育費は教育条件を整えるための施設・設備など財の購買力を表し、資金が豊富にあれば良質な教育財をより多く購入できるし、生徒に質の高い教育を与えることができる。その反対に、資金が乏しければ教育財の購入にも制約があり、生徒に十分な教育を与えることができない。教育費は、教育の質に連動しているのである。もちろん教育費については地域ごとの物価水準や学校環境に差があり、そうした事情を考慮しなければならないのは当然であるが、理論上は生徒の状況が同一であれば、できるかぎり同一の教育費を支出すること、あるいは教育支出の地方自治を認めるならば同一の教育費支出を可能とする財源を地方に保障することが教育機会の財政的平等に適うことになる。

ただし教育の質の規定要因にはさまざまなものがあるので教育費と教育の質の連動の仕方は一義的なものではないが、諸研究によれば、そしてわれわれの経験からすれば、両者は確実に関連しており、とりわけ教員の質が学校教育の質を大きく左右するといってよいであろう。

以上のことからすれば地域間、あるいは学校間において生徒一人あたり教育費に大きな差があるとすれば、そしてそれが財政措置を理由とするものであれば、それは教育機会の財政的平等に反する問題となるのである。

2　教育費格差についての判断基準

教育費の格差が財政的不平等の問題を起こすのは、とりわけそれが法的な問題に発展したとき、すなわち、教育費の格差が、とりわけ憲法の規定に照らして教育を平等に受ける権利を侵害するほどの問題をひき起こしているときである。憲法上の規定として日本とアメリカの例をあげると、日本国憲法については「法の下の平等」(第一四条)、「教育を受ける権利」(第二六条)の条項であり、アメリカにおいては合衆国憲法や州憲法の「法の平等保護」と各州憲法の教育条項である。これらの条項の下に教育機会の平等を（そしてその権利を）どのようなものとして解するか、そして教育費の格差がある場合に、その格差は憲法上の教育機会の平等の解釈に照して合理的なものかどうかということが問題となる。

そうした法的な問題を判断する基準については、アメリカ学校財政制度訴訟を参考にすると三つの見解があるであろう。第一は、教育費の格差自体を問題とし、格差に一定以上の幅があると、それは憲法の定める教育機会の平等に挑戦する重大な問題であると考える見解（相対的格差論）である。なぜ教育費の格差が違憲となるほどの重大な問題なのか。それは教育は個人や社会に対してきわめて重要な意義をもっており、したがって、教育を平等に受ける権利は憲法上とくに擁護されるべき権利（アメリカの場合には『基本的権利』）であり、それゆえ生徒の受ける教育が偶然的な地域や親の財政力に左右されてはならない（『財政的中立の原則』）からである。したがって、生徒一人あたりの教育費の格差に一定以上の幅があり、そしてそれが地域や親の財政力の結果であるとなれば、それは経済的差別の疑いがあり（『疑わしい分類』）、違憲推定を受けるのである。

第二の見解は、教育費の格差自体を問題にするのではなく、最小限の基礎教育が提供されているかどうかを問題とする見解である（『最小限の基礎教育論』）。この見解によれば、憲法の教育関連の規定が命じているのは、最小限の基礎教育を生徒に保障することであると解する。したがって、最小限の基礎教育が保障されていれば地域や学校の間に教育費の格差があっても、憲法の規定に違反しない。教育費の格差は、地域が選択した結果であると考える（『教育のローカルコントロール』）。それゆえこの見解に従えば教育費の格差は、合憲推定を受けることが多い。

これら二つの基準論は、アメリカ学校財政制度訴訟において教育機会の財政的平等のあり方を考える上での伝統的な見解である。いずれも長短があり、相対的格差論については教育費や教育内容の面において他との相対的関係の公正さを担保できても、それらの絶対的水準については看過される面がある。また、最小限の基礎教育論については個別学校の教育費や教育内容の最小限の基礎教育は確保できても、それらが他との関係において公正なものになっているかどうかが看過されるところがある。

第三は、教育費の格差を問題とするというよりは、憲法の規定、とりわけ教育条項に照らして適切・妥当な教育内容が提供されているかどうか、そしてそのために必要な教育費が支出されているかどうかを見定める見解である（適切・妥当性論）。適切・妥当性とは adequacy の訳語であるが、adequacy 論は、アメリカ学校財政制度訴訟において教育費支出の公平を求める equity 論に変わって近年、有力な法理となっている。

この見解は、一定の教育費や教育内容の水準を問題とする点において最小限の基礎教育論に似ていなくもないが、最小限の基礎教育論がインプットの平等を重視するのに対して、総じてアウトカム（成果）の平等を重視する点において異なる。また、同じく一定水準の教育内容・教育水準といっても、たんに最小限でよいとするのではなく、適切・妥当性の意味として「十分な基礎教育」(sound basic education)、「実体的水準の教育」(substantive level of education) という表現が用いられていることに示されるように、より高い水準の教育を求める点において、最小限の基礎教育論との相違がある。そしてまた、この見解が、より高い水準の教育を求めるのは、多くの場合、憲法判断の基準を法の平等保護条項にではなく、教育条項に置いており、教育条項に適う実効性ある教育の実施を求めるからである。

教育機会の財政的平等とは、原理上は各自の条件に応じて教育費が同一であるべきとのことであるが、適切・妥当性論の登場により、たとえ教育費支出が同一であっても、それが最小限の基礎教育ではなく、より高い質の教育を提供するに十分な支出になっているかどうか、そしてまた、たとえ教育費支出が高くても、それに見合うだけの教育の成果を生み出しているかどうかを問うことの必要性が示されたといえよう。

ただし適切・妥当性論にも長短があり、教育費の支出を教育の結果に結びつけようとする点においてはアカウンタビリティや効率性の観点から評価されるものの、一定の学力を到達目標としても、そのためには何をもって適切・妥当な到達水準やそのための条件整備とみなすか、その基準が漠然として曖昧になるきらいがあり、さらには、他との相対的関係を考慮しないところがあり、したがって公正の観点が見失われる可能性があることも指摘されている。

以上のような三つの基準はいずれも長短があり、また重なる部分があるので三つのなかでどれが最善の基準であるのかは個別の事情により判断せざるをえないが、一般論としていえば、そしてまた教育機会の平等とは資質の平等であるとの本論の立場からすれば、教育費をより高い質の教育内容の提供とその結果に結びつけて考える適切・妥当性論が今日求められている判断基準であるといえるであろう。

3　教育機会の財政的平等の違憲審査基準

教育費の格差が憲法の規定に照らして、教育機会の財政的平等に反する問題であるかどうかの決定する判断基準には、そのほかに、裁判所が用いる違憲審査基準がある。教育費格差の問題が憲法訴訟になった場合に、「厳格な審査基準」を用いるのか、それとも「緩やかな審査基準」を用いるのかであり、それによって違憲か合憲かの裁定が左右されることになる。わが国の憲法論上、教育を受ける権利は社会権とされ、社会権が憲法訴訟になるときは「厳格な合理性の基準」が適用される。そうだとすれば、教育費の格差が差別の問題として争われるときには、厳格な合理性の基準が用いられることになる。ちなみに、これまでわが国において唯一の学校教育費訴訟である私立高校超過学費返還請求事件（大阪高判昭和五九年・一一月二九日・判時九七二号七九頁）において、裁判所は、行政の合理的かつ広範な裁量権を承認し、合理性の基準を用いて公立高校と私立高校の学費の格差を認めている。

これをアメリカについてみると、教育機会の財政的平等を審査する基準には、厳重審査、合理性テスト、中間テストの三つが確立されている。厳重審査とは、教育を平等に受ける権利が「基本的権利」であること、あるいは教育費の格差は経済的差別として「疑しき分類」に相当するとの想定の下に、適用される審査基準である。厳重審査が適用されると、行政当局は教育費格差を生じている財政制度が「強い公共の利益」を有することを証明しなければならない。

合理性テストとは、政府の行為の合理性を審査するものであり、財政制度が教育費格差の原因となっていても、それが州の行為に合理的な関連をもっていれば合憲とされるのである。合理性テストが適用されるときには、通常、教育の基本的権利性や教育費格差の「疑わしい分類」論は否定される。また、中間テストとは厳重審査を用いるのか、あるいは合理性テストを用いるのかという二分的な審査基準ではなく、政府の行為が政府の目的に相当に関連をもっているのかどうかを判断の基本に据えて柔軟な基準を用いるところに特徴がある。中間テストを用いた判決事例が少ないため、その一般的な傾向を指摘することはできないが、これまでのところ、このテストを用いた裁判所は、教育の基本的件理性や教育費格差の「疑わしい分類」論は否定している。

こうしてみると裁判所がどの違憲審査基準を用いるのかは、裁判所が教育の機会を平等に受ける権利をどの程度重要なものとして認識するか、それに関連して教育費の格差の問題をどのようなものとして解するのかによって決まるわけである。教育機会の平等原則のもつ重要な意義を考えると、より厳格な審査基準が用いられるべきである。

三　教育機会平等の財政保障

1　公費負担の財政責任

教育機会の財政的平等が質の高い教育の供給を前提として各人の実質的平等を目指すものであるとすれば、公教育の普及と発展に責任を負う政府の経費負担のあり方は手厚く多様なものでなければならない。

政府の教育費財政負担の責任は、一般的に「市場の失敗」論で説明される。「市場の失敗」論によれば、財やサービスのなかには消費の集団性（ある財が供給される場合にすべての者がその財を消費すること）や排除不可能性（対価を支払わない者をその財の消費から排除することは不可能であること）の性質をもつものがあり、それに外部経済の問題（費用負担と便益との間に乖離が生ずること）や市場の不完全な競争・情報の事情が加わり、市場によって供給されることになじまない財やサービスがあること、それゆえそうした財やサービスは公共財として政府によって供給されなければならないというものである。教育はそうした公共財の一つであり、公費負担によるものと説明される。もっとも教育財は必ずしも消費の集団性や排除不可能性を有するものではなく、利用者が特定される「クラブ財」としての性質をもつとの考え方もあるが、基礎教育段階の（本章では高校教育までを含める）教育財は広く一般的な公共財としての性質を有すると考えてよいであろう。

こうした「市場の失敗」論は、政府の財政支出の拡大を求める福祉国家を支える財政論となっている。だがしかし、「市場の失敗」論は教育全体に対する公費負担の根拠は示しても、各学校段階の差異を考慮した負担のあり方までも示すものではない。それは政策の選択にまつとの論もあるが、そうなると、学校段階ごとの公費負担は恣意的な政策の選択に委ねられることにもなる。

そこで教育財の性質および教育のもたらす利益という二つの点に着目すると、学校段階ごとの公費負担の財政論上の根拠は、以下のように考えることができる。すなわち、基礎教育の段階から高等教育の段階までの教育を財とみなすと、教育財にはもっとも基本的財から付加的な財までの種類がある。教育機会の平等とは、民主主義社会における人間に必要とされる資質の平等を図ることだとすれば、各人の基本的資質が培われる基礎教育の段階の教育は、基本財に相当する。高等教育については基本的財に価値が付加されるという意味で付加財ということができる。他方、教育には教育がもたらす利益があり、それには個人的な利益と社会的利益との二つの利益がある。その場合、個人的利益は私的財（あるいは民間財）、社会的利益は社会財（あるいは公共財）に相当する。ただし、教育は二つの財の性質を兼ね備えた混合財としての性質ももっている。そして混合財としての性質は、学校段階が上がるにつれて強まるものと考えることができる。

以上のようなことからすれば、教育機会の平等原則が強く要請される基礎教育は基本財であり、また社会財としての性格が強く、それゆえその財の供給は、さまざまな教育のなかでも政府が第一義的に責任を負わなければならない教育財であるということができる。

ではどの政府がその第一義的責任を担うのか中央政府なのか地方政府なのかということが問題になる。もしも生徒に最低限度の水準の教育を全国一律に保障する必要がある基礎教育について、それを全国的な公共財であると考えれば、原理上は経費の負担は原則として中央政府の責任となる。それとは反対に基礎教育は地方政府の責任で行う地方公共財であると考えれば、その経費の負担は地方政府が負うことになる。わが国の学校教育法第五条の学校設置者経費負担の原則はその表れとみることができる。生徒の民主主義的資質は生活空間の場で培われ、その成果は基本的には地方が享受すると考えると、教育は地方政府の意思と責任で行われる地方公共財と考えるほうが適切である。しかしながら、生徒の成果の外部経済としての普遍的広がりを考えると、全国的な公共財としての性質ももつのであり、そうであれば、その負担は地方政府と中央政府がともに担わなければならない。その場合に、教育を基本的には地方公共財と考えるならば、中央政府の責任はどの地方においても手厚く高い質の教育が供給されるように補助金等により財政的保障をすることである。

2　教育費負担の政府間関係

中央政府と地方政府の経費負担関係については基本的理念には右のように考えられるが、ここで公共サービスの供給・負担に関する意思決定とその執行という観点から両者の関係をとらえると、意思決定については中央政府が行うのか、地方政府が行うのかによって集権型と分権型に、そして執行については中央政府が行うのか、地方政府が行うのかによって集中型と分散型とに分ける考え方がある。そうした区分によれば、わが国の経費負担制度は集権的分散型システムモデルになる。国は国税中心の租税体系を基に多くの資金を集め（国税・地方税歳入全体の約六割は国税歳入）、その多くを国庫補助金や地方交付税を通して地方に配分しているからである。もちろんこうした分類は相対的なものであって、実際のシステムは集権的分散型システムと分権的分散型システムの間に位置するものであろう。

そうしたことを前提にしていえば、教育費負担の政府間関係も国の強い行財政権限と財政力を背景にした集権的分散型システムの下にある。国のそうしたシステムの実態を地方教育費負担の例でみると、たとえば、国の教育費全体（文部科学省その他の省庁分を含む）に占める地方教育費補助の近年の割合は、六二・九％（一九九五年度）、五九・五％（二〇〇〇年度）、五五・八％（〇三年度）である（文部科学省『地方教育費調査報告書・平成一五会計年度』）。また、文部科学省の一般会計予算に占める地方教育費補助は毎年ほぼ五割にのぼる。地方教育費補助の例としては最大の負担割合を占める義務教育費国庫負担法に基づく市町村立義務教育諸学校教職員給与費補助をはじめとして公立学校施設費補助、教科書購入費、理科教育設備費補助、要保護準要保護児童生徒援助費補助などがある。なお義務教育費国庫負担金は依然として国の最大の地方教育補助金に変わりはないが、度重なる縮減措置（教材費・旅費・退職手当などの一般財源化、負担金の削減、負担率の縮減［二分の一から三分の一］）により文部科学省の一般会計に占める割合も四四・一％（〇三年度）、四一・五％（〇四年度）、三六・九％（〇五年度）、三二・七％（〇六年度）、三一・六％（〇七年度）と減少傾向にある（各年度の『文部科学広報』）。

地方も自らの教育活動について相当額の自己負担をしている。国（文部科学省その他の省庁分を含む）と地方の地方教育費負担割合を同じく三か年の年度でみると、国三〇・一％、地方六九・九％（一九九五年度。以下同じ順序）、三五・二％、六四・八％（〇〇年度）、三二・〇％・六八％（〇三年度）である（文部科学省『地方教育費調査書・平成一五会計年度』)。換言すれば、地方は自らの教育費の七割を自己負担しているわけであり、このような数字をみるかぎりわが国の経費負担構造は集権的分散型システムになっているとはいえないかもしれない。しかしながら国と地方の財政関係が、国が財政収入の多くを徴収し、その多くを地方に配分し地方が支出するという形態を基本構造としているかぎりにおいて、それは基本的には集権的分散型システムであるといってよいであろう。なお義務教育費国庫負担金については国庫負担率の縮減に伴い、二〇〇七年度からその減額分につき個人住民税として税源移譲されることになった。それにより分権的要素がいく分か加味されることになった。

3　教育予算のローカル・ガバナンス

教育を地方公共財と考える立場からすれば、国による画一的な集権的分散型経費配分システムよりも、地方の教育需要に自己財源でより細かな対応を可能とする分権的分散型システムのほうがより望ましいシステムである。それは現代の地方分権化政策に適うシステムでもある。ただし分権的分散型システムが教育費の財政保障システムとして機能するためには、第一に、地方政府に十分な自主財源があること、第二に、自主財源が十分にある場合でも一般財源のなかから教育の需要に見合う経費を確保できること、そして第三に、教育当事者の意思や要望が反映される教育予算の仕組みができるかどうかが課題となる。

第一の自主財源については国税の地方税への税源移譲の問題が長年の懸案であったが、地方分権を推進する目的で提案された政府の三位一体改革案（国庫補助負担金の廃止・縮減、税源移譲、地方交付税削減）により、その点での進捗が図られた。三位一体改革案の当面の最大の狙いは義務教育費国庫負担金の廃止であったが、改革案をめぐって負担金制度の維持を主張する文部科学省・文教族と廃止を求める全国知事会など地方六団体・総務省との間に激しい論争が巻き起こり、その結果、二〇〇七年度から負担率を二分の一から三分の一に縮減することで決着をみたのである。そして負担金の縮減に伴う減額分については個人住民税として地方に税源移譲されることになった。

三位一体改革は国税と地方税歳入の比率を一対一とすることを狙いとしているといわれるが（現在は六対四）、そうなるならばともかく、義務教育費国庫負担金の一部を税源移譲に変えるような現時点での小幅な改正にとどまるならば地方に自主財源を保障する措置とはならない。むしろ、教育費については〇七年度以降は個人所得の階層差を反映する個人住民税所得の不足を原因として教職員給与費や教育サービスに地方間に大きな差異が生じ、同じような状況にある生徒にはできるだけ同一の教育費を保障するという教育機会の財政的平等原則に反するような事態が生じはしないかなどの懸念がある。また国税と地方税歳入を税法上同一にした場合は、地方間の財政力格差が大きくなることが予想される。したがって、教育費についていえば地方の財政力格差を調整する地方交付税の機能を強化するか、もしも重大な格差が生ずるならば義務教育国庫負担金の負担率その他を元に戻す措置も考慮しておかなければならない。

第二の、教育費の確保についてであるが、かりに地方の自主財源がかなりの程度確保されても、地方の変動的な政治力学のなかで多様な教育需要に見合う教育費を恒常的に確保できるかどうかの疑問がある。それを示すのが地方の自主財源扱いとなる地方交付税についての事例である。たとえば、一九八五年度に義務教育国庫負担金のなかの教材費、教員旅費が一般財源化されたが、それ以降、地方では二つの費目とも国の基準を下回る予算措置がしかなされていない（二〇〇五年度の文部科学省調査）。教育の質をもっとも左右すると考えられる教員の給与費が地方の自由裁量に委ねられたら同じような事態にならないともかぎらない。

そのためのセーフティネットとして考えられるのが、一つには「教育交付金制度」の創設である。これは現行の地方交付税あるいは義務教育費国庫補助負担金の一部を教育一括補助金制度に代えることで実現可能である。それによって教員給与費など教育活動の中心を成す教育費の確保しつつ、地方の裁量を生かした教育ができる。もう一つは、旧教育委員会法（昭和二三年七月一五日）に定められていたように、教育委員会に教育予算原案作成権と支出命令権を付与することである。それによって教育委員会は所管の教育活動に必要な教育費を要求し、支出できる。こうした制度は現行制度の小幅な改正によって実現可能であると考えられる。

ただし、第一で述べた地方間の財政力格差が存続するようであれば、そして第二で述べたようなセーフティネットづくりができないとすれば、分権的分散型モデルの導入には問題が多いといわざるをえない。そうとすれば当面、中央政府の財政力を背景にした集権的分散型モデルを基礎として、その改革版を構想することが必要になる。その意味で義務教育費国庫負担制度について二〇〇四年度に導入された総額裁量制は、教職員給与の財源を確保しつつ、その使途の内容については地方公共団体の裁量に委ねる方式であり、地方の教育自治を可能とする制度である。総額裁量制の導入により教員数の弾力的な活用を図る都道府県も出はじめている（全国都道府県教育委員会連合会の調査『義務教育費国庫負担制度の現状と課題』によれば、〇四年度において六府県と一市において弾力的活用を実施）。こうした方式を徹底すれば、事実上、「教育交付金」になる。

分権的分散型システム移行への第三の課題である教育当事者の意思や要望を反映する教育予算の仕組みについてであるが、現行の教育予算制度は行政当局と議会との間で作成、決定され、そうしたルートの外にいる教育当事者の声や要望が反映されにくい制度となっている。教育については当事者でなければ理解できないことが多い。それゆえ教育予算の作成過程に教育当事者が何らかの形で参加し、その意思や要望を教育予算に反映し、結果を評価できる仕組みをつくることが必要である。現在、多くの地方公共団体が行っている学校交付金のような教育自治の試みを積み上げることにより、予算案の作成から支出の評価に至る教育予算のローカル・ガバナンスをつくりあげていかなければならない。

結論としていえば、中央政府が教育費の財源を保障した上で、質の高い教育を各人に平等に提供するかぎり、その経費の使途と責任を地方政府の裁量に委ねることが本章でいう教育機会の平等を実現するためのより現実的で望ましいシステムである。

（白石　裕）

参考文献

文中で示した文献のほかに以下の文献を参照

○五十嵐顕「第三条　第四条――教育の機会均等と義務教育――」平原春好責任編集『日本現代教育基本法文献叢書　教育基本法制コンメンタールⅡ』、日本図書センター、一九九八年。
○小川正人「三位一体改革と義務教育財政の改革構想」『義務教育学校「存立」の行政原理を問う』（日本教育行政学会年報・三一）、二〇〇五年。
○白石裕『教育機会の平等と財政保障――アメリカ学校財政制度訴訟の動向と法理』、多賀出版、一九九六年。
○ロナルド・ドゥウォーキン著小林公・大江洋・高橋秀治・高橋文彦訳『平等とは何か』、木鐸社、二〇〇二年。
○エイミー・ガットマン著神山正弘訳『民主教育論』、同時代社、二〇〇四年。
○ケネス・ハウ著大桃敏行・中村雅子・後藤武俊訳『教育の平等と正義』、東信堂、二〇〇四年。
○アマルティア・セン著池本幸生・野上裕生・佐藤仁訳『不平等の再検討――潜在能力と自由』、岩波書店、一九九九年。
○Helen F. Ladd, Rosemary Chalk, and Janet S. Hansen (Eds.), *Equity and Adequacy in Education Finance: Issues and Perspectives*, National Academy Press, 1999.

第7章　子どものニーズと就学義務制
——必要原理に基づく教育行政への展望

本書の編者の平原春好は、「教育行政は教育の目的を実現し、国民の学習権を保障するために教育を組織し運営する公権力の作用と組織である」（『教育行政学』東京大学出版会、一九九三年）と定義している。この定義は一九七〇～八〇年代に築かれた「学習権」論の成果を踏まえたものであるとともに、単なる政策遂行や法令執行という現状（ザイン）追認ではなく、教育行政の在るべき姿（ゾレン）を定位することによって、教育行政（学）を権利保障に資するものに高めんとの意図が込められている。

ところで、日本の学校教育を取り巻く状況は一九九〇年代以降も大きく動いている。文部科学省の調査によれば、一九九一年度六万七〇〇〇人であった不登校児童生徒は、一〇年後（二〇〇一年度）には一三万九〇〇〇人（全児童生徒総数の約一・二％）へと倍増し、筆者の住む鳥取県の小中学生総数の二倍を越える者が学校を年間三〇日以上欠席している。また、盲・聾・養護学校（旧学校教育法七一条。現特別支援学校・新学校教育法七二条）在校児及び七五条学級（同七五条、特殊学級。特別支援学級、新八一条）在籍児並びに通級指導（同施行規則七三条の二一・二二、通級による指導。新一四〇・一四一条）利用児の一・五％に加えて、通常学級に学ぶＬＤ（学習障がい）等の発達障がい児は六・三％（不登校児の五倍強）と推定される（〇二年抽出調査）。さらには被虐待、いじめ、非行問題、心身症・メンタルヘルス、日本語教育への対応……等々。二一世紀の教育行政学は、こうした特別ニーズのある子の学習権保障の課題をも組み込んで、考究されねばならない。

一　学校を回避する子どもに対する教育行政の対応

1　「長期欠席」問題と教育行政

事典を紐解くと、『新教育学大事典』（細谷俊夫他編、第一法規、一九九〇年）には設けられている「登校拒否（不登校）」の項目が、旧版の『教育学大事典』（同、一九七八年）にはなく、「長期欠席」として扱われている。

当初の長欠問題は、戦後の混乱、家庭の経済困難や保護者の無理解によるものであり、その数は八〇～一〇〇万人ともいわれた（文部省・中央青少年協議会の一九五〇年共同調査、四九年度の年間三〇日以上の欠席者）。これに対して、様々な就学援助（旧学校教育法二五・四〇条。新一九条）策が講じられた。一九五五年に文部省・厚生省・労働省合同の事務次官通達（義務教育諸学校における不就学及び長期欠席児童対策要綱）が出され、一九五六年には「就学困難な児童及び生徒に係る就学奨励についての国の援助に関する法律」が制定されている。

社会経済的事情による長欠問題は、経済成長もあって一九六〇年代にはほぼ解消したとされた。

2　「登校拒否」「不登校」問題と教育行政

（1）「学校不適応対策調査研究協力者会議」報告を受けた施策

一九八〇年代に入って、学校基本調査の長期欠席（年間五〇日以上、一九九一年度からは三〇日以上）事由のうちの「学校ぎらい」が徐々に増加し、長欠問題が新たに「登校拒否」「学校不適応」として社会問題化する。

経済的事由による長欠問題に有効な就学奨励策も、登校拒否問題には無力である。また、出席督促など（旧学校教育法二二・三九・九一条。新一七・一四四条）（同施行令一九～二一条。新一九～二一条）の保護者への就学させる義務の履行督促も、本質的な対応策とはならない。

一九八九年、文部省は「学校不適応対策調査研究協力者会議」を発足させる。そして九二年、同会議の報告「登校拒否（不登校）問題について――児童・生徒の『心の居場所』づくりを目指して」（三月）を受け、「登校拒否はどの児童生徒にも起こりうるものである」との基本認識に立つ通知「登校拒否問題への対応について」（同年九月二四日文初中三三〇号）を発する。その中で、教育委員会の取組みとして①的確な実態把握、②教員研修の効果的な実施、③教育センター等の充実、④適応指導教室の設置の推進、⑤保護者への啓発・支援などが例示され、児童相談所などの公的機関等（民間施設を含む）と連携を図ることも表明された。

その後の具体的な国の施策としては、標準法（公立義務教育諸学校の学級編制及び教職員定数の標準に関する法律施行令五条）による適応指導のための教員の加配（一九九三年～）、中学校等へのスクールカウンセラー（九五年～）及び「心の教育相談員」（九八年二学期～）の配置、市町村教育委員会が教育相談員を配置するための経費の地方交付税による措置、不登校児童生徒の適応指導総合調査研究委託（スクーリング・サポート・プログラム［SSP］、九九年～）の実施などが挙げられる。

しかし、「登校拒否」児の増加に歯止めはかからなかった。

(2)「不登校問題に関する調査研究協力者会議」報告を受けた施策

二〇〇二年、「不登校児童生徒数が年々増加し、過去最高を更新するなど、不登校問題が憂慮すべき状況にある」との認識の下に、文部科学省は「不登校問題に関する調査研究協力者会議」を置く。そして、翌〇三年の「今後の不登校への対応の在り方について（報告）」（四月）に基づいて、「不登校の解決の目標は、児童生徒の将来的な社会的自立に向けて支援することである」との基本認識に立って、通知「不登校への対応の在り方について」（同年五月一六

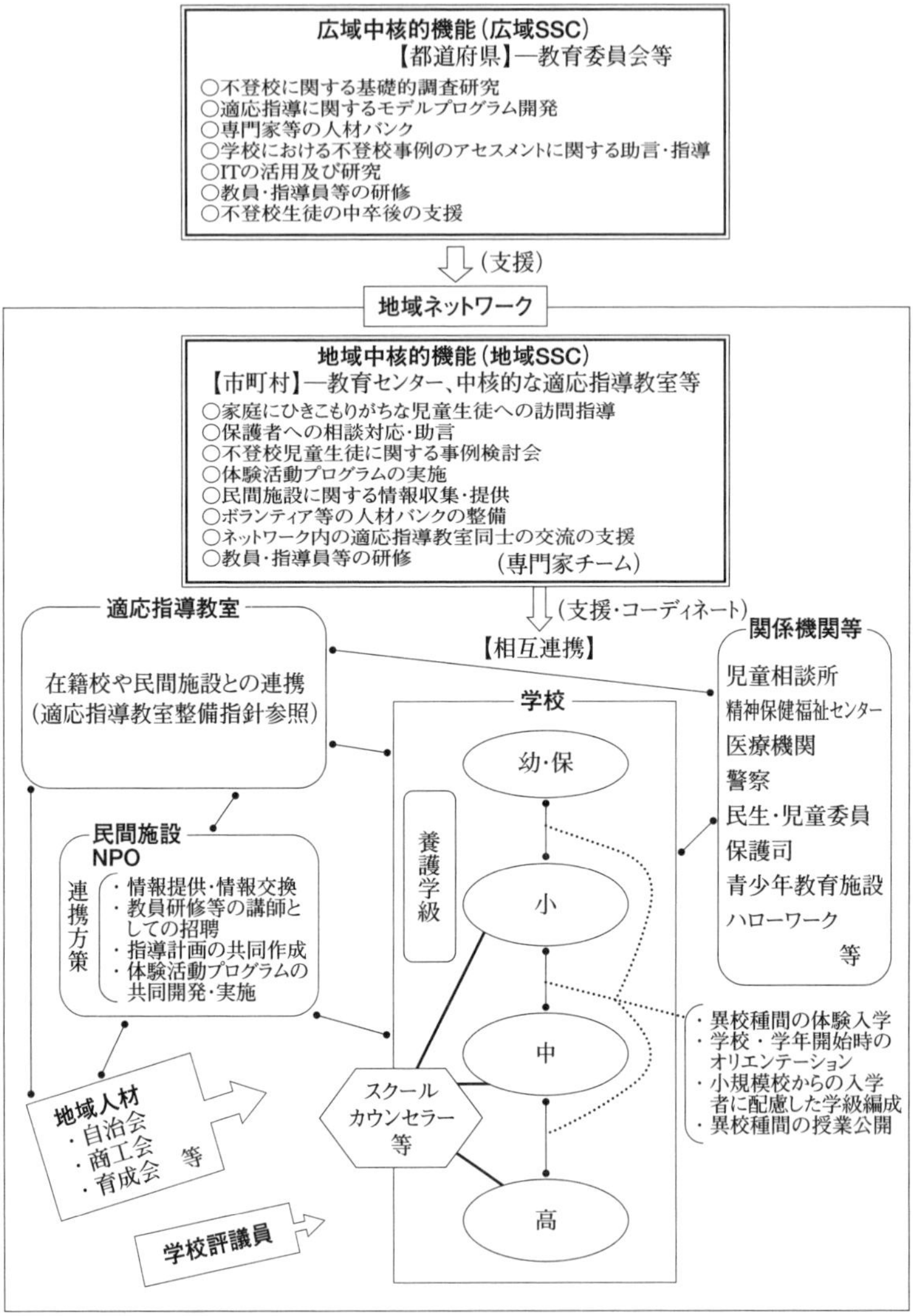
広域中核的機能（広域SSC）
【都道府県】—教育委員会等
○不登校に関する基礎的調査研究
○適応指導に関するモデルプログラム開発
○専門家等の人材バンク
○学校における不登校事例のアセスメントに関する助言・指導
○ITの活用及び研究
○教員・指導員等の研修
○不登校生徒の中卒後の支援
（支援）
地域ネットワーク
地域中核的機能（地域SSC）
【市町村】—教育センター、中核的な適応指導教室等
○家庭にひきこもりがちな児童生徒への訪問指導
○保護者への相談対応・助言
○不登校児童生徒に関する事例検討会
○体験活動プログラムの実施
○民間施設に関する情報収集・提供
○ボランティア等の人材バンクの整備
○ネットワーク内の適応指導教室同士の交流の支援
○教員・指導員等の研修
（専門家チーム）
（支援・コーディネート）
【相互連携】
適応指導教室
在籍校や民間施設との連携
（適応指導教室整備指針参照）
関係機関等
児童相談所
精神保健福祉センター
医療機関
警察
民生・児童委員
保護司
青少年教育施設
ハローワーク
等
学校
幼・保
養護学級
小
中
高
スクール
カウンセラー
等
民間施設
NPO
連携方策
・情報提供・情報交換
・教員研修等の講師としての招聘
・指導計画の共同作成
・体験活動プログラムの共同開発・実施
・異校種間の体験入学
・学校・学年開始時のオリエンテーション
・小規模校からの入学者に配慮した学級編成
・異校種間の授業公開
地域人材
・自治会
・商工会
・育成会　等
学校評議員

図A　「不登校に対する連携モデル（試案）」図

日文科初二五五号、以下、通知「不登校への対応」と略す）が出される（適応指導教室を教育支援センターに改称）。その中で、教育委員会の取組みの充実として、①早期の把握と対応、②教育条件等の整備（教員の資質向上、適切な人的措置、保健室や相談室等の整備）、③学校における指導等への支援（モデル的な個別指導記録の作成、転校のための柔軟な措置）、④適切な対応の見極め及び支援体制づくり、⑤中学校卒業後の課題への対応、⑥学校外の公的機関等の整備充実及び活用、⑦訪問型支援など保護者への支援の充実、⑧官民の連携ネットワーク整備の推進が示された。

これを受けた新たな施策の特徴は、個別指導記録の作成を含む「きめ細かく柔軟な個別・具体的な取組」、スクーリング・サポート・ネットワーク（SSN）の整備（二〇〇三年〜、〇六年度で広域センター四七、地域センター四五〇）による地域ぐるみの「連携ネットワークによる支援」、小学校への「子どもと親の相談員」（〇四年〜）、「生徒指導推進協力員」（〇五年〜）、義務教育以降の進路支援・ひきこもり問題への対応などである（最新の情報は文部科学省ホームページ「生徒指導等について」コーナーで確認できる）。なお、報告に添付された「不登校に対する連携モデル（試案）」（図A）を示すが、都道府県及び市町村が連携して、これまでの学校や教育委員会の枠に留まらない、機関・管轄や官民を越えた「横と縦の連携」の構築が目指されていることがわかる。

二　「不登校」児の学習権保障——一条校への就学義務制の検討

「不登校」という切実な課題への対応が、中央・地方を問わず教育行政に求められている。これまでの「教育行政学」テキストは「不登校」をどのように扱っているのであろうか。平原春好は「指定された学校がさまざまの理由で子どもに合わず不登校等になったような場合に、その子どもを他の教育施設や教育方法により教育することを就学義務の履行とみなすことなどについて積極的に検討することは、現代の教育行政に求められている課題というべきであろう」（平原前掲『教育行政学』）とし、また黒崎勲は「教育行政は教育の現実によって挑戦されている」「学校の正統性の危機を最も代表する事例のひとつは不登校の問題である」（黒崎『教育行政学』岩波書店、一九九九年）と述べているが、時代的な制約もあって十分には展開できていない。「不登校」への対応はどのような理論的並びに実践的課題を提起しているのであろうか。

1　在学関係——営造物利用関係から契約関係へ

戦前の特別権力関係論・営造物理論の影響から、日本国憲法の下においても当初は、国公立学校の在学関係を公法上の営造物利用関係（特に義務教育段階に関しては強制的営造物利用関係）として捉える見方が残っていた。しかし、公立・私立を問わず、在学関係（学校利用関係）を法律関係・契約関係として捉える考えが次第に有力となった（室井力『特別権力関係論』勁草書房、一九六八年）。このことによって、学校という特定の建物・施設空間を越え出た論議を可能にし、個々人を権利主体とする視点が浮上してくる。とはいえ、長欠・不登校問題に契約関係からどのように接近するかは明確ではない。

これに関して、中野進は、「学習権保障は生徒にとって債権であり、それは教育給付を受ける権利である。学校には教育給付の責務がある。しかし、生徒が欠席したり、勉強を怠けていた場合には教育が給付できないから、生徒には出席して給付を受け取る義務があるのだという主張が出てくる。（中略）在学契約からいうと、一般に契約に基づいて受領すべき義務があるわけではない。欠席は受領遅滞であって、その場合に債務履行が遅れることになるが、その責任は債権者（生徒）にあるので、その限りにおいて債権者がその権利のうちの相当部分を失うことになるのはやむをえない」（中野『在学契約上の権利と義務——「個人の尊重」を中心にすえて』三省堂、一九九九年）として、受領遅滞説を展開している。しかし、「受領遅滞によって給付が滞っても債務者（学校——引用者）の責任にはならないし、債権者が信義則違反で権利を失うということである」「受領遅滞によって債務者の費用負担が増えれば、債権者にそれ相応の損害賠償責任が生ずる」ともしており、長欠・不登校への対応を「在学契約論」のみで説くには無理を感じる。

2 「不登校の権利」

教育行政（学）が長欠・不登校に適切に対応するには、やはり憲法論・権利論が不可欠である。例えば、兼子仁は、最高裁「学テ」判決（一九七六年五月二一日）及び国際人権規約A規約一三条（七九年批准）も踏まえつつ、「教育を受ける権利」は子どもの「人間としての成長・発達のために必要な学習をする権利」（人間的学習権）であるとした上で、義務教育を「子どもたちにとっての〝権利教育〟」と捉え、「登校拒否は、子どもの義務違反ではなく、いじめや体罰などを避けるための不登校以外は、学習による人間的成長発達という人権・権利を生かさない（権利不行使）ということ」であるとしている（「教育法制の七ふしぎ①」『季刊教育法』四九号、一九八三年）。しかし、登校によって初めて権利行使がなされるという枠組みは一九八〇年代的な限界といえよう。

これに対して、一九九〇年代に入ると、フリースクールの一定の広がり、並びに意見表明権（一二条）や休息権（三一条）を掲げた「子どもの権利条約」の国連採択（一九八九年）・日本批准（九四年）を受けて、「学ぶ自由」「不登校の権利」等が提起されるようになる。例えば、神﨑要は「人がどこで、何を学ぶかは、各人の自由である。子どもは、学校に行って学ぶ自由と共に、学校に行かないで学ぶ自由を有する」（神﨑『教育と法のオルタナティヴ』法律文化社、一九九五年）と述べている。

奥地圭子らは、「どのように育っていきたいかは、主体である子ども自身が決定権をもち、選択権をもっている」「行くことが権利であるなら、行かないことも権利として含まれるし、休息の権利も当然含まれます」等とした上で、ホームエデュケーション、フリースクールを選んだ場合の条件的不利の解消や費用の公平化を要請している（東京シユーレ編『ホームエデュケーションのすすめ』教育史料出版会、一九九六年、同編『フリースクールとはなにか』同、二〇〇〇年)。

内沢達は、「『教育を受ける権利』には、文字どおりの『受ける権利(自由)』だけではなく『教育を受けない権利(自由)』も含まれることになる。より実体的な言い方をすれば、『学校に行く権利』だけではなく、『学校に行かない権利』つまりは『不登校の権利』もそれに含めなければ、『教育を受ける権利』全体を述べたことにならない。(中略)不登校の権利は、『教育を受ける権利』の理解がまっとうなものであるかどうかの試金石とも言ってよい」として、「試金石としての『不登校の権利』」論を展開し、「子どもたちを魅了して止まない『たのしい授業』」の創造を提起している(内沢「子どもの不登校と教育を受ける権利」『講座現代教育法2　子ども・学校と教育法』三省堂、二〇〇一年、「不登校と『教育を受ける権利』」『日本教育法学会年報』二六号、一九九七年)。

「在学契約論」で登場した中野進は、憲法二三条「学問の自由」の子ども版としての「学習の自由」の一環として「不登校の権利」を認めた上で、「社会権としての学習権」の観点から不登校による「教育給付の受領遅滞」を回避する対応(例えば「ゆったりした楽しい、小規模の公立の塾を、今までの学校のほかに作る」)の必要性を述べている(中野前掲『在学契約上の権利と義務』)。

3　「不登校の権利」の批判的検討

一方、「不登校の権利」に関連して、主に憲法学の立場から批判的な検討がなされる。

内野正幸は、「登校拒否児のための施設をはじめ、学校以外の教育施設にも、重要な位置づけをあたえるべきである」(内野『教育の権利と自由』有斐閣、一九九四年)と発言し、「公教育からの自由」留意説に立ちつつも、「このような自由(親の教育の自由——引用者)を制限したのが、憲法(二六条)みずからが定める義務教育の制度なのである。だから、憲法二六条の『教育を受ける権利』の規定は、教育を受けない権利を保障する趣旨をふくむものではない」「たしかに、憲法一三条は、家庭教育の自由をふくめ親の教育の自由を保障している、と解釈できる。だが、それは、制限のついた自由である。つまり、憲法一三条は、義務教育段階の子どもを学校に通わせずに家庭教育だけですませる自由まで保障したものではない」「教育を受けない子どもの権利は、もっと直接的なかたちでは、登校拒否の権利となって現われる。しかし、登校拒否は、小・中学校の段階では、事実上認めざるをえないものであっても、法的な権利として保障されるものではない」と述べている。

坂田仰は、「学校教育は、本来、個々の親や地域社会が行っていた私事としての教育を組織化したものにすぎないとする『私事の組織化論』を前提とするならば「不登校の権利」あるいは「ホーム・エデュケーションの自由」を認めるという結論を導き出すことも不可能とはいえないとしつつも、「不登校の権利」を否定する立場と親和性を有する長谷部恭男の「市民の育成」「公共財としての教育」説を紹介した上で、「教育が公共財としての性格を有し、社会の維持と発展に大きく関係していることもまた事実であり、社会との関係を抜きにして義務教育法制を理解することは不可能である」としている（坂田『学校・法・社会――教育問題の法的検討』学事出版、二〇〇二年）。ただし、「不登校の権利」等にかかわるアメリカの判例に着目し、「日本における不登校をめぐる法的論議を考える上で多くの示唆を与えてくれる」としている。

4　一条校への就学義務制の再定位

以上の論議を整理し直してみよう。まず、「教育を受ける権利」（一項）を受けて保護者の義務規定（二項）が置かれている日本国憲法二六条の構造からして、「子どもの権利保障のための義務教育」と見なしうる。次に、日本国憲法は「就学させる義務」（就学義務）よりも広義の概念である「普通教育を受けさせる義務」（教育義務）を規定していることから、ホームエデュケーション等による教育義務を容認する余地を原理的に残してはいるものの、学校教育法によって「教育義務＝就学義務」として今は法制化されている。したがって、現行法制上は学校教育法一条に定める学校（一条校）への就学によって「教育を受ける権利」が行使される仕組みとなっている。唯一、就学させる義務の猶予・免除（学校教育法一八条）によって、不就学が容認される。

以上はすでに多くの論者が述べており、目新しい整理ではない。問題は、これまで「就学＝通学・登校」という思い込み、ないし学校教育法制への理解不足の下に論議されてきたことであろう。学校教育法は確かに就学義務制を採っているが、八一条三項に教員派遣規定があることによって、「就学＝通学（スクーリング）＋教員派遣（ビジティング）」という制度構造となっている。この規定に基づいて、一九七〇年代には障がい児の就学保障策として「訪問指導」を試行する自治体がみられたし、七九年度からは盲・聾・養護学校（現・特別支援学校）教育の一形態として通学困難な障がい児を対象とした「訪問教育」（学校教育法七二条の「準ずる」規定による準用、同施行規則一三二条）が全国で実施されている。また、埼玉県志木市は「不登校」を含む長欠者の在宅学習支援策として、二〇〇二年度より学習支援ボランティアを家庭等に派遣する「ホームスタディ制度」に着手しているが、これも教員派遣規定を活用したものである（渡部昭男「長欠・不登校児者を含めたビジティング教育」『障害者問題研究』三〇巻一号、二〇〇二年、同「評価論への法規範的アプローチ——埼玉県志木市における『ホームスタディ制度』を素材に」『日本教育行政学会年報』二八号、二〇〇二年）。このように実際には訪問型の公的施策が進展している。

以上を踏まえると、義務教育段階における「教育を受ける権利」の保障にかかわる権利構造と法制の対応は図Bのようになる。なお、高等学校（中等教育学校後期課程、特別支援学校高等部）段階では、さらに通信制の課程も認められている。

繰り返しになるが、現行の学校教育法制は一条校への就学により「教育を受ける権利」の行使を保障する仕組みとなっている。これまでの「不登校の権利」の主張には、「通学しない権利」と「就学しない権利」とが概念的に混在

広義の公教育（公的な教育）			
	１条校以外の公共性を認可された教育	狭義の公教育＝一条校の教育	
法制面	認可されたホームスクール（ホームエデュケーション）・フリースクール　等	ビジティング（デリバリー教育への広がり） 教員派遣・訪問教育 IT 等を活用した学習活動	スクーリング 通学・登校
権利面	**１条校以外の公的な教育を受ける権利**	**１条校の教育を受ける権利**	
		ビジティングによって１条校の教育を受ける権利	**スクーリングによって１条校の教育を受ける権利**
	（就学しない権利）	**（通学しない権利）**	**（通学する権利）**

図Ｂ　「教育を受ける権利」の保障にかかわる権利構造と法制の対応

（前出，渡部 2002 を加筆修正）

していた（あくまでも操作概念の「権利」なので図Bでは括弧で括った）。仮に通学・登校＝スクーリング（図B右側）が困難な場合には、一条校による教員派遣など、ビジティング施策（図B中央）が積極的に講じられねばならない。文部科学省も二〇〇三年の通知「不登校への対応」で「訪問型支援」の積極的推進を打ち出しており、全国レベルでの展開が待たれている。全自治体がビジティング施策を整備し、学校教育法施行令二〇条の「休業日を除き引き続き七日間出席せず、その他その出席状況が良好でない場合」の校長から市町村教育委員会への通知を活用するなどして、いわゆる「登校しぶり」の段階から訪問型支援が検討されてよい。

　さらに、二〇〇五年の通知「不登校児童生徒が自宅においてＩＴ等を活用した学習活動を行った場合の指導要録上の出欠の取扱い等について」（七月六日文科初四三七号、以下、通知「ＩＴ等を活用した学習活動」と略す）において、ＩＴ（インターネットや電子メール、テレビを使った通信システムなど）、郵送、ファクシミリなどを活用して提供される学習活動にも出席扱いが拡大されたが、この措置は「訪問等による対面指導が適切に行われることを前提とすること」とされており、図Ｂではビジティング形態に含めて表記した。なお、教育支援センター（適応指導教室）等の利用は、就学校の建物空間を越え出た公設分教場または校外活動として弾力的に判断することにより、通所・訪問の形態にかかわらず出席扱いしうるのである。

以上のように、図Bは、現行法制下でも「不登校」児の学習権を通学・登校によらず保障しうる枠組みを提供している。加えて、学校教育法の改正を含む将来的な検討課題として、一条校以外の公共性を認可された教育（ホームスクール、フリースクール等）の制度化も位置づけた（図B左側）。関連した動きとしては、すでに学校教育法二条「学校の設置者」の規制緩和がある。従来の国・地方公共団体・学校法人に加えて、新たに株式会社（学校設置会社）や特定非営利活動法人（NPO）を認めようというものであり（構造改革特別区域法一二・一三条、二〇〇二年）、実際に「不登校児の学校」も出現している。そして、特区における特別措置であった「不登校児童生徒等を対象とした学校設置に係る教育課程弾力化事業」が二〇〇五年の学校教育法施行規則改正（当時二六条の三〔現五六条〕の新設等）により全国化され、「不登校」児の「実態に配慮した特別の教育課程」の編成が容認された。また、既存の公立校の学校運営を変える試み（日本版コミュニティスクールないし学校理事会）として、学校運営協議会（地方教育行政の組織及び運営に関する法律四七条の五の新設、二〇〇四年）方式も導入されている。さらに、〇三年通知「不登校への対応」の別記「不登校児童生徒が学校外の公的機関や民間施設において相談・指導を受けている場合の指導要録上の出欠の取扱いについて」・別添「民間施設についてのガイドライン（試案）」及び〇五年通知「IT等を活用した学習活動」により、就学指定校に学籍を残したままで、一定の基準・指針に基づいてNPOを含む民間施設の利用や自宅学習にも出席扱いを広げている（〇九年度より高校にも拡大）。

今後、一条校への就学義務制を「不登校」児を含む子どもの学習権保障や「公共」概念との関連でどのように組み直していくかという原理的かつ慎重な検討が不可欠である。なお、「公共」性の認可には「普通（義務）教育」としての要件（教育課程等）の吟味が必要になるとともに、民間施設への公的援助には現在の私学助成も参考にしながら日本国憲法八九条の公の財産の支出または利用の制限への留意が求められよう。

三　必要原理に基づく教育行政への展望

1　障がい児の学習権保障――能力程度主義から必要即応主義への転換

ところで、教育支援センター等の整備、ビジティング施策の充実、民間施設等との連携や出席扱いの拡大などを進めたとしても、提供される教育の内容や質によっては教育を受けることによって権利侵害を生じるおそれがある。「不登校」の発生を予防するために既存の学校教育をより魅力あるものに改善していくとともに、現に「不登校」となっている子どもたちに対しては、人間的に成長発達するための学習権保障にふさわしい内実を備えることが肝要であろう。「不登校」児への学習権保障で注目すべき動向は、個々の必要に応じるという必要即応の考え方である。この必要即応の考え方は、「不登校」対応より先に、障がい児の学習権保障の分野において育まれてきた。

一九五〇年代以降、障がいの種類と程度による判別体制が次第に確立・強化され、福祉施設の利用に就学義務の猶予・免除措置を要件としたこともあって、障がい児の就学権が合法的に剥奪された。これを支えたのが、日本国憲法二六条の「その能力に応じて、ひとしく」を適格者主義または能力程度主義において解釈した当時主流の憲法学説であった。これに対して、「個人差と生活の必要に応ずる教育」の保障ないし教育内容の個別化を志向した規定であるとの解釈もなくはなかった（法学協会『註解日本国憲法（上）』有斐閣、一九五三年）。また、清水寛は、権利の無差別平等性の保障を意図した「ひとしく」に力点を置いて、「能力に応じて」は「ひとしく」権利を保障することを実質化するための不可欠の補充規定であり、「その発達に必要かつ適切な」ないし「発達の必要に応じて」の意味で解釈されるべきであるとした（清水「わが国における障害児の『教育を受ける権利』の歴史」『教育学研究』三六巻一号、一九六九年、など）。これに応じて、兼子仁は「度の重い障害児こそ人間的発達権の国家的保障を強く要求しうる教育を受ける権利の最たる権利主体」（兼子『教育法（新版）』有斐閣、一九七八年）であるとして、より手あつく権利保障されるべきことを論じている。

教育分野に先立ち、一九六〇年、日本国憲法二五条「健康で文化的な最低限度の生活」の権利性を問う朝日訴訟の東京地裁判決（同年一〇月一九日）は、重症患者をより手あつく保護する「必要即応」の原則という画期的な考え方を判示した。高裁・最高裁で否認されたものの、憲法をそのように解釈しうる可能性を示した意義は大きく、生活保護行政や福祉施策全体を改善することにも繋がった（朝日訴訟記念事業実行委員会『人間裁判――朝日茂の手記』大月書店、二〇〇四年）。そして一九七三年、日本政府は「福祉元年」を宣言するに至る。これと同様に、教育施策においても困難度の大きい者ほど手あつくという必要即応の考え方が次第に採り入れられていく。一九六〇年代末から七〇年代にかけて、未就学障がい児の就学権保障の運動が全国に広がり、一九七三年秋、養護学校教育の義務化予告政令（三三九号）が出される。

一九七九年度の養護学校教育の義務化（すなわち、学校教育法により予定された就学義務制の完成）は、義務教育機会の単なる開放ではない。それは、「訪問教育」の制度化、より少人数の重複障がい学級の増設、就学奨励費における付添人経費の認可、スクールバスの配車や介助職員の配置、「自立活動」領域を含む特別の教育課程の開発や編成など、障がいの重い者へのより手あつい施策の実施によるものであり、義務教育段階における能力程度主義から必要即応主義への転換であった。さらに一九八〇年代後半から障がい児の高等部への希望者全員進学保障運動が起こり、二〇〇〇年度には高等部でも「訪問教育」が制度化され、高等部の「準義務化」（離学の自由を認めた上での希望者全員進学制）時代が到来した。高等部に延長して、義務教育に準じた必要即応の施策が実施されたのである。

必要即応の考え方は、憲法学説として広く承認されているわけではないが、権力の積極的な介入を求める社会権の保障に関する行政への要請として影響を与え、特に障がい児教育の分野においては具体的に多くの施策として結実しているのである（渡部昭男『「特殊教育」行政の実証的研究――障害児の「特別な教育的ケアへの権利」』法政出版、一九九六年）。

2　権利主体としての個人への着目と総合的支援

ところで、従来の「特殊教育」においては、手あつい施策は個々の権利主体に保障されたものではなく、盲・聾・養護学校や特殊学級といった「特殊な場」に付随していた。例えば、学級編制は「通常学級（四〇人）＞特殊学級（八人）≧盲・聾・養護学校の単一障がい学級（高等部八人、小中学部六人）＞重複障がい学級（三人、訪問教育に準用）」の順で小規模となり、より手あつくなる。しかし、障がい児であっても通常学級に学ぶ場合や、重複障がい児であっても単一障がい学級に措置されると、その便益を享受できない。特別の教育課程の提供も「特殊な場」においてなされ、通常学級に籍を置く場合は一九九三年度に制度化された通級指導を利用する以外には保障されなかった。就学奨励費は保護者等の収入（三ランク）に応じて個々に支給されるが、この場合も籍を置く「特殊な場」の種類及び経費区分に応じて算出・支弁されてきた。

この点、二〇〇一年から進められている「特別支援教育」への政策転換は、「特殊な場」を越え出る方針を打ち出しており注目される。すなわち、「障害の程度等に応じ特別の場で指導を行う『特殊教育』から障害のある児童生徒一人一人の教育的ニーズに応じて適切な教育的支援を行う『特別支援教育』への転換を図る」（二〇〇三年「今後の特別支援教育の在り方について（最終報告）のポイント」）との基本方針に立ち、通常学級に学ぶ発達障がい（LD、AD／HD、高機能自閉症、アスペルガー症候群）児にも対象を広げ、個々の「教育的ニーズ」に応じた施策に踏み出そうというのである。

一九九四年の「特別ニーズ教育に関する世界会議」（ユネスコ・スペイン共催）によるサラマンカ宣言（「特別なニーズ

教育における原則、政策、実践に関するサラマンカ宣言」）が、①すべての者の教育への権利、②すべての者のための学校、③インクルーシヴな学校等の原則の上に「特別ニーズ教育」を論じているのに比して、「特別支援教育」政策は権利論を欠き、学校教育全体を変革する展望に弱さを残している。とはいえ、「個別の（教育）支援計画」の策定（学習指導要領に基づき「個別の指導計画」の作成はすでに行われているがそれをさらに支援計画に拡充）、「特別支援教育コーディネーター」（教育的支援を行う人や機関を連絡調整するキーパーソン）の指名・配置、「広域（地域）特別支援連携協議会」等による教育・福祉・保健医療・労働などにまたがる総合的な地域ネットワークの構築によって、個々のニーズに対応しうる生涯にわたる地域支援体制の整備が目指されており（図C）、自治体や学校現場では障がい要因に限定せず、幅広い特別ニーズのある子（不登校を含む）への対応とも連動・重複して進行している（「特別」の二文字を外して「支援教育」と呼称している自治体もある――渡部昭男・新井英靖編『自治体から創る特別支援教育』クリエイツかもがわ、二〇〇六年）。本来「支援」とはその対象を「主体」と見なす認識に立つ用語であり、教育行政や現場実践の在り様としても、特別ニーズのある子を成長発達の主体、学習の主体、エンパワメントの主体、権利行使の主体として位置づけることが肝要であろう。

学校教育法等の改正により、二〇〇七年度から「特殊教育」「盲学校・聾学校・養護学校」「特殊学級」は「特別支援教育」「特別支援学校」「特別支援学級」に改められている。これに伴い、幼稚園・小学校・中学校・高等学校・中等教育学校において通常学級か特別支援学級かを問わず特別ニーズのある子に特別支援教育を保障することが義務化され（八一条一項）、加えて地域の特別ニーズのある子に支援を行う特別支援学校のセンター的機能が新しく付加されており（七四条）、注目される（二〇〇六年末に国連総会で採択された「障がい者の権利条約」はインクルーシヴ原理に立っており、同条約が批准され発効するとインクルーシヴな「合理的配慮」の提供など、さらなる変化が予測される）。

なお、子どもの有するニーズは複合的である。「子どもの権利条約」は障がい児の「特別なケアへの権利」を規定

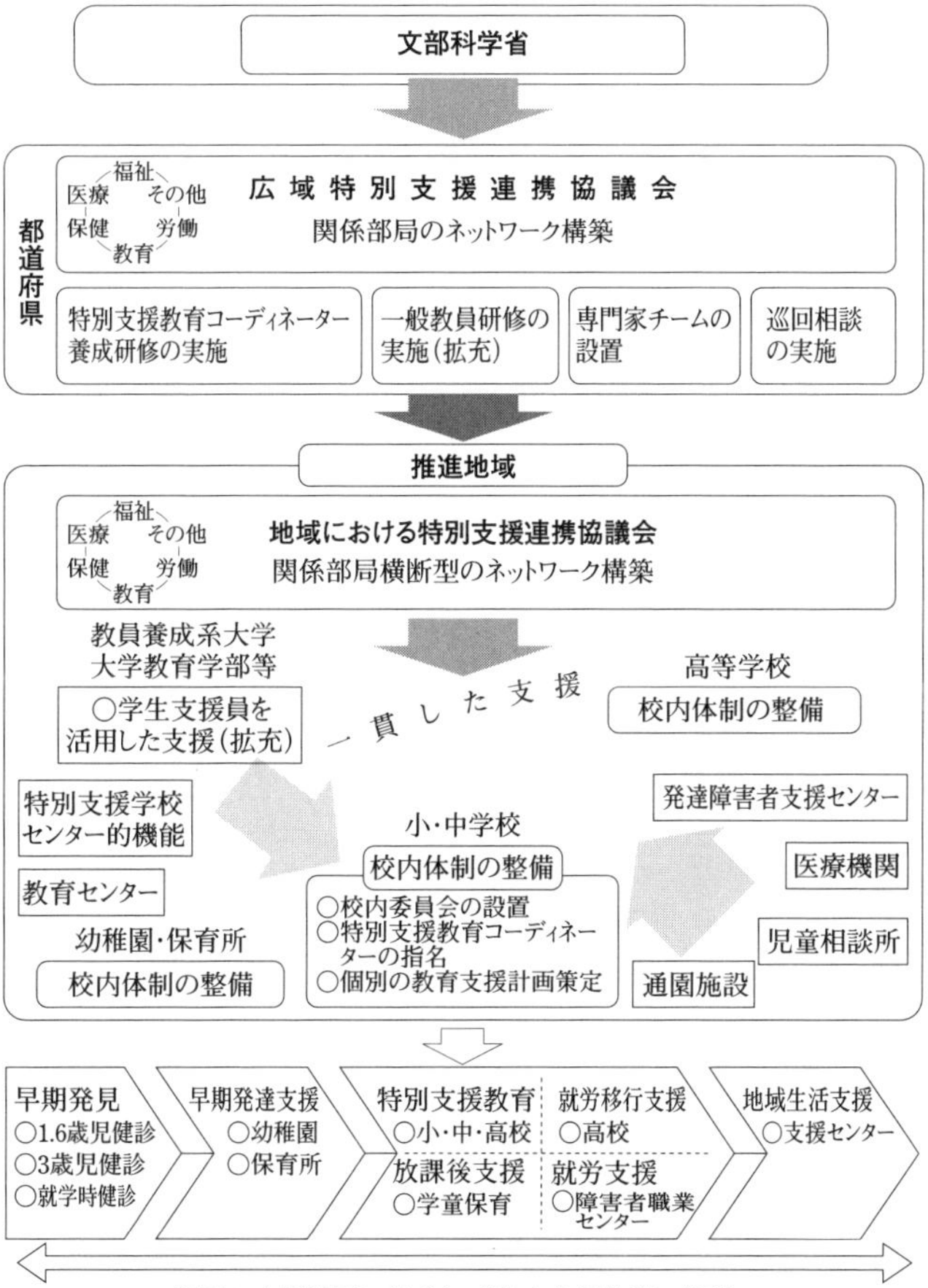
文部科学省
都道府県
福祉
医療
その他
保健
労働
教育
広域特別支援連携協議会
関係部局のネットワーク構築
特別支援教育コーディネーター養成研修の実施
一般教員研修の実施（拡充）
専門家チームの設置
巡回相談の実施
推進地域
福祉
医療
その他
保健
労働
教育
地域における特別支援連携協議会
関係部局横断型のネットワーク構築
教員養成系大学
大学教育学部等
○学生支援員を活用した支援（拡充）
一貫した支援
高等学校
校内体制の整備
特別支援学校センター的機能
教育センター
幼稚園・保育所
校内体制の整備
小・中学校
校内体制の整備
○校内委員会の設置
○特別支援教育コーディネーターの指名
○個別の教育支援計画策定
発達障害者支援センター
医療機関
児童相談所
通園施設
早期発見
○1.6歳児健診
○3歳児健診
○就学時健診
早期発達支援
○幼稚園
○保育所
特別支援教育
○小・中・高校
就労移行支援
○高校
放課後支援
○学童保育
就労支援
○障害者職業センター
地域生活支援
○支援センター
個別の支援計画に基づく一貫した支援体制の整備

図C　2007年度「特別支援教育体制推進事業」の概念図

（文部科学者ホームページより）

し、教育・保健・福祉などの諸サービスを利用できるよう促している（二三条）。「特別支援教育」政策においても、「個別の支援計画」の活用により個々に応じて必要な諸サービスを総合的に提供しようとしている。最近では、医療的ケア（吸引・導尿・経管栄養など）を要する子どものために学校看護師が配置されたり、訪問看護が行われている。また、在籍校を越えて必要な教育サービスを複合的に受けうるようにもなってきている（交流学習・通級指導・巡回指導の他に、特別支援学校生が居住地校に副籍［東京都］を置いたり、通常学級・特別支援学級生が特別支援学校に支援籍［埼玉県］を置く試みも始まっている――いわゆるダブルスクーリングないしトリプルスクーリング。詳しくは、渡部昭男『障がいのある子の就学・進学ガイドブック』青木書店、二〇〇八年）。

3　能力原理から必要原理への転換課題

日本国憲法二六条の歴史的本質は、「能力」以外の事由によっては差別されないという近代的な原理にある。換言すれば、「能力」による差別を容認する制約的な「能力」規定である。にもかかわらず、施行後六〇余年の歩みの中で条文を条理的に読み込み、権利保障を押し進める営みがなされてきた。また、切実な課題に応えようと行政自らも努力し、障がい児や「不登校」児の必要（ニーズ）に基づいた施策を模索し、積み上げてきた。特別ニーズのある子の学習権保障に関しては、近代的な能力原理を越えて必要原理に踏み込んでいる。しかし、必要原理は能力原理から落伍した者にのみ容認される恩恵としての原理、ないしは能力原理を成り立たしめるセーフティネットにとどまる原理なのであろうか。そうではなく、必要原理は近未来において全ての者を対象とした基本原理になると思われる。

「特別ニーズ」は「通常の施策では対応できない（充たせない）ニーズ」という意味であり、相対的な概念である。例えば、貧困児対象の補食事業が学校給食として通常施策化すれば、補食を要する特別ニーズは解消する。バリアフリーの学校建築は、障がいの有無を越えてユニバーサルである。統合した全盲児に分かる授業実践は、どの子にもわかる授業の創造であった（篠崎恵昭『友だち百人できるかな』NHK出版、一九七八年）。多様性を前提としたインクルーシヴ学校は、多様なニーズを実現する質の高い学びを提供しなければならない（サラマンカ宣言）。特別ニーズに対応した特別の施策を通常装備化することで、つまり必要原理を学校教育全体に及ぼすことによって特別ニーズは減少し、学校教育は変革され豊かさを増していくのである。すなわち、全ての者を対象とした必要原理に基づく教育行政への転換が求められていよう（地方分権とは権利主体に最も身近な自治体が権利主体個々の必要を把握して即応するために活かされるべきものなのである――例えば、渡部昭男・金山康博・小川正人編『市民と創る教育改革――検証・志木市の教育改革』日本標準、二〇〇六年）。なお、言わずもがなのことであるが、必要原理は条件整備行政とともに、教育内容行政や実践創造支援行政の主導理念でもある。

また近年、貧困や格差の問題が改めてクローズアップされている。「経済的地位」による教育上の差別や「経済的理由」による修学困難の問題（教育基本法四条）は、すでに解消したものと喧伝されたり、能力問題にすり替えられてきた。必要原理は、これらの問題に切り込む際の新たな羅針盤ともなろう。

基本法や法令の拙速な改定に右往左往するのではなく、人権論の根元に立ち帰り、社会の歴史的な進展方向を見据え、条約や国際法にも照らしつつ憲法解釈を不断に深化（進化）させつつ、在るべき（ゾレンとしての）教育行政を見定める学問的営為を怠ってはなるまい（渡部昭男「『発達保障』『発達権』『学習権』論を練り直す視点」『障害者問題研究』三一巻二号、二〇〇三年、同『格差問題と「教育の機会均等」』日本標準、二〇〇六年、同「『能力原理』から『必要原理』への転換」『障害者問題研究』三六巻一号、二〇〇八年）。

（渡部昭男）

第8章　学校選択と参加

学校選択制の実施、株式会社・NPO法人による学校運営の解禁、保護者と地域住民に学校運営に関する権限を与える学校運営協議会の設置など、従来の学校制度の枠組みを揺るがす改革が進行している。これは学校が果たす社会的機能とその様式の正統性が疑われ、新たな正統性原理が求められるようになっていることを表すものであろう。そこで、こうした政策的・制度的変化の動向に「選択と競争」「抑制と均衡」「参加民主主義」などの異なる原理を見出して分析しつつ、学校制度改革の課題と展望を総合的に提示することが教育行政学の重要な役割となっている。

本章の中心的な目的は、学校選択と学校参加が制度化されるまでの過程と現状、両制度に対してこれまでになされてきている議論を整理して、現代学校制度改革の多義的・複合的性格を示すことである。最後に、そうした議論の前提にある人間像に触れ、従来の参加民主主義（自分たちに関わる事柄の決定を一部の代表者に委ねるのではなく、自分たち自身で決めていくことを志向する、直接民主主義）を批判的に修正する議論を教育行政学が引き受けることの可能性について述べる。

一　「学校選択の自由」の検証

1　学校選択の制度化と現状

「教育の自由化」をめぐって議論が交わされた臨時教育審議会（一九八四〜八七年）は、学校選択の機会を「漸進的拡大」していくために、調整区域の設定の拡大、学校指定の変更・区域外就学の一層の弾力的運用、親の意向の事前聴取・不服申立ての仕組みの整備など多様な方法を工夫すべきであるという提言を行った（第四次＝最終答申、一九八七年）。しかし、学校選択の自由化を促進する政策上の画期となったのは、一九九六年の行政改革委員会による提言「規制緩和の推進に関する意見（第二次）――創意で造る新たな日本――」であり、これを受けて当時の文部省が市町村教育委員会に対して発出した、就学校指定の変更や区域外就学について「地理的な理由や身体的な理由、いじめの対応を理由とする場合の外、児童生徒等の具体的な事情に即して相当と認めるときは、保護者の申立により、これを認めることができること」とする通知「通学区域制度の弾力的運用について」（平成九年一月二七日文初小七八初中局長）であった。その後も規制改革・民間開放推進会議の報告にもとづいて閣議決定される「規制改革・民間開放推進三か年計画」（二〇〇四年三月、改定〇五年三月、再改定〇六年三月）には、今日に至るまで一貫して学校選択の自由化促進が盛り込まれており、教育政策に強い影響を与えてきた。

この間に首相の私的諮問機関として設置された教育改革国民会議の報告（二〇〇〇年一二月）が通学区域の一層の弾力化、学校選択の幅拡大、「新しいタイプの学校」の設置促進を提言したことを受けて、文部科学省は『二一世紀教育新生プラン』に通学区域制度の弾力的運用の充実を掲げ、四集にわたって『事例集』を作成し、市町村教育委員会に配布している。二〇〇三年三月には学校教育法施行規則を改正して、市町村教育委員会は「就学予定者の就学すべき小学校又は中学校を指定する場合には、あらかじめ、その保護者の意見を聴取することができる」こと、その場合「意見の聴取の手続に関し必要な事項を定め、公表するものとする」（三二条）とともに、「指定した小学校又は中学校を変更することができる場合の要件及び手続に関し必要な事項を定め、公表するもの」（三三条）とした。さらに二〇〇六年三月にも学校教育法施行規則を改正して、市町村教育委員会は「就学校の指定に係る通知において、その指定の変更についての同令（＝学校教育法施行令――引用者注）第八条に規定する保護者の申立ができる旨を示すものとする」（三二条二項）とした。

自治体では東京都足立区が一九九九年の文部省通知に先立ち、九六年度から指定校変更の承認基準変更によって「公立小・中学校通学区域の大幅弾力運用」という「事実上の自由化」を実施した。その後、東京都品川区が二〇〇〇年度から小学校のブロック選択制（八〜一二校からなるブロック内で選択）、翌〇一年度から中学校の自由選択制（全中学校から選択）を開始して注目を集めるなど、就学校の指定に先立って保護者の意向を聴く（狭義の）学校選択制を実施する自治体も徐々に増加している。文部科学省初等中等教育局初等中等教育企画課教育制度改革室「小・中学校における学校選択制等の実施状況について（調査結果の概要）」（二〇〇八年六月一六日）によれば、〇六年度入学について、小学校で学校選択制を実施しているのは二四〇自治体で小学校を二校以上設置している自治体の一四・二％、同じく中学校では一八五自治体で一三・九％にあたる。この数字には自由選択制、ブロック選択制のほかに、従来の通学区域は残したままでの隣接区域選択制、特認校制、特定地域選択制などが含まれている。都道府県別にみると、小学校で鹿児島二五、北海道二二、東京二〇、埼玉一四、福岡一二、中学校で東京二六、埼玉二一が目立つが、その内訳をみると東京、埼玉は自由選択制、ブロック選択制が多いのに対して、鹿児島、北海道では特認校制、特定地域選択制がほとんどである。また、導入時期については小学校、中学校ともに一九九六年度以前から学校選択制を実施していた自治体もあったが、とくに二〇〇二年度以降に導入する自治体が増えている。

なお、この文科省調査では就学指定校の変更についても調べており、小学校入学時に変更の事例があったのは九五〇自治体（五六・三％）、中学校で七四七自治体（五六・二％）であった。変更の事由としては、小学校では「通学距離など通学の利便性」が多く、中学校では「いじめへの対応など教育上の配慮」が多い。「部活動等学校独自の活動」は、小学校では少ないが、中学校ではやや多くなっている。

2　学校選択制の原理的・実証的分析

（1）学校選択制を支持する議論

学校選択制を支持ないし擁護する近年の主要な議論として、市場化・民営化論、公立学校選択論、「教育を受ける権利」（「規範的（権利論的）公共性」）論の三つをあげることができる。

第一の市場化・民営化論は、国家（国と地方自治体）が公共財・サービスの供給を独占しており、利用者に消費者としての選択の機会が与えられていないために競争原理が働かず、また市場にみられる企業的精神が乏しいため、財・サービスの質的劣化をもたらしていると批判するものである。財・サービス、さらには収入の社会的配分機構として市場は最適であるという立場から、市場の機能を損なう国家介入と規制を除去する改革を主張する。こうした思想的立場や主張はしばしば新自由主義と呼ばれて、とくに一九八〇年代以降の英米、北欧、オーストラリア、ニュージーランド等における社会（福祉）政策、行財政改革に強い影響を与えてきた。教育分野ではフリードマンの教育バウチャー制度が最も初期の市場化論・民営化論からの提案であった（M・フリードマン・R・フリードマン、西山千秋訳『選択の自由』講談社、二〇〇〇年、日本経済新聞社版、一九八〇年）。

日本の市場化・民営化は、既に述べたように政府、内閣府に設置された行政改革委員会・規制緩和小委員会（一九九五～九七年）、行政改革推進本部・規制緩和委員会（一九九八～二〇〇一年、九九年より規制「改革」委員会と改称）、総合規制改革会議（二〇〇一～〇四年）、規制改革・民間開放推進会議（二〇〇四～〇七年）、規制改革会議（〇七年～）の主導権のもとで進んでおり、教育分野についても「児童・生徒が真に等しく、その能力や適性に応じた教育サービスを受ける機会を与えられるよう」にし、「学習者本位の教育システムへの転換」（規制改革・民間開放推進会議第三次答申、二〇〇六年）を図るために必要不可欠な措置として学校選択の普及促進が主張されてきた（八代尚宏編『「官製市場」改革』日本経済新聞社、二〇〇五年なども参照）。

第二に、このような市場化・民営化・規制緩和論とは一線を画した立場から、黒崎勲が公立学校選択論を提唱している。自由な競争によって学校は改善されるという単純な信念に立つ学校選択制は、一元的な価値基準にもとづく学校の序列化、学校が児童・生徒の選別を行うことによる格差拡大、地域の学校が保持していた共同性の変質などの「弊害」をもたらす。しかし、それは「精緻で、支配的な資本主義の働く領分として階層的に格差づけられ、営利事業化する不断の傾向をもつ市場」の機能であり、セーフガードを備えた学校選択制によって「次元の低い、透明な」市場の関係を維持することは可能であるし、両者は区別されなくてはならないとする。そして、この「次元の低い、透明な」市場における親の学校選択を公立学校における革新的・実験的な教育を可能にする制度的条件、すなわち公立学校改革の「触媒」として位置づけるものである（黒崎勲『教育の政治経済学——市場原理と教育改革』東京都立大学出版会、二〇〇〇年）。

黒崎勲の公立学校選択論の根底には、学校教育の活動が目的とするものの妥当性が問われ、誰の意思によって教育が行われるべきかが問われる、教育の正統性の危機に対する認識がある。この危機は教育の民衆統制と専門的指導性との葛藤をいかに調和させうるかという課題に焦点化されるが、親の学校選択は法的、政治的、行政的規制より有効に専門職支配を是正しうるものとされて、公立学校選択制の意義は「抑制と均衡（チェック・アンド・バランス）とよばれる民主主義的原理の導入」に求められ、「学校をめぐる意志決定過程に『抑制と均衡』の原理を導入して、学校を教育行政の官僚主義からも、専門家の専門職主義による閉鎖性からも解放させ、教職員、教育行政当局、親、子ども、地域コミュニティの市民といったさまざまな関係者の力と働きを再結合する場として学校を再構築することを目指す」ものとされている。

学校選択制を擁護する第三の議論は、「国民として持つべき意識」を習得する国民の義務や、社会保存の観点から持ち込まれた個人にとって外在的な要素を公共性と呼んで正当化することを否定して、「教育の名に値する教育を受ける機会を保障する国家の憲法上の義務」を教育の公共性の基礎にすえる権利論（憲法二六条・一九条）の立場からのものである。憲法学者の西原博史は、教育を受けさせる親の義務の規定について、「子どもが社会参加するに足る最低限の水準における教育の保障」に向けられており、「国家施設において教育を受けさせる義務――すなわち、就学義務――」と同じではないことを改めて強調したうえで、親の学校を選択する権利に対して肯定的な見解を示している（西原博史「教育基本法改正と教育の公共性」日本教育法学会年報第三四号『教育における公共性の再構築』有斐閣、二〇〇五年）。

（２）原理的・実証的分析の論点

以上、三つの学校選択制を支持ないし擁護する議論は異なる思想的・研究的アプローチからのものであるが、相互に重なりあう部分もあることが指摘できる。まず市場化・民営化論においては、国家活動の肥大化と福祉国家への「依存」に対する批判とならんで、公共機関を動かしているのは公共性、利他心、専門職的倫理ではなく、官僚、政治家、専門職の自己利益追求であるとして、官僚制、専門職主義が批判されることである。とくに公共選択論は公共財・サービスを提供する公共機関についても、利用者の選択にもとづく組織行動決定の合理性・優位性を主張して、アメリカで学校ガバナンス論として展開されている学校選択論に影響を与えている（Chubb, J. E. & Moe, T. M. (1990) *Politics, Markets and America's School*, Brookings Institute Press）。黒崎勲の公立学校選択論でも官僚制、専門職主義批判が共有されている。

この点について、筆者は以前、親（子ども自身）の選択（自己決定）と教職の専門性との関係を「葛藤と調和」の問題として捉えるのでは「新しい専門性」の内容として十分ではなく、むしろ選択（自己決定）能力を育む専門性という捉え方を深める必要があるのではないかという異議を唱えたことがある（勝野正章「教師の教育権理論の課題――黒崎勲氏の公立学校選択論に対する批判的検討を通して」『講座　現代教育法二　子ども・学校と教育法』三省堂、二〇〇一年)。また、そうでなければ公立学校選択論は新自由主義的な教師、学校批判に安易に傾くことが危惧される。市川昭午も「抑制と均衡の原理」にもとづく学校選択論に対する懐疑を次のように述べている。「最近のように教員の専門的権威が無視され、保護者の要求やマスメディアなどによる学校叩きが猛威を振るっている時代には、専門的統制の専制化に対抗する必要がそれほどあるとは思えない。そうした状況において打ち出される学校選択の理論はペアレントクラシーの弊害に拍車をかけることはあっても、民衆統制と専門的統制を統合する『抑制と均衡の原理』として役立つとは考えられない。」(市川昭午『教育の私事化と公教育の解体』教育開発研究所、二〇〇六年)

さらに、親の教育要求の多様性、社会における価値多元性を尊重し、それらを促進しようとする志向性が、市場化・民営化論、公立学校選択論、規範的(権利論的)公共性論のいずれにも共通する点であることを指摘することができる。しかし、「義務教育で同じ年齢の子どもたちが一定の体験を共有するということが教育の公共性の一つの意味であるならば、それを支える教育概念は権利論以外に別途求められるべきだ」とする西原博史に対して、同じ権利論的立場から、障害児の親が学校選択権の行使によって学区校就学を勝ち取ってきたことに触れ、統合(インクルージョン)原理に基づく公共性に至る手段として学校選択を位置づける議論も存在する(坂本旬「学校選択を考える基本視座」太田和敬編集『現代のエスプリ　学校選択を考える』至文堂、二〇〇一年)。

アメリカには学校における人種統合を教育的な価値として見なすならば、黒人居住区にすむ黒人の子どもたちに校区を超えて人種統合学校への「学校選択」権を保障することが必要であるという議論がある。そうした議論から学校教育の現状が階層的であり、差別的であればあるほど、下層階級や被差別者にとって学校選択権の行使が、教育の公共性確立のために必要不可欠なものとして、差し迫った課題として現れる場合があるという主張が導かれている。ここからわかるように、学校選択制は人権(権利)理解、公共性理解の多様性と深く関わっており、社会における価値の多元性と統合の間の調整という問題としても原理的に考察されなくてはならない。多元化社会における制度的対応の一つの可能性としての教育供給主体の多様化と学校選択制の理念的意義をめぐって、イギリスのウォルフォードとハーグリーブスの間で交わされた論争はそうした議論の先例である（清田夏代『現代イギリスの教育行政改革』勁草書房、二〇〇五年）。

学校選択制の実証的分析も重要な研究課題である。これまでに行われている分析では、どのような理由、原因、機制にもとづいて「選ばれる学校」と「選ばれない学校」が生み出されているかが明らかにされている（久冨善之「日本型学校選択制はどうはじまっているか――東京・足立区三年間の「大幅弾力化」に関する調査から考える」池上洋通・久冨善之・黒沢惟昭著『学校選択の自由化をどう考えるか』大月書店、二〇〇〇年、堀尾輝久・小島喜孝編『地域における新自由主義教育改革――学校選択、学力テスト、教育特区』エイデル研究所、二〇〇五年など）。ある自治体が学校選択制を導入するに至る理由とその効果と「弊害」は歴史的・社会経済的・行政的な特殊性に左右されることが予想されるので、事例研究を積み重ねなくてはならない。全国的な注目を浴びている品川区の学校選択制については、導入過程における教育委員会のリーダーシップに注目し「教育の営みは専門家教職員の自発性に基礎を置かなければならないが、自発性のみに依拠することは教育を専門職主義の閉鎖性と独善性のもとに放置することになりかねないという公立学校改革のジレンマに対して積極的、能動的に働きかけるものであり、その試みに半ば成功している」（黒崎勲『新しいタイプの公立学校――コミュニティ・スクール立案過程と選択による学校改革』同時代社、二〇〇三年）という評価がある一方で、学校の特色の形骸化、改革のトップダウン的性格、教師の自律性に対する侵害、親の関係の分断などがみられることも報告されている（山本由美「品川区『教育改革』の全体像と問題点」、堀尾輝久・小島喜孝編、前掲書所収）。

二　学校参加の検討

1　学校評議員・学校運営協議会制度の政策過程

一九九八年の中教審答申「今後の地方教育行政の在り方について」が「学校の自主性・自律性」を確立するための施策の一つとして、地域住民の学校運営への参画を提言したことを受け、学校教育法施行規則が改正され、二〇〇〇年四月に学校評議員制度が導入された。学校評議員は設置者の判断で置かれるものであり、「校長の求めに応じ、学校運営に関し意見を述べること」(学校教育法施行規則四九条二項) ができ、「当該小学校の職員以外の者で教育に関する理解及び識見を有するもののうちから、校長の推薦により、当該小学校の設置者が委嘱する」(同三項)。文部科学省初等中等教育局初等中等教育企画課の調査 (『教育委員会月報』二〇〇七年五月号、第一法規出版) によれば、〇六年八月現在で公立学校の三万五〇四二校 (八二・三%) に学校評議員又は学校評議員類似制度 (「開かれた学校づくりを目指して地域や保護者の意見を校長が聞く」という趣旨・目的がほぼ同じだが、教育委員会ではなく校長が委員の委嘱を行っていたり、当該学校の教職員や児童生徒を委員に委嘱したりするもの) が置かれており、〇二年八月段階の四七・〇%から年々着実に設置率が上昇している。

学校評議員の権限が「校長の求めに応じ、学校運営に関し意見を述べること」にとどまるのに対し、二〇〇四年六月の地方教育行政の組織及び運営に関する法律の一部改正 (四七条の五) によって、同年九月から設置が可能となった学校運営協議会では、保護者や地域住民が一定の権限と責任を持って学校運営に参画することができるようになった。学校運営協議会の委員は「地域の住民、当該指定学校に在籍する生徒、児童又は幼児の保護者その他教育委員会が必要と認める者について、教育委員会が任命」(二項) し、学校運営協議会として校長が策定した「教育課程の編成その他教育委員会規則で定める事項について」基本的な方針（三項）を承認するほか、学校運営に関する事項について教育委員会又は校長に意見を述べる権限（四項）、職員の任用に関する事項について任命権者に意見を述べる権限（五項）を有する。任命権者は職員の任命にあたって、学校運営協議会の意見を尊重しなければならない（六項）。

二〇〇八年四月現在、学校運営協議会を設置するコミュニティ・スクール（地域運営学校）に指定された学校は全国で三四三校あり（指定の多い教育委員会は京都市一〇校、出雲市四九校、岡山市三五校、世田谷区二五校、三鷹市一九校である）、文部科学省はコミュニティ・スクール（学校運営協議会制度）推進事業を都道府県教育委員会に委嘱して、地域住民の意向を適切に反映させるための具体的方法、学校運営に関する学校運営協議会の役割と関係者・関係機関との連携のあり方、学校支援ボランティアなど外部の人材の効果的な活用の仕方、学校の点検・評価のあり方等についての調査研究を実施するとともに、その調査結果の発信や、効果的な取組みについての協議、制度の普及、啓発を目的とするコミュニティ・スクール推進フォーラムを開催している。

コミュニティ・スクールは、教育改革国民会議の報告（二〇〇〇年一二月）が多様な教育機会の提供や新しい試みを促進するための施策として、私立学校設置基準の明確化、研究開発学校制度の拡充とともに、「地域独自のニーズに基づき、地域が運営に参画する新しいタイプの公立学校（コミュニティ・スクール）」の可能性を検討すると提言したことで具体的な政策課題となった（金子郁容・渋谷恭子・鈴木寛『コミュニティ・スクール構想』岩波書店、二〇〇〇年を参照。金子郁容は教育改革国民会議、第二分科会主査として、コミュニティ・スクール提言における中心的役割を果たした）。コミュニティ・スクールが伝統的な公立学校と共存し、健全な緊張感のもとでの切磋琢磨が生じることで結果的に学区全体の公立学校の底上げがはかられるとした総合規制改革会議の「規制改革の推進に関する第一次答申」（二〇〇一年）を受け、「規制改革推進三か年計画（再改定）」がコミュニティ・スクール導入のための法令上の規定を設けることについて二〇〇三年度中に結論を出すとしたことから、文部科学省も〇二年度から新しいタイプの公立学校運営のあり方に関する実践研究を開始し、中央教育審議会の答申「今後の学校の管理運営の在り方について」(二〇〇四年四月)を経て制度化されたものである。

この学校運営協議会制度の導入に至る経緯においては、地域住民、保護者の意思にもとづいて発案され設置されるチャーター・スクールの理念が、文部科学省の自律的学校経営の枠組みのなかで変質を遂げたという政策過程分析がある(黒崎勲『新しいタイプの公立学校――コミュニティ・スクール立案過程と選択による学校改革』同時代社、二〇〇四年)。また、中央教育審議会の議論において、学校評議員制度の導入を提言した答申「今後の地方教育行政の在り方について」(一九九八年)に至る過程でみられた「学校外の有識者等の参加を得て、学校経営に対していろんな意見を聞くための恒常的な組織」は必要だが、意思決定過程への参加を前提とした組織作りには、地域コミュニティの育成により教育力あるいは民力をもう少し醸成する時間が必要だという認識に変化がみられないにも関わらず、学校運営協議会制度の導入が提言されたことに対する疑問が投げかけられている(窪田眞二「学校運営協議会における教職員、子どもの参加」『季刊　教育法――特集　動き出す学校運営協議会』一四二、エイデル研究所、二〇〇四年)。

2　学校参加の制度的・社会的分析

(1)　学校評議員・学校運営協議会制度に対する評価

小島弘道によれば、答申の「学校の自主性・自律性の確立」という提言は、一九五六年の地方教育行政の組織及び運営に関する法律によって「集権型教育行政の仕組みを背景に学校経営権を教育委員会に吸収」し、さらに七一年の中教審答申にもとづく「校内責任体制の確立」によって完成した五六年体制(学校経営政策)の枠組みを学校の経営権限を拡大する方向に転換する可能性をもつものである。学校評議員制度によって「保護者等が学校の経営活動プロセスに組み込まれる」ことについても、「専門的意思」「行政意思」とならんで「私的意思」の三者のバランスのもとで学校の経営意思が形成されるのは「我が国の学校経営の歴史にあって大きなエポック」を画するものである（小島弘道「教育における自治の理論的課題——学校自治の理論的課題を中心に——」日本教育法学会年報第二九号『教育立法と学校自治・参加』）。しかし、こうした肯定的評価とは対照的に、学校評議員の権限と選出方法では住民および保護者の学校運営参加権を保障するものとはいえず、校長の「独任的学校運営」への志向が基軸となっていること、また「学校の自主性・自律性の確立」も、官僚制原理、責任制原理にもとづいて校長の経営責任、リーダーシップを発揮しやすくするための学校運営組織改革であると指摘する批判的見解もある（林量俶「教育立法・行政の動向と住民参加・学校自治」日本教育法学会年報第二九号『教育立法と学校自治・参加』）。

学校評議員制度について指摘されていた教職員の排除については、学校運営協議会制度に対しても同様の批判が続いて向けられている。窪田は学校の全体的な方針策定に教職員が関与することによって同僚意識の向上や学校改善の主体者意識、当事者性（オーナーシップ）の向上がはかられると述べ、「教育方針や教育課程、予算配分、教材、教育方法等学校として必須の運営領域を考えると、教職員はその責務を果たすために、いわば職権として参加することが求められる」（窪田、前掲論文）としている。児童・生徒の参加についても「必要に応じて、児童生徒の発達段階に配慮しつつ、児童生徒が意見を述べる機会を得られるよう適切な配慮に努めること」という法律案に対する附帯決議が衆参両院でなされているが、子どもの意見表明権、自己決定権（子どもの権利条約）保障の観点から、より積極的に委員として位置づけるべきであるという主張がある（喜多明人編著『現代学校改革と子どもの参加の権利——子ども参加型学校共同体の確立をめざして』学文社、二〇〇四年など）。

（2）社会の視点からの学校参加批判

制度的・権利論的観点とはやや異なる観点から、学校参加の制度と議論に対して批判的な見解を教育社会学者の広田照幸が提示している。広田は子ども、保護者、そして地域住民の学校参加を「個人と制度の軋轢を調整するための新たなメタ制度の試み」として捉え、それによって「親や子供の要求や希望が、対立や批判という形を通してではなく、意見の表明や意思決定への参加という形をとることで、より穏やかに学校の日常に反映しやすくなる」ことに一定の肯定的な評価を示している。しかし、それが「学校をよいものに改善してゆくための決め手」となりうるかについては懐疑的である。広田はその理由として次の三点をあげる（広田照幸『教育』岩波書店、二〇〇四年）。

第一に、保護者や地域住民のなかには学校に積極的に関与する層と関与しない層があり、その違いには社会的属性が強く関わっているため、参加を通じて社会背景的な多様性が反映されない可能性があることである。学校のあり方に肯定的な者が代表として選ばれやすかったり、意思表明の機会を与えられやすかったりする。そのため「『みんなで合意したことだから』という新たな正当性を帯びた決定が、マイノリティや社会的弱者に位置する親の考えや要求を封じ込めてしまう結果になりかねない」。

第二に、こうした「強者・多数者の専制」に加えて、学校単位などの小規模な人々による意思決定では、情報収集能力や批判的な判断力の欠如、議論の不足、ローカルな政治的・社会的関係からの歪んだ影響力によって、愚かな決定がなされてしまう可能性がある。広田は「学校参加論の中には、それを地域民主主義作りの足場にしようと意図するものもあるが、聡明な判断ができる成熟した市民が一定の割合に達していないような条件のもとでは、教育学者の意図とはかけ離れた結果が生じかねない」と批判する。

第三に、学校参加が本格的に制度化されることで、親の負担や責任が増大すること、また相互の意見の対立や意に沿わない決定が親の間の紛争を生む可能性を指摘する。広田はこのように学校参加がはらむ問題を指摘したうえで、さらにそれが新自由主義的教育改革の代替案として提起されていることに対する批判へと進み、両者は実は排他的ではないと論じる。学校参加論においては「個人」の多様性に由来する集合的な意思決定の難点や困難さの問題があまりに軽視されているうえに、「住民の自発的意思」という括りがこのことを隠蔽する効果をもたらしている。学校制度が自らを組織化する普遍的原理を失って、「当事者」（ここでは学校運営に参加する親、地域住民）に基準を委ねるシステムに移行するとき、当事者たちの多様な欲望とイデオロギーが衝突する場＝市民対市民という構図、もしくは、そのなかの多数派が専制的な影響力をふるう場＝市民を抑圧する市民という構図が生まれる可能性は小さくないというのである。

このような広田の議論は、現代社会における参加民主主義への有力な批判の論点を提示するものである。参加論にあってはしばしば参加者の対等性と単一の包括的な公共性（合意への到達）が想定されている。しかし、階層、人種、民族、ジェンダーなどをめぐる不平等が存在する社会においては、こうした想定と現実の間に乖離があることは否定できない。

ただし、このことを批判的に指摘するにとどまる限り、マイノリティや社会的弱者の声は汲み取られないままにおわりかねないが、多元的な公共性の競合を編成することが参加の同格性の理念実現をうながすという参加民主主義の批判的修正が提唱されていることに留意したい。「社会的な平等と文化の多様性が参加民主主義と共存する社会の可能性を、原理的に排除してしまう理由はなにもない」（ナンシー・フレーザー「公共圏の再考——既存の民主主義の批判のために」クレイグ・キャルホーン編『ハーバマスと公共圏』未來社、一九九九年）。教育機会が持つ実質的価値は、それについての協議から歴史的に締め出されてきた集団の声を取り入れることによってのみ達成できるという、教育機会の平等に関する参加論的解釈はこれと共通する議論である（ケネス・ハウ、大桃敏行・中村雅子・後藤武俊訳『教育の平等と正義』東信堂、二〇〇四年）。

単一の公共性概念にもとづく参加民主主義を批判的に修正する考え方を学校参加の文脈に置いてみるならば、学級や学年あるいは地域などを単位として、多元的・多層的な参加の場を設けて、それらの相互の連携をはかることが、マイノリティや社会的弱者に属する親の考えや要求を封じ込める効果を縮減することになる。さらに、学校運営協議会やＰＴＡなどのフォーマルな参加様式だけでなく、自主的な親たちの語り合いや聴き合いなどのインフォーマルな参加を尊重すること、自分の子どもの教育に関わる「私的」な関心をも参加の場における協議から予め排除しないことが求められる。

学校制度改革論の前提にある人間像に触れて

近年、親としての姿勢や技能、学校と家庭の間のコミュニケーション、ボランティアあるいは援助者としての学校教育活動に対する協力、学校からの家庭学習に対する援助、学校運営に関する意思決定への参加など、広い意味での学校＝親関係が子どもの教育達成と深く関わっていることへの認識が高まり、その強化・改善が政策的課題となっている。二〇〇六年一二月に改正された教育基本法が「父母その他の保護者は、子の教育について第一義的責任を有する」（一〇条）とするとともに、学校と家庭及び地域住民その他の関係者が「教育におけるそれぞれの役割と責任を自覚するとともに、相互の連携及び協力に努める」（一三条）との規定を設けたことによって、親の子育て姿勢・能力の改善とともに、家庭と学校との連携強化をはかる政策・施策が重視される展開が予想される。外国でも、米国のＮＣＬＢ（No Child Left Behind）法などに、その例をみることができる。

そうした動向のなかで、英国の教育社会学者キャロル・ヴィンセントの「学校＝親関係」研究では、学校と親の間の「パートナーシップ」関係にみられる権力の不均衡が注目され、依然として教師が親に対して「優勢な」パートナーの地位を維持していることが明らかにされている（Vincent, C. (1996) *Parents and Teachers: Power and Participation*, Falmer Press）。とくに労働者階級に属する親は教師に対して弱い立場に立たされているが、子どもの通う学校を選択できる中産階級に属する親でも、入学後は「支援者／学習者」という位置づけを越えるものではなく、教師の指導のもとで特定のカリキュラム、あるいは課外活動の仕事を担うことが多いという。学校理事会の親理事は他の親によって選挙で選ばれているにも関わらず、親の代表として行動するのではなく、理事会に対して責任を負うように行動することが求められている。

日本でも広い意味での学校参加場面における教師の親に対する優位性が指摘されることは少なくなかった（教育法学、教育行政学においては「国民の教育権論」に対する批判の中心的論点の一つであった）。そのため親や地域住民との関係性をより対等なものに変えうる教師の専門職性が研究課題になるのであり、これは公立学校選択論の「民衆統制による教育の正統化の意義を感覚として受けとめうる専門家」（黒崎勲『教育行政学』岩波書店、一九九九年）の要請に応えるというモチーフとも重なるものである。これに対して、前述したペアレントクラシーの興隆に対する指摘や社会の視点からの学校参加批判には、民衆統制の正統性に対する懐疑が含まれている。公教育制度の正統性の揺らぎは、公立学校の官僚制的画一性・硬直性や専門職主義に起因する失敗として捉えられるよりも、社会における価値の多元化や教育を私的消費財としてみる私事化の進行にその原因が求められる。後者の立場に立てば、学校選択は教育の私事化をさらに促進し、学校の一元的価値にもとづく序列化を推し進めるものである。

公共選択論と社会の視点からの学校参加批判には共通点もある。すなわち、目的合理性の規準にしたがって行動する人間像を議論の前提としており、それゆえに学校に対する民主主義的統制に対して懐疑的ないしは批判的である点である。自己利益に動機づけられている合理的人間は、学校参加の便益と費用を計算したうえで、自分は参加せず、他人の努力の結果を享受すること（「ただ乗り」）を選択することがありうる。しかし、私的利益の追求とは異なり、公的活動の場合にその追求と獲得の間に明確な区別はなく、公的幸福を追い求めるという行為においては、幸福の追求そのものが費用ではなく便益となりうるという指摘がある。それは学校参加のような公的事項への参加を、ある目的のための手段としてではなく、自己目的と捉える政治的人間像に依拠する考え方であり、経済的人間像とは対照的である。「公的アリーナでの私の仕事や活動が、世界の状態になんらかの変化をもたらしたかどうかにかかわりなく、私を変化させ開発するということである。」（アルバート・ハーシュマン、佐々木毅・杉田敦訳『失望と参画の現象学　私的利益と公的行為』法政大学出版局、一九八八年）。

このように参加を一種の社会的・政治的教育と捉えることからは、前述のように広田照幸が批判の対象としていた、市民性の成熟を民主主義制度の前提とする考えではなく、参加と市民性の発達を相補的・同時的なものとする考えが導き出される（C・B・マクファーソン、田口富久治訳『自由民主主義は生き残れるか』岩波新書、一九七八年）。たしかに私事化が進行する社会において、このような参加論の妥当性を主張することはますます難しくなっているように思える。しかし、多元的な公共性とインフォーマルな参加を尊重し、公共の場においても「私的」事項の安易な排除を避ける実践的な参加制度の構築を教育行政学の課題とすることで、その妥当性を主張し続けることをまだ放棄してはならないだろう。

（**勝野正章**）

参考文献

○藤田英典『教育改革』岩波新書、一九九七年。
○黒崎勲『学校選択と学校参加　アメリカ教育改革の実験に学ぶ』東京大学出版会、一九九四年。

第9章　教員政策・行政の改編

教員の仕事の本質は、子どもの学習により発達する権利を保障することにあり、教科担当や学級経営などを通して、日常的に子どもの学習指導や生活指導を行うので、その職務の性質から、教育内容の科学性、系統性が求められる。教員の仕事には、教える教科の基礎をなす諸科学・芸術についての専門的な学識とともに、子どもの発達についての科学的な知識と、発達の法則にかなう最適の教育方法を探求し、実践することが要請される。

それゆえ、専門職としての教員の資質向上を目的として、教員の養成・免許及び研修制度が確立されている。教員の専門的力量は、大学教育による幅広い教養と人格の形成、教職的教養と教育技術・技能の基礎的な習得の上に、職域における教育実践の蓄積と不断の自主的な現職研修により熟練を重ねることによって形成される。

教員養成・免許、採用、研修制度は、それぞれ固有な制度原理を有しながら、相互に関連し合って教職員法制を構成しているが、さらに、最近の教員評価制度の導入によって、教員政策・制度・行政に新たな展開が見られる。本章は、これら教員政策の現状と問題の所在、施策の経緯と改革の課題について考察することを目的とするものである。

一　免許状主義の改編と免許更新制の導入

1　戦後教員養成の二大原則

（1）大学における教員養成

戦後日本の教員養成制度は、第二次世界大戦後の教育改革によって、戦前の師範学校を中心とする教員養成を改め、「大学における教員養成」と「免許状授与の開放制」という二大原則によって成立し、これは現在に至るまで基本的に維持されている。

「大学における教員養成」は、国家主義的な色彩の強かった戦前の師範教育を廃止し、戦後の新学制のもとで教員の資質向上、教職の専門性の確立をめざして、免許状授与の基礎資格として大学の教育課程を修了し、併せて教職に必要な単位を修得した者に教員の資格を認定する制度原則である。これは、戦後初期の教育改革の推進に主体的、主導的な役割を果たした教育刷新委員会での改革議論によって、師範学校における教育を通して育成された「師範タイプ」という教師像に対する批判と反省の高まりを背景とする、教員養成制度の根本的な改革構想によって確立されたものである。

この原則は、新制大学の理念のもとで、高い教養と深い専門的学芸の研究を通して個性豊かな人間を形成し、そうした大学教育を受けた者のなかから、新しい資質能力をもつ教員を生みだす新しい教師像の創造をめざすもので、大学教育における固有な人格形成機能に期待を寄せたものである。「大学における教員養成」という原則は、大学における学問研究と高等普通教育を基礎にして、諸科学と芸術についての広い教養と深い専門的な知識、技術・技能を有する者が、初等・中等教育の教員として学校教育を担当することによって、国民の教育機会の拡大にともなう教育全体の水準の向上に寄与し、社会発展の基盤を形成する上で大きな意義を有することがらである。

（2）免許状授与の開放制

「免許状授与の開放制」は、「大学における教員養成」の原則に基づいて、教職課程をおく大学で教育を受け、所定の基礎要件を充足する者には、国公私立いずれの大学（短期大学を含む）の卒業者にも免許状を授与する制度原則である。これは、戦前の師範学校を中心とした免許状授与の閉鎖性を打破し、また、戦前の中等学校教員の検定試験による免許状授与の制度を廃止して、大学教育を基礎とする教員免許状の授与を広く開放するしくみである。この制度が発足した当初は、各大学の教育課程の編成を基礎にして、それが免許資格の認定要件を充足すれば教員資格が認定され、免許状が授与されるという完全な開放制であったが、後述するように一九五三年免許法改正以後、課程認定制が導入され、中教審一九五八年答申等の教員養成制度の改革提言によって、開放制の是非が論議の対象とされてきた。

戦後日本の教員養成制度は、新制大学の発足と教育職員免許法（免許法）の制定によって制度的基礎が確立された。戦後教育改革による新制大学の発足にあたり、「一府県一大学」の原則と「各都道府県には、必ず教養及び教職に関する学部若しくは部をおく」という基本方針に基づいて、戦後初期の改革期に師範学校は廃止され新制国立大学に統合され、学芸大学、学芸学部、教育学部という三つのタイプの教育系大学・学部になり、教員養成を主たる役割とする大学・学部として、初等教育教員をはじめ、中等教育や障害児教育の教員養成を担うことになった。

この三つのタイプの教育系大学・学部の発足は、教育・研究上の理念による類型ではなく、新制大学への再編・統合の際の条件の違いを反映した結果であった。これ以外の一般大学・学部や私立大学も、教員養成の二大原則に基づいて、中等学校教員を中心とする教員養成の役割を担うことになった（海後宗臣編『戦後日本の教育改革8　教員養成』東京大学出版会、一九七一年）。

2　教職の専門性と免許状主義

(1)　教育職員免許法の制定

戦後の六・三制の学校体系と「大学における教員養成」という新たな制度原則を前提にし、教育職員の資格の維持・向上を目的として、その資格を公証する基準を定める法律として、一九四九年五月三一日に免許法が公布され、九月一日に施行された。この法律は制定当時、五章二二条からなり、①教職の専門性の確立、②免許状主義の徹底、③大学における教員養成、④免許状授与の開放制と合理性、⑤現職教育の尊重、という原理により、教育職員の資格認定に関する基本事項を定めていた。免許法は、教育立法の法律主義の原則に基づき、戦前の「教員免許令」による教員資格に関する法制に比して、教育法制史上も画期的な意義を有する教育立法であった。

免許法は、教職の専門性の確立をめざし、制定当初は初等・中等教育のすべての学校の教員はもとより、教育長、指導主事、校長も各相当の免許状を所有しなければならないという免許状主義の徹底をうたっていた。そして、免許状授与の基礎資格として、大学の教育課程を修了し、併せて教職課程の単位を修得することを明示し、「大学における教員養成」の教育課程は、一般教育科目、教科専門科目の他に教職に関する専門科目の三領域から構成し、教員希望者は資格認定の基準を充足する科目を履修し、すべての学校の教員が教職的教養を必要とすることにしていたのである。

教職の専門性の確立は、免許法制定以来の基本的な原理であり、教職課程における「教育についての専門的知識及び技術」の研究・教育を重視するもので、新制度の発足にあたり、「教育という仕事のために教育に関係ある学問が十分に発達し、この学問的基礎に立って人間の育成という重要な仕事にたずさわる専門職がなければならない」ことが期待されていたのである（玖村敏雄『教育職員免許法同法施行法解説』学芸図書、一九四九年）。しかし、一九八八年及び一九九八年免許法改正以後、任命権者による特別免許状の認定と授与、教員免許状を必要としない非常勤講師、政府の規制緩和の施策による教員免許状を有しない校長の任用によって、教職の専門性の基礎をなす免許状主義の原理は修正を受けている。

(2) 免許法の主な改正沿革

免許法の制定以来、現在に至るまでの主な改正は次のとおりである。

①一九五三年改正により、教員資格の認定には文部大臣が認定する教員養成課程において資格取得のための基礎要件を満たさなければならないことになった。

②一九五四年改正により、臨時的措置であったすべての仮免許状を廃止するとともに、新しい免許制度で新設された校長、教育長、指導主事の免許状の廃止他、現職研修を教員資格に反映させる措置がとられることになった。

③一九七三年改正により、教員資格認定試験の合格者に小学校教員普通免許状等を授与する制度が導入され、大学における教員養成とは異なる免許状授与の方法が設けられた。

④一九八八年改正により、普通免許状の種類が「専修免許状」(大学院修士課程修了程度)、「一種免許状」(大学卒業)、「二種免許状」(短期大学卒業)の三種類に区分され、一種免許状を標準として二種免許状をもつ者は一五年以内に一種免許状を取得することが定められた。また、資格認定の法令基準の改定に伴い、資格認定に必要な大学での教職に関する専門科目等の単位数が引き上げられ、他方で社会人の学校教育への誘致のために、教職的教養を欠いていても新たに任命権者が授与する特別免許状、特別非常勤講師の制度が設けられた。

⑤一九九八年改正により、教職的教養を重視する免許基準の「構造的転換」を図り、教職に関する専門科目の履修が大幅に増えるカリキュラムの基準を設定した。同時に、特別免許状を授与する範囲を小学校の全教科に拡大し、

特別非勤講師制度は許可制から届出制に変え、さらに二〇〇〇年及び〇二年の免許法改正によって、特別免許状を有する者が普通免許状を授与される方法を定め、有効期限も撤廃する規制緩和が行われた。

⑥二〇〇二年改正により、中学校・高等学校の教諭免許状を有する者が、小学校の相当する教科及び総合的な学習の時間の教授を担当できる等の専科担任制度の拡充が行われた。

⑦二〇〇四年改正により、新たに栄養教諭の免許状が創設され、その基礎資格及び免許基準が定められた。

⑧二〇〇七年改正により、普通免許状及び特別免許状の有効期間を一律一〇年とする教員免許更新制が導入され、「免許更新講習」の受講が義務づけられた。

（3）教員免許更新制の導入

①教員免許更新制の意義——教員免許更新制は、「免許状に有効期限を設け、一定の要件を満たした教員に免許状を再授与する制度」（中教審答申「今後の教員免許制度の在り方について」二〇〇二年二月）として、更新されない場合には教員資格を失い、教師としての地位と身分を喪失する免許制度として、二〇〇九年四月から導入される。

教員免許更新制は、中教審二〇〇二年答申でわが国の資格制度や公務員制度との対比において、導入に慎重にならざるを得ないとして導入を見送ることにしたが、その後の政府・文部科学省の「義務教育の改革案」（〇四年八月）に位置づけられ、中教審への再度の諮問を行い、教員養成・免許制度の全体に関わる重要な改革課題として導入することが意図され、中教審二〇〇六年答申によって導入が提案された。

中教審〇六年答申は、教員免許更新制度は「その時々で求められる教員として必要な資質能力が保持される、定期的な刷新（リニューアル）を図る制度」であり、不適格教員を排除することを直接の目的とするものではなく、「専門職としての教員が、更新後も自信と誇りをもって教職に就き、社会の尊敬と信頼を得ていく前向きな制度」であることを強調していた。しかし、わが国の医師や弁護士など他の専門職の資格制度との関係で、教員免許状だけが特別なものとして、免許更新を必要とする合理的理由を見出し、社会的承認を得ることができるか、疑問である。

教員免許更新制は、普通免許状及び特別免許状に一律一〇年の有効期限を付し、「免許更新講習」を受講して、資格を更新する制度であり、更新されない場合には、資格喪失により、教師としての地位と身分を失うというもので、中教審二〇〇六年答申はこれを「他の教員政策と一体的に推進する」ことを提案していた。政府が、二〇〇七年の第一六六回通常国会に提出した免許法一部改正案には、この他に、いわゆる「指導力不足教員」は「指導改善研修」中は「免許状更新講習」を受講できないこと、分限免職処分を受けた者の免許状は効力を失うことが盛り込まれていた。この制度は、すべての教員を対象とする施策であり、既に実施されている「指導力不足教員」の認定制度とあいまって、総合的な教員人事管理システムの構築と教員養成・免許、研修制度の再編に有力な要因となり得る。

②免許更新講習の実施——法案の国会審議における政府答弁等から明らかになったことは、（ア）教員養成の課程認定大学を中心にして、「免許更新講習」を実施する、（イ）全国的に統一した講習の基準を国が示し、実施大学が講習内容を具体的に計画する、（ウ）講習は二〇〇九年四月一日から実施、（エ）対象はこの年度から教員免許状を新たに取得する者で、現に免許状を有する教員は初回の免許更新講習制度施行後最初の一一年以内に行う、（オ）免除対象者は、国・地方の優秀教員として表彰された者、校長、教頭、教育長等指導的立場にある者、知識・技能及び勤務実績が特に良好な者で、免許管理者が受講の必要がないと認める者、（カ）講習の規模は、年間約一〇万人規模、（キ）夏期休暇中に三〇時間の免許更新講習を行い、その内容は教職の今日的役割、社会性や対人関係、子ども理解や学級経営、教育課程や教科指導、などに関する事項が想定され、免許更新にあたっては「修了認定試験」を実施する、等の諸点である。これらの内容は、二〇〇八年九月の文部科学省令によって「免許更新講習」の実施上の基準と

して公布され、二〇〇八年には、予備講習が全国的に実施された。

教員免許更新制の導入は、わが国の教員免許制度において、従来、教員免許状に有効期限を付してこなかった教員免許制度の歴史的な改革であり、初任者研修の終了時での適格性の判定、「指導力不足教員」の認定と特別研修制度による適格性判定など、重層的な教員人事管理システムの構築をめざす施策の構成要素となり、これにより教員全体の資質向上よりは教職の社会的基盤の衰弱を招き、現職教員にとっては、地位と身分の維持に不安が高まり、日常の教育実践の質的向上に精力を傾けることに困難が生じ、教員の資質能力の向上に働かない可能性がある。

3　免許基準の法定と「大学における教員養成」

(1)　教員養成の課程認定行政

免許状の種類ごとに資格取得に必要な最低単位数を定める免許基準は、免許法施行規則に定められており、大学の教員養成課程における履修基準は、文部大臣（文部科学大臣）による課程認定を受けて、各大学が定める。教員養成の課程認定は一種の許認可権であり、課程認定行政を媒介として、大学における養成教育の教育課程編成を事実上、拘束している。教員養成の課程認定制は、一九五三年免許法改正により発足し、文部科学省が定める審査基準・内規に基づいて、法令上の免許基準と各大学の履修基準と方法及び教員組織の適否を審査する行政行為である。

大学における教員養成の教育課程は、前述のように三領域から構成されてきたが、一九九〇年の大学設置基準の弾力化によって、一般教育科目という科目区分がなくなり、それは大学教育を修了した基礎資格（学士）に含まれることになり、一九九〇年代以降は「教科に関する専門科目」と「教職に関する専門科目」の二領域から構成されることになり、これに加えて「教科又は教職専門科目」の選択的履修の方法が採用されている。

教員養成の課程認定は、一九五〇年代初期の教員養成の実態と文部行政の復権を背景とした制度改編であった。発足当初の教員養成は、六・三制の発足に対応する有資格教員の充足という、量の確保を現実的な課題としていた。また、発足当初の大学の教職課程は、教員組織や施設設備が不備で、教職専門科目の大規模授業や資格認定に必要な単位の形式的な履修状態が生じていた。したがって、教員の質的向上を促す施策が教育現場や教育行政関係者から、強く求められていた。

こうした状況のもとで、教職課程に対する国の教育行政による「審査・認可」が必要だという意見が強まり、一九五三年の教育職員養成審議会（教養審）答申に基づく免許法改正によって課程認定行政が導入され、それは現在も継続されている。最近の課程認定行政は、大学が開設する授業科目のシラバスや担当者の研究業績などを明示するよう求め、担当能力の有無の審査など詳細な行政指導が強まり、認定後の実地視察も行われている。こうした課程認定行政は、大学における教員養成の教育課程編成の水準を確保する反面、自主的、個性的な養成カリキュラムの編成を困難にする側面をも有する。

（2）「大学における教員養成」の課題

戦後教員養成の二大原則は、基本的に維持されているが、資格認定の多様なルートが導入されている現在の状況のもとで、大学教育の総体による人間形成の機能を生かした、「大学における教員養成」という制度原則の固有な意義を深めることが重要な課題である。

一九八〇年代後半から九〇年代にかけての免許法改正と教育公務員特例法（教特法）改正によって、資格認定に必要な免許基準が大幅に引き上げられ、同時に初任者研修制度が創設された。その結果、「大学における教員養成」は「実践的指導力の基礎」を、初任者研修は「実践的指導力と教職への使命感」の育成を、基本とすることとされた。しかし、学校教育の実際に直結する教育方法・技術分野の免許基準の引き上げと、教職的教養を重視する免許基準の

「構造的転換」によって、大学での教員養成の段階から「実践的指導力」の向上を目標とする養成カリキュラムの再編が行われている。

こうした新しい条件のもとで、教職的教養を培うことを意図した「教職の意義」や「総合演習」等の科目の新設に関して、教育学の学問的な発展を裏づけとする養成教育のカリキュラムの確立や、教員組織の整備を欠いた教職専門科目の増加による大学の教育研究体制の不十分さを整備することが課題として残されている。総じて、「大学における教員養成」の内実を形成するために、大学の自主的、主体的な教員養成改革を進めることが課題となりつつある。

大学における教員養成は、一九八〇年代以降、専修免許状の取得を条件づけた新教育大学の大学院の設置や、既設の教員養成系大学・学部すべてに修士課程が設置されたことにより、大学院レベルの教員養成も重要な課題となりつつある。しかし、小・中学校の教員構成に占める修士課程修了者の比率はきわめて低く、教員の資質向上という点からも大学院における教員養成の充実は今後の重要な課題である。こうした状況のもと、中教審二〇〇六年答申は、高度職業人養成に特化した専門職大学院の一環として、「教職大学院」の創設を打ち出した。これにより、「理論と実践の結合」を図る養成カリキュラムのモデルを提示し、実践的な指導力を有する新人教員とスクールリーダー（中核的中堅教員）の育成をめざすとしているが、その実現には既設の教員養成系大学・学部の修士課程の再編を伴うし、修士課程における研究指導と修士論文を必要としない教育研究によって修士課程レベルの教育研究が質的に向上し、大学における教員養成の「高度化」につながるかどうか、二〇〇八年四月から発足した制度改革の成否が注目される。

二　教員採用の新局面

1　教員の人事行政と採用のしくみ

教員採用は、都道府県・指定都市教育委員会の教員人事行政の一環として行われている。公立学校の教員採用の場合、任命権者は、国立学校の教職員は国立大学法人、公立学校教員のうち大学以外の教員は、当該の学校を設置する地方公共団体の教育委員会である。ただし、県費負担教職員（特別区をふくむ市町村立義務教育諸学校及び市町村立定時制高等学校の教員）の場合は、給与負担主体である都道府県教育委員会が任命権者であり（地教行法三四条・三七条）、指定都市の学校の県費負担教職員については、指定都市教育委員会に任命権が委任されている（同法五八条一項）。私立学校の教職員の場合は、当該の私立学校の設置主体である学校法人の理事会による。

任命権者である都道府県・指定都市教育委員会は、教育長による「選考」と推薦を受けて任命行為を行うが、県費負担教職員の任用は、市町村教育委員会の「内申をまって」（地教行法三八条一項）行われ、学校長は市町村教育委員会に「任免その他の進退に関する意見」を具申することができる（同法三九条）。任用に関する都道府県教育委員会と市町村教育委員会のこの関係について、当初は「内申なくして任免等を行うことは違法である」（木田宏『改訂逐条解説　地方教育行政の組織及び運営に関する法律』第一法規出版、一九五六年、六二年改訂）との解説があったが、その後、内申がなくても任命権を行使できるという行政解釈（一九七四年初等中等教育局長通達、文初地四三四）が示されたこともあり、新規教員の採用に際して、候補者名簿の作成とその運用に内申権が実効を伴って機能しているかどうか、その実態は必ずしも明らかでない。

2　教員採用の制度原理

（1）教員採用の方法としての選考

公立学校教員の採用の場合、任命権者は都道府県・指定都市教育委員会であり、任命に先立って教育長による「選考」が行われ、推薦が必要とされている（地教行法三四条）。この教員採用の方法としての「選考」は、教特法第一一条により、一般公務員に対する教育公務員の特例として規定されている。

教特法が、任命権者として都道府県教育委員会を、選考権者としてその教育長を明示しているのは、教員採用の過程で「選考」を重視しているからであり、「教育者たるに必要な人格的要素は、競争試験によっては、とうてい判定しがたい」と考えられたことや、「学校の校長、教員等の選任を公正且つ適切ならしむる」とともに、「国家権力による統制」を排し、「教育者の自治」を確保することを趣旨としていた。

教員採用は、教員の有資格者を対象として、「選考」という方法で職務遂行能力を総合的に判定することになったのである。「選考」とは、「競争試験以外の能力の実証に基づく試験」であり、競争試験は「受験者の職務遂行の能力を相対的に判定することを目的」（人事院規則八―一二第三〇）とするもので、「選考」は「受験者が有する職務遂行能力の有無を一定基準に適合しているかどうかに基づいて判定するもの」で、人事院規則は「選考」にあたり受験者の学力、経験、人物などを一定の基準と手続きによって審査し、職務遂行能力を有するかどうかを、「必要に応じ経歴判定、実地試験、筆記試験その他の方法」（四四条）を用いて審査する方法であるとされている。

（2）教員採用制度の問題と諸要因

周知のように、教員採用候補者選考試験は、都道府県・指定都市教育委員会により、多様な方法で実施されているが、有資格者、採用志願者、採用者数の関係から、現実には実質的な競争試験の実態を示しており、学力判定を主とする第一次試験の結果で「不合格」とされ、総合的な職務遂行能力の判定に至らないことが多い。その際、どのような試験問題で教員に必要な専門的な知識・技能を判定するのか、長年にわたり試験問題が非公開扱いであった。しかし最近は、情報公開条例を活用した試験問題や選考基準の公開請求が各地で行われたこと、非公開扱いを退けて公開すべきことを判示した判例（高松高裁判決平成一〇・一二・二四、最高裁判決平成一四・一〇・一一）や教養審一九九九年答申などにより、試験問題が実施後に公開されるようになっているが、選考にあたっての基準を公開するところはほとんどない。試験問題の公開後は、その内容と水準が教師選びにふさわしいかどうか、学問的な検討を行う体制を確立することが課題である。

また、情報公開請求によっても教員採用の選考基準を公開する教育委員会はほとんどなく、例外的に公開請求に応じた県の選考基準も、教員採用の選考基準としてふさわしい内容かどうか検討の余地がある。教員採用の方法としての「選考」という方法が、「一定の基準と手続き」による職務遂行能力の審査を予定するものである以上は、教員採用にふさわしい選考基準と適正手続きが確立され、公平で明朗な教員採用の実施を求めることは、重要な課題である。

さらに、最近の教員採用では、臨時的任用教員の採用が増加し、教員構成の一〇％を超える比率になっている。この臨時的任用教員の問題には、法令上の臨時的任用の範囲を超えた定数内講師・非常勤講師や少人数学級の実施に伴う臨時講師の採用など、現行法の規定を超える運用の実態があり、臨時的任用教員の採用条件を明確にすることが必要である（神田修・土屋基規『教師の採用』有斐閣、一九八四年）。

教員採用の実際は、教員の需給関係や教員組織の年齢構成、少人数学級など教育条件整備などの諸要因によって、直接、間接に影響を受ける関係にある。

一九八〇年代半ばから九〇年代にかけての少子化の急速な進行と教育条件整備の遅れを主な要因として、公立学校の教員採用数が急激に減少した。これを背景として国立の教員養成系大学・学部の再編が進行し、教員養成を目的としない新課程の設置や他学部への定員の振り替え、教育学部の改組が行われた。こうした動向に加えて、一九九〇年代後半に、政府の財政構造改革、行政改革の一環として、教員養成系大学・学部の学生定員の削減計画が実施され、教員養成系大学・学部の広域設置の構想も示された。

教員の需給関係は、教員組織の年齢構成によって変動するが、少人数学級の全国的な実施や教員定数改善などの教育条件整備によっても需給関係は変化するので、中長期的な計画による教員採用の展望を確立することが求められる。

3　公開と参加、地方自治的原理による改革

（1）公開と参加の原理による改革

教員の採用は、多くの有資格者のなかから、より適切な採用候補者を選ぶ行為であるから、専門家としての教師選びにふさわしい選考の基準と手続きが確立され、公正で明朗な選考が行われることが必要である。この点で、現状では選考から採用に至る過程での選考基準と手続きに、不透明の部分があることは改善されるべきである。

現行の教員採用制度は、選考と採用を行う主体の恣意性を排除するしくみを確立しておらず、この点の改善も課題である。広範な有資格者のなかから、より適切な教員を選ぶことは、教育行政機関だけの専属的な権限ではなく、学識及び人格的に優れた教員が学校に配置されることは、もとより父母・国民の要求するところでもあり、特に教員養成に責務を負う大学は、養成・採用・研修の過程での教員の資質・能力の向上に関心を寄せるべきであるから、大学の教育専門家の参加を得て教員採用の選考基準や試験問題を作成する体制を整えることは、より公正で民主的な教師選びのしくみを確立する上で積極的な意義を有することがらである。

（2）分権化による地方自治的原理による改革

教員の選考と採用過程での手続きの問題では、市町村教育委員会の内申権と校長の市町村教育委員会への意見具申権を実効あるものにする地方自治的な制度運用が重要な課題である。一九五六年の地教行法の制定によって、市町村教育委員会の任命権が都道府県教育委員会に移行して一元化され、任命にあたり市町村教育委員会の内申権と校長の教員人事に関する意見具申権が定められ、都道府県教育委員会に作成が義務づけられていた採用志願者名簿は法定事

項から削除された。現在も「選考」の結果、任命権者により採用候補者名簿が作成されるが、その公開と市町村教育委員会の内申権及び校長の意見具申権が実効あるよう運用されているかどうか、疑問が残るところであり、地方自治的原理による制度運用の改革を図るべき課題である。

最近、分権化に伴い教職員の人事権を中核都市に移譲することが検討されている。また、構造改革特区に指定された市町村での教員人事権は、少人数学級・指導の実施に伴う市町村独自の臨時的教員の採用に集中しており、地方自治的原理により、市町村教育委員会の一般的な権限として人事権を移行するには課題を残している。

地教行法の制定以前には、県費負担教職員は都道府県教育委員会が、市町村立学校教員については市町村教育委員会が任命権者として法定され、人事行政の広域的調整の必要から、市町村と都道府県の教育委員会による協議会を設けることにしていた。しかし、現在の分権化のもとで、以前の関係をそのまま復活するのではなく、中核都市教育委員会以外にも、市町村教育委員会の連合・広域組織への教員の人事権、教員の選考と任命の委譲を模索することが望ましい。

三　教員研修制度の改編

1　現職研修の意義と法制

（1）教育公務員特例法の研修条項

教員の職務の本質は、子どもの学習により発達する権利を保障することであり、日常不断に専門的な知識や技術・技能を向上させることが要求される。教員研修は、教育の本質と教員の職務の本質から本来的に要請され、職域における教育実践の蓄積を基礎として熟練を重ね、自主的な研修によって教育の科学性を保つことができる。

このような教員研修の性格から、教育公務員には一般公務員の研修とは異なる特別な法制上の規定が設けられている。教員研修は当初、教員の「研究の自由」保障を基本理念として構想され、教員の職務遂行に不可欠の要素として位置づけられていた（久保富三夫『戦後教員研修制度成立過程の研究』風間書房、二〇〇五年）。教員の「研究の自由」という発想は、最終的には「研究と修養」を凝縮した「研修」という表現になったが、その際にも研修の職務性は研修法制において承認されていた。

教特法は、教育公務員が職務遂行のために「絶えず研究と修養に努めなければならない」（二一条）と定め、任命権者に対して「教育公務員の研修について、それに要する施設、研修を奨励するための方途その他研修に関する計画を樹立し、その実施に努めなければならない」としている。これは、教員研修の自主性と研修機会の保障、教育行政機関による条件整備を義務づけたもので、任命権者による研修はあくまで自主的な教員研修にならぶものであり、これに代わるものではないことを明示したものである。さらに教特法は、「教員は、授業に支障のない限り、本属長の承認を受けて、勤務場所を離れて研修を行うことができる」（二二条）と定め、現職のままで長期にわたる研修を行うことができることも規定している。

（2）研修条項の教育法学的解釈と行政解釈

このような教特法の研修条項に関して、教育法学は教特法の制定の趣旨と立法過程における教員研修の職務性、権利性の確認を重視し、研修の自主性の保障が重要だとし、自主研修権の保障を中心とする条件整備を主張してきた。研修条項の解釈と運用で争点を形成した「授業に支障のない限り、本属長の承認を受けて、勤務場所を離れて研修を行うことができる」という条項について、勤務時間内の校外研修は自主研修権の典型として、「授業」との調整がつくかぎり教員の職務として承認され、校長の「承認」は授業への支障がないことへの学校としての形式的な確認手続きであることを主張してきた（兼子仁『教育法（新版）』有斐閣、一九七八年）。

しかしこれに対して、現職研修に関する教職員団体との対抗関係を背景として、行政解釈は、もっぱら服務上の取扱いの観点から、教員研修を①職務命令に基づく職務研修、これを拒否すれば懲戒処分の対象となる。②職務専念義務（地公法三五条）免除を受けて行ういわゆる義務免研修、この場合は学校管理者の校長が事前に研修内容を吟味して許可、不許可を決める。③勤務時間外の私的な研修、という三類型に分類する解釈を打ち出した（一九六四・一二・一八初等中等教育局長回答）。この行政解釈は、教員研修の職務性、自主性を否定し、拘束力をもつ見解として扱うことによって、職務命令による研修を正当とする学校運営がまかり通る契機となった。一九九〇年代以降、教員研修に関する判例は、校長の「承認」について無条件での裁量を容認する傾向を強めている。

教員研修に関する行政解釈の転換以後、行政研修が肥大化しその「体系的整備」が促進された結果、管理職による職務命令による研修の増加に加えて、最近では「職専免」による研修の機会すら奪われる事態も生じていて、教員研修に関する条件整備と自主研修の機会を保障する学校運営の改善が切実な課題になっている。

2　現職研修の制度的拡充

（1）初任者研修制度の創設

現職研修のしくみに大きな変化をもたらしたのは、初任者研修制度の創設であった。初任者研修制度は、教員の「実践的指導力と使命感」を養うことを目的とし、一九八八年教特法改正により、一九九二年度からすべての校種で本格的に実施され、現在に至っている。この制度は、任命権者に新規採用教員に対する研修を義務づけ、初任者は一年間の条件附採用の教諭として勤務しながら、職務命令による校内研修や校外研修を行い、その間に指導教員が指導・助言を行い、研修の終了時に研修態度や教育活動の実務を校長が勤務評定をして、正規の教諭として採用する適否を判断するしくみで、行政研修としての性格を有する。

この制度は、臨時教育審議会（臨教審）による「教員の資質向上の方策」の提言（一九八五年四月）に基づいて創設されたもので、その根底には不適格教員を排除しようとする発想があり、当初は教員試補制度の導入を検討課題としていた。それが、臨教審の審議過程で初任者研修制度として改革案がまとまり、一九八八年教特法改正によって創設されたのである。この制度の創設にあたり、教育公務員の特例として条件附採用期間を一年間に延長することや、初任者への指導教員による実務研修という指導体制のあり方など、問題が指摘された。

この初任者研修制度の実施以来、一〇年間ほどは研修の終了時の勤務評定で正規の教諭として採用されない事例は発生しなかったが、二〇〇一年地教行法改正による「指導力不足教員」の認定制度の導入に伴い、最近では初任者研修の終了時に正規の教諭採用にならない事例が各地で発生し、教諭としての地位確認の訴訟も提起されており、この制度が不適格者排除の機能を有するという創設時の指摘が現実的になっている。

(2)　大学院研修休業制度

教特法は、勤務場所を離れた長期研修の機会について規定している。現職教員の長期研修は、従来、大学への内地留学、研究生、聴講生などの多様な形態で行われてきたが、現在では、大学院修士課程での研修機会の拡充が行われている。いわゆる新構想の教育大学大学院の設置に伴う、任命権者の派遣による長期の現職研修及び既設の教員養成系大学・学部の大学院修士課程での現職研修の機会の拡充に加えて、二〇〇〇年教特法改正によって大学院修学休業制度が創設された（二六・二七条）。

大学院修学休業制度は、①小学校等の教諭、養護教諭、講師で、一種免許状を有する者が、任命権者の許可を受けて、専修免許状取得を目的として、三年以内の大学院修学休業を行うことができる、②休業中は教諭等の身分を保有するが、職務に従事せず無給だが、国家・地方公務員共済組合法の適用を受ける、③大学院修学休業中は、教職員定数外とする、などを主な内容としている。この制度は、専修免許状の取得を促進し、教員の資質の向上を図ることを趣旨として導入されたものであり、内外の大学院修士課程での長期研修を、専修免許状の取得を目的とすることを条件づけて、任命権者の許可を受けることの制約がある。

（3）教職一〇年経験者研修と「免許更新講習」の関係

二〇〇二年教特法改正により、任命権者に教職一〇年経験者研修が義務づけられ、二〇〇三年度から実施されている。これは、従来の教職経験者研修と違って、教員の資質向上に関する施策という観点から、本人の希望や自主的な研修計画によるのではなく、研修内容は、「勤務成績の評定結果や研修実績等に基づく教員のニーズに応じて決められるもの」や、「時代の変化に対応したもの」であることが重視されている。そして、「学校現場に戻ってからあまり改善がみられない場合は、さらに特別な研修を課すべきであり、それでもなお研修成果があらわれない場合には、他職種への配置転換につなげることも必要である」として、教職経験一〇年目の研修の評価で優秀教員か「不適格教員」かの判定に活用するという、政策的意図が明示されている行政研修である。

これは当初、教員免許更新制の見送りに伴って、それに代わる施策として導入されたものだが、今後も継続される。現職教員は、教員の適格性の判定と資格認定にかかる「免許更新講習」と、現職研修としての教職一〇年経験者研修との双方を受講することが求められることから、双方の関連が問題になり、教職一〇年経験者研修の見直しは必至となるであろう。

四　教員評価による人事管理

1　教員人事考課制度の性格

（1）教員の勤務評定

教員の勤務評定あるいは人事評価は、古くて新しい課題であり、戦後教育の展開と教育法制史上、重要な争点を形成してきた問題である。勤務評定は、一般的に、職員の勤務成績と職務執行に関連してみられた職員の性格、能力、適性を公平に評価し、それを人事管理に活用するしくみである。国家公務員の場合、「職員の執務については、その所轄庁の長は、定期的に人事評価を行わなければならない（国公法七〇条の三）、地方公務員の場合、「任命権者は、職員の執務について定期的に勤務成績の評定を行い、その評定の結果に応じた措置を講じなければならない」（地公法四〇条一項）と規定されている。

公務員法制上の勤務評定に関するこの規定は、教員の場合、事実上適用されないできたが、一九五六年の地教行法の制定によって、公立小・中・高等学校の教職員の勤務評定を、任命権者である都道府県教育委員会の計画のもとに、服務監督権者である市町村教育委員会が実施することが定められた（地教行法四六条）。この規定に基づき、同年、愛媛県教育委員会は、勤務評定の実施に着手した。一部の道府県を除く各都道府県教育委員会は、都道府県教育長協議会が作成した「教職員の勤務評定試案」（一九五七年一二月）に基づいて、一九五八年四〜六月に勤務評定規則及び勤務評定実施要領を制定した。

それによると、教諭の勤務評定は、①勤務成績、②適性・性格、③特記事項、④総評に大別され、それぞれがさらに細分化されていた。①勤務成績は、（a）職務の状況、（b）特性・能力、（c）勤務状況に分かれ、（a）職務の状況は、(ア) 学級経営、(イ) 学習指導、(ウ) 生活指導、(エ) 評価、(オ) 研究修養、(カ) 校務の処理に、(b) 特性・能力は、(ア) 教育愛、(イ) 指導力、(ウ) 誠実、(エ) 責任感、(オ) 公正、(カ) 寛容・協力、(キ) 品位に細分され、各評定項目ごとに五段階評定が行われることになっていた。

この「教育愛」などを評定する教員の勤務評定に対して、教職員組合は強く反対し、一九五六～五九年にかけて大規模な勤評反対闘争を展開した。反対の主な理由は、①勤評による昇級・昇格差別をテコにした教育への権力的支配の強化、②教職員の職務の特殊性による評定の技術的困難性、③事前の十分な研究や試行の欠如、④教育的条件整備の課題との分離、などであった。勤評反対闘争の多くは、争議行為の適否をめぐる勤評裁判として法廷でも争われた。教員の勤務評定は、五八年以来実施されてはきたが、昇級・昇格に反映されない運用が行われてきた。

(2) 教員人事考課制度の導入

教員評価制度については、東京都の教員人事考課制度の導入によって、新たな動向が生じている。東京都教育委員会は、「東京都立学校教育職員の人事考課に関する規則」(都教委規則第一〇九号、一九九九年一二月一六日) および「東京都区市町村立学校教育職員の人事考課に関する規則」(同第一一〇号) を制定し、二〇〇〇年四月一日から施行した。これに伴い、従来の勤評規則は廃止され、東京都の公立学校教員のほぼすべてを対象として、「教員の資質能力の向上及び学校組織の活性化を図る」ことを目的として、「能力と業績に応じた適正な人事考課」(規則一条) が実施されることになった。

この教員人事考課制度は、教員の業績 (職務遂行上の能力、情意及び職務の実績) を相対評価した結果を給与や昇任等の人事管理に反映させる (規則一一条) ことにしている。それは、従来の教員勤評の政策的意図を復活させ、「教員の資質能力の向上」「学校組織の活性化」など教育改革の課題に位置づけながら、「能力主義・業績主義」を基調とする教員管理の施策としての性格を有する。東京都の人事考課制度は、①個々の教員が、校長の示す学校経営方針をふまえて職務上の目標を設定し、その達成状況を自己評価する「自己申告制度」、②教頭（第一次評価者）、校長（第二次評価者）が一人ひとりの教員の職務遂行の成果（業績）や能力・意欲・態度を絶対評価し、それに基づき教育長が相対評価を行う「業績評価制度」、③自己申告と教頭、校長、教育長による評価の結果を給与や人事異動等に反映させる「人事管理制度」、の三つの柱から構成されている。

この制度は、「自己申告」と「業績評価」を基準としており、その具体的内容をみると、教諭用の職務についての自己申告書には、①学校経営方針に対する取組目標、②昨年度の成果と課題、③担当職務の目標と効果（学習指導、生活指導、進路指導、学校運営、特別活動、その他）、④研究研修について、それぞれ「今年度の目標」「目標達成のための具体的手立て」「成果と課題」を記入して、三月三一日までに申告することになっている。

教頭、校長による業績評価は、自己申告書を参考にして、学習指導、生活指導、進路指導、学校運営、特別活動、その他の項目について、「能力、情意、実績」という評価要素ごとに、教頭と校長が、S、A、B、C、Dの五段階で評定し、それを総合評価（絶対評価、五段階）することにしている。そして校長は、教育長が定める相対評価の配分率（各評価段階の対象職員数の全職員数に対する割合）を適用した資料を作成して、教育長に提出する。教育長による相対評価は、給与・昇任その他の人事管理に活用される。

こうした人事考課制度に対して、教職員組合を中心として、強い批判や反対の意見が表明された。その主な論点は、①民間企業の能力・業績評価の基準は、企業の営利目的によって設定されているが、公務労働や学校教育での評価基準の違いを十分に検証する必要がある、②教育という営み、学校教育は、教職員の協力・共同による教育的働きかけの総合的な成果として結実するもので、教職員集団をバラバラにして、教員一人ひとりを個別に管理することは、教育の仕事の本質にもとる、③教職員の勤務条件に重大な影響を及ぼす人事考課制度の導入は、労使交渉の対象であり、教

ＩＬＯ・ユネスコの「教員の地位勧告」（六四項、一二四項）からも国際的常識なのに、これを拒否して導入を強行するのは不当である、などである。

2　教員評価と教員の適格性の判定

（1）「新しい教員評価制度」の導入

最近の教員政策で注目すべきことは、「指導力不足教員」の認定制度とともに「新しい教員評価制度」が実施に移されていることである。「新しい教員評価制度」という場合、従来の勤務評定との対比において、「新しい」要素として次のことがらを指摘することができる。

①目標管理と自己評価方式の導入――第一は、従来の教職員の勤務評定との違いとして、校長の主導によって定める学校教育の目標設定にそって、個々の教員の教育活動の目標を設定し、校長等との協議を行い、一年を単位とする教育活動の節目に目標に関する自己評価を行い、評価者としての校長と協議を行う目標管理と自己評価方式を導入することである。

②複数評価者の設定――第二は、多数の県で、第一次評価者に教頭を加えるなど、複数の評価者を導入し、複数の管理職による評価・評定を行うシステムを確立しようとしていることである。「新しい教員評価制度」の導入にあたり、実施に関する教育委員会規則等を制定し、関係する教育委員会規則や勤務評定の評価基準または評価の観点なども示されている。

③絶対評価と相対評価の採用――第三は、教師の教育活動の目標に関する自己評価を基礎にして、校長や教頭が実績、意欲、能力を絶対評価し、さらに教育委員会（教育長）による相対評価の結果を、四段階または五段階（S、A、B、C、D）に区分する評価システムを導入していることである。このような評価システムで、校長や教頭の評価に

対する個々の教員の異なる評価の意見表明や、異議申し立てを承認するか否かは重要な問題の一つであるが、各県の対応は総じて消極的である。「苦情処理」のしくみを導入することを定めている県や、異なる意見への対応をあらかじめ想定した制度の導入を検討している県も散見される。

④評価結果の活用――「新しい教員評価制度」の運用でも、評価結果の活用は重要な問題である。その場合、人事と給与との関係が最大の焦点である。従来の勤務評定は、教職員組合との交渉結果との関係から、人事上の措置や給与への反映を実施できなかった。

「新しい評価制度」の評価結果の活用は、公務員制度改革と連動する課題でもあり、今後の検討課題にする扱いが多いが、「新しい教員評価制度」は「新勤評」といわれるように、教員評価の結果が、人事と給与に結びつく可能性が大きい。

(2)「指導力不足教員」の認定制度

①「指導力不足教員」の認定制度の特徴と問題――「新しい教員評価制度」の実施に先行または並行して、「指導力不足教員」の認定制度が全国的に導入され、教職員法制に新たな変化が生じている。二〇〇一年の第一五一回通常国会に提出された地教行法改正案の成立によって、「指導力不足教員」の認定と特別研修制度が全国的に実施された。この制度は、教員の勤務態度や服務上の問題を対象とするものではなく、教員の教育活動そのものを評価の対象とするもので、教師としての適格性を判定する客観的な基準と適正手続きの確保が重要な問題となる。

この制度の直接的な提案は、中教審一九九八年答申「今後の教育行政の在り方について」と教育改革国民会議の最終報告（二〇〇〇年一二月）であるが、歴史的な系譜をたどれば、臨時教育審議会第二次答申（一九八五年四月）の「不適格教員」排除の提案に遡及する。地教行法改正案は、これらの提言を具体化したもので、その成立によって「指導力不足教員」の認定と特別研修の制度化及びこれに伴う分限処分等の人事上の処遇が導入されることになった（同法四七条の二）。

同法は、①都道府県教育委員会が任命する市町村の県費負担教職員が、地方公務員法二七条二項（意に反する免職等の禁止）及び二八条一項の規定にかかわらず、児童生徒に対する指導が不適切で、研修等によっても効果がない者を免職し、教員を除く同都道府県の常勤職員に採用できる（第一項）、②事実の確認の方法その他手続きに関する事項は、都道府県の教育委員会規則に定める（第二項）、③第一項の規定による採用に当たっては、県費負担教職員の適性、知識等を十分に考慮する（第三項）、④県費負担教職員の同一都道府県内の市町村の免職・採用の際の条件附採用の適用を除外する（第四項）、ことを定めている。

この「指導力不足教員」の認定制度の特徴と問題点は、①教員の教育活動そのものを対象として、教師としての適格性を判断する教員評価制度を創設し、②その際、国の教育行政が「指導力不足教員」の定義を明示せず、その認定基準と手続きを地方教育行政に委ねたことにより、教育活動以外の疾病や人格的要素を評価の対象にしている地方教育行政の規定が散見されること、③「指導力不足教員」の認定と特別研修の結果による人事管理に対し、当該教員による異議申し立ての手続きが制度的に確保されていないこと、④自治体教育法制の制定過程で教職員団体の意見表明が行われたが、新しい制度が教員の人事管理、地位と身分に関する要素を多く含んでいるにもかかわらず、地方教育行政当局に、国際基準としてのＩＬＯ・ユネスコ「教師の地位に関する勧告」が意識されていないことが支配的だった、ことである。

②「指導力不足教員」の定義――地教行法改正案に関する第一五一回国会審議の焦点は、「指導力不足教員」の認定基準とその手続き問題であり、重要な論点の一つは、「指導力不足教員」の定義であった。政府・文部科学省は、

新しい教育制度の基準設定に関し、「指導力不足教員」の定義を明示せず、「不適格であるかどうか、最終的には都道府県の教育委員会において認定するもの」とし、その際の「具体的な例」として、（ア）教科に関する専門的知識、技術等が不足しているために学習指導を適切に行うことができない場合、（イ）指導方法が不適切であり、学習指導を適切に行うことができない場合、（ウ）能力や意欲に欠ける学級経営や生徒指導を適切に行うことができない場合、の三つをあげ、「精神疾患である教員については、（中略）今回の措置の対象にはならない」、これらは「基準そのものではない」（遠山国務大臣、衆議院文部科学委員会議事録第一四号、平成一三年六月一日）と説明していた。

同法の施行に関する文部科学省の通知（二〇〇一年八月）も同様のことを規定しており、認定手続きに関しては、①判定委員会の設置、②精神疾患などについては精神科医などの意見聴取、③必要に応じ校長などからの授業状況の報告、④必要に応じ本人の意見陳述の機会の提供、などをあげているが、本人からの異議申し立ては認められていない。

この制度の定義として、例えば「病気・障害以外の理由により、児童生徒との人間関係を適切に指導することができないため、当該教員が担当すべき授業を他の教員が分担して行うなどの状況にある者のうち、継続して特別な指導・研修を要すると認定された者」（北海道教育委員会）、「授業が成り立たない、児童・生徒指導が適切に行えないなど指導力が不足している教員及び教員としての資質に問題のある教員」（神奈川県教育委員会）などが定められている。

③認定基準と手続き――いま一つの重要な論点は、「指導力不足教員」の認定基準と手続きである。各県の判定基準は、必ずしも一律ではないが、指導・観察または判定のための項目をあげる場合が多く見られる。例えば、「指導力不足教員をとらえる観点」として、「1教員としての使命感及び職務の自覚不足、日常的な職務遂行の支障、2児童生徒の心を理解する能力や意欲の欠落、学級経営、生徒指導等の不適切、3教員としての力量向上への意欲の欠落、4教科・領域等に関する専門的な知識・技術等の不足、不適切な学習指導等、5保護者、地域社会及び関係諸機関と

の信頼関係の構築不能、教育活動に必要な連携・共同の不履行、6他の教職員と協調した学校運営意への参加と態度の欠落、公務処理の不適切さ」（宮城県教育委員会）、「指導を要する教職員」認定の視点として「1指導力、2生徒理解、3事務協力、4勤務実績、5人間関係、6服務、7私生活、8組織理解」（高知県教育委員会）など、認定基準に教育活動そのもの以外の要素を含め、教員の適格性や服務監督に属する要素を含めているところもある。また、「指導力不足等教員など」（香川県）に認定され、原因が疾病に起因する場合は、別途、健康審査会での扱いとし、受診を促し、職場復帰訓練を行うという対応を定めているところがある。「指導力不足教員」の認定手続きに関して、所属長である校長は指導・観察の結果に基づく認定申請を地方教育委員会（市町村立学校の場合）または県教育委員会（県立学校の場合）に対して行うことは各県共通の手続きであるが、その際、校長の認定申請に対する当該教員の意見表明または異議申し立て、及び教育委員会による「指導力不足教員」の認定に対する異議申し立ての手続きに関しては、各県で対応が異なり多様であるが、総じて国際的な適正手続き上の基準に照らして当該教員の手続的権利の規定は希薄である。

④「指導力向上」研修のシステム——各都道府県教育委員会の諮問機関である認定（判定）委員会で「指導力不足教員」として認定されると、校内または校外での特別研修が実施される。それは、基本的には特別研修によって指導力を向上させ、復帰を図ることを目標とする指導・研修であるが、主たる研修の場所を所属校にする場合と、各県の教育センター（総合教育センター、教育研修センター）が行う場合がある。「指導力不足教員」という認定の内容により、共通の研修内容と個別の研修内容を用意する等の対応がされていることが多いが、適格性に欠けるとか服務監督上の問題を含む場合には、教育活動の指導力向上に関する研修以外の内容についての研修が行われる場合も散見される。

この「指導力不足教員」の認定と特別研修は、一体的に行われることに特徴がある。教育（研修）センター等での研修結果の評価により、任命権者が設置する認定委員会の意見を聴いて、各都道府県教育委員会が人事上の措置を行うが、それは、現行法の規定とは別の分限免職処分を含んでいる。

⑤人事上の措置――「指導力不足教員」の認定制度による人事上の処遇は、「地方公務員法上の懲戒処分とは異なるもの」（衆議院文部科学委員会議事録第一四号、平成一三年六月一日）と説明されていたが、各任命権者は、研修結果の評価に基づいて分限処分を行うことを含む人事上の措置について定めている。特別研修後の人事上の処遇としては、①職場に復帰、②研修の継続（免許法二〇〇七年改正で研修期間は一年に限定）、③行政職へ転職、④分限免職、⑤自主退職、のいずれかの人事上の処遇になる。特別研修の評価の結果で、分限免職に付されたケースが発生している。免許法二〇〇七年改正により、「指導改善研修」中の教員には、免許更新講習の受講を認めず、分限免職の場合は免許状を失効させる「厳格」な人事上の措置を明示しているので、教員への管理統制がいっそう強化されるであろう。

「指導力不足教員」の認定制度とすべての教員を対象とする「新しい教員評価制度」とが結びつき、最低ランクの評定を受けると、それが「指導力不足教員」として連動されることが予見できるので、教員の身分保障に不安や動揺を与え、自由で創造的な教育活動の展開を侵害する恐れが生じ、総合的な教員人事管理のしくみとして機能する可能性が大きい。教員免許更新制は、不適格者排除を目的とするものではないといわれながらも、他の教員政策との関連において、免許更新講習の修了が認定されない場合は、教員資格が喪失することになるので、制度の運用上、教員の適格性を判定する重層的なしくみを構築する重要な要因となる可能性が大きい。

戦後の教員養成・免許、採用、研修制度の基本原理は、現在も維持されているが、戦後教育の展開における学校教育法制と教職員法制の変化に伴い、法制原理にかなりの修正が加えられた側面をもちながら、教員全体の専門性の維持・向上をめざす法制として存在している。これらは、教員の資質の維持・向上にとって基本的に重要な法制であり、教員養成・免許制度の改革は、「大学における教員養成」の内実を形成する当初養成の課題であり、大学の主体的な努力による養成教育の充実が求められている。最近の教員評価制度は、教員の資質向上をめざす施策として導入されたが、「教育評価は何を評価するのか」、一人ひとりの教師の専門性の向上及び教師全体の資質向上に有効に機能するか否か、今後の展開が注目される。

　前述のように、教師の専門的力量の維持・向上は、「大学における教員養成」における幅広い教養と専門的学識の形成を基礎にし、職域における教育実践の蓄積と自主的な研修によって熟練を重ね、子どもの発達と教育に最適な指導方法を探求し続け、教師集団の共同性、同僚性を高めることによって、教師生活の生涯にわたって形成されるのであって、競争と管理の教員政策による人事管理の強化によっては実現されない。その意味で、教員養成、採用、研修制度及び評価制度が、教員政策・制度・行政の一体的な関係において、教員の資質向上、専門的な職業能力の形成と向上に有効に機能することが求められる。

（土屋基規）

参考文献

○玖村敏雄『教育職員免許法同法施行法解説』学芸図書、一九四九年。
○有倉遼吉・天城勲『教育関係法Ⅰ』「教育職員免許法」日本評論新社、一九五八年。
○海後宗臣編『戦後教育改革８　教員養成』東京大学出版会、一九七一年。
○牧　柾名・土屋基規・三輪定宣『教育法コンメンタールＶ　教育職員免許法　教職給与特例法』成文堂、一九七八年。
○日本教育学会教師教育研究委員会『教師教育の課題』明治図書、一九八三年。
○神田　修・土屋基規『教師の採用』有斐閣、一九八四年。
○神田　修『教師の研修権』三省堂、一九八八年。

○土屋基規『日本の教師――養成・免許・研修』新日本出版社、一九八九年（一九九五年第二刷）。
○山田　昇『戦後日本教員養成史研究』風間書房、一九九三年。
○久保三富夫『戦後日本教員研修制度成立史研究』風間書房、二〇〇五年。

第10章　高等教育政策・行政の構造的変化

二一世紀には知識社会化が本格的に進展し、高等教育に対する社会の要求も一層高まり、強くなっていくであろう。そのことを反映してか、文部科学省は政策・行政の力点を高等教育分野にシフトしてきている。むしろ、政策的には経済界や他の省庁からの要請が強く、文部科学省もこれに対応する形でその転換を図っている面がないとは言えない。そして、それに伴う制度改編の動きも急である。

本章では、高等教育と社会の関係の変化を視野に入れながら、文部科学省がどのような力関係のなかでどのような考えでもって政策・行政を進めているか、そして、そのもとで高等教育制度がどのように変容してきているかを明らかにし、高等教育分野の政策・行政の転換が教育行政全体において先導的な役割を果たしていることを取り上げたい。

一　高等教育と社会の関係把握と将来像

1　社会における高等教育の位置と役割期待

現在の政策的な動向の源流は、一九八〇年代の臨時教育審議会及びその答申に基づいて設置された大学審議会に遡る。この頃から、高等教育に対する社会の要請が一層高まり、市場化へのメカニズムもいち早く動き始めた。大学審議会は、高等教育の個性化、教育研究の高度化、組織運営の活性化という三つの柱を掲げて審議してきたが、一九九一年の設置基準の大綱化・規制緩和と大学の自己点検・評価制度の導入は、市場原理に基づく制度改編に向けた象徴的な出来事であったといえよう。これまで大学は国の定める設置基準によって縛られてきたので、この規制を緩和するが、教育研究の水準を低下させないために大学の自己点検・評価を義務づけるという考え方である。これにより、教養部・一般教育課程の解体・廃止に始まり、教養教育の改革をはじめ博士課程をもついくつかの大学院の部局化や学部の新増設等が進められ、同時に、大学の自己点検・自己評価が定期的に行われるようになった。戦後の大学は「学術の中心」という位置づけでもって、良くも悪くも国が一定の基準を定め、それに適合する大学を育成するという考え方であったが、ここに至って、大学が自らの大学をどうしていくかを「自主的」に選択し、その結果については自己責任を取るという方向への政策原理の転換がなされたと言ってもよい。これによって、大学の自主裁量が広がった面はあるものの、国が方向づけたメニューからの選択であることも否めず、その意味で「方向づけられた自主性」ともいわれる。また、競争原理が働くなかで、選択がうまく行かなかった場合には淘汰されることもあるというのが、「選択と自己責任」の原理といえよう。

大学審議会は、二〇〇〇年に廃止されるまでに二八の答申・報告を公表した。高等教育の全体にわたる改変の見取り図を描き、かつそれが実行に移された。特に一九九〇年代半ば以降の大学改革政策は、社会の市場原理に対する受け止め方の変化を反映しながら、行政的指導力をも伴って各大学の改革を推進してきたが、この点でも従来のあり方とは違っている。それまでも中央教育審議会等が高等教育に関する答申類を出して改革を促したが、それらの提言が具体化されることは稀であった。戦後の大学は憲法の「学問の自由」やその具体化として学校教育法による「教授会自治」の保障、さらに教育公務員特例法での大学管理機関の民主的な運営手続きや教員の身分保障等があり、法制上の「大学の自治」が確立していた。文部省（現文部科学省）が政策・行政を進める上でも建前であれ「大学の自治」を尊重してきたが、この頃からはむしろ大学への「社会的要請」（実体的には市場的要請）に基づく「改革」を優先するようになったと考えられる。もう一つ、この時期に大学をめぐる重要な社会的変化を見て取ることができる。国レベルの行政改革が進められ、中央省庁の再編と同時に、行政の効率化を目指した独立行政法人制度の導入が日程に上ってきた。当時の文部省は国立大学の独立行政法人化に反対していたし、大学審議会もそこまでは踏み込んでこなかった。しかし、文部省も九〇年代末頃になると、独立行政法人を国立大学法人と名称を変え、多少の違いをつけることによって、これを受け入れたのである。独立行政法人というのは、もともとは行政組織のなかで定型的な仕事をしている分野に対して、企画・立案機能と実施機能を分離し、実施部門を担わせることにより、行政の合理化・効率化を図ろうとする制度である。したがって、それは大学のように教育研究という高度かつ複雑で多様な機能をもち、自主的・主体的・自律的に活動すべき組織体には本来なじまない制度であった。国立大学法人は、学問共同体としての性格をもつべき「学術の中心」から、大学の企業体化への役割変化をもたらしたと言わねばならない。それはひとり国立大学法人だけでなく、公立・私立を含む、大学・高等教育のあり方に関わる問題でもある。

2　高等教育に対する国の役割

臨教審・大学審議会は、高等教育の政策・行政のありようを変える働きをしたが、それをより決定的にしたのが二〇〇一年の中央省庁等再編であった。戦後の高等教育に関する主務官庁は文部省であったし、現在の文部科学省であることに変わりないが、両者の間にはその機能的側面から見て大きく異なってきている。文部省は一九六〇年代以降に高等教育分野で一定の自律性をもちながら政策形成機能を発揮してきており、行政的に見ても臨教審からは規制的官庁と批判されたが、戦後の教育行政の任務である条件整備義務を果たしてきたといえる。これに対して、臨教審は文部省に政策官庁としての役割を期待したが、大学審議会の設置はいわばそのための装置であり、政策・行政にトップダウン方式（特に大学との関係で）をもち込み、しかも、経済界の政策形成への関与をより確実なものとする道筋をつけたといってよい。この構図は中央省庁等再編で国家構造的な変革のなかで位置づけ直し、再定義されている。すなわち、省庁再編で新たに内閣府が設置され、文部科学省が誕生したが、政策形成という点から見ると、内閣府に設けられた経済財政諮問会議、総合科学技術会議などの存在が大きくなり、文部科学省はその実務官庁的な機能しか持ち得ず、しかも、経済産業省などが高等教育の政策形成に強力に関与し始め、財務省などとの関係でもより立場が弱いものとなっている。文部科学省の「大学（国立大学）の構造改革の方針」（いわゆる「遠山プラン」）は、それを象徴する政策提起であったといえよう。

また、省庁再編と一体の関係で進められた独立行政法人制度の導入は、高等教育と国の関係にも影響を及ぼしており、国立大学法人化、高等専門学校や公立大学の独立行政法人化という形をとって推進されている。国立大学法人でいえば、国立大学制度が廃止されて、大学の設置者は国でなくなり、国立大学法人ということになった。これによって、設置者負担主義の原則（学校教育法五条）により、国は財政責任から解放され、国立大学法人が負うことになる。同時に、国による統治関係でいえば、従来のように行政組織の一部として直接的ではなく、一種の「契約」関係がもち込まれ、「間接」的なものになったといえる。このように、大学と国の関係が転換し、国の役割も変化してくると考えられている。

文部科学省の発足に伴って改編された新中央教育審議会は、二〇〇五年一月に「我が国の高等教育の将来像」答申を公表した。これは「言わば『グランド・デザイン』とも呼ぶべきもの」といわれ、新時代における高等教育の全体像とされる。そのなかで、国の今後の役割についても提示している。基本的考え方として、旧来の高等教育政策の手法からの転換を、「高等教育計画の策定と各種規制」の時代から「将来像の提示と政策誘導」の時代へと移行する、としている。そして、国の今後の役割を、①高等教育のあるべき姿や方向性等の提示、②制度的枠組みの設定・修正、③質の保証システムの整備、④高等教育機関・社会・学習者に対する各種の情報提供、⑤財政支援、等が中心となろうとする。ここに見るように、国の条件整備義務（旧教育基本法一〇条）を限りなく後退させ、「学問の自由と自治」を踏み越えて、国が高等教育像や方向性等を提示し、あるいは、制度的枠組みを設定・修正することや、大学評価システムを介しながら、競争的・重点的資金で大学を政策課題に誘導する方向への転換を明示している。臨教審・大学審議会の時期から推進されてきた高等教育の政策・行政の手法が、大学と国の関係の転換、及び制度改編を図りながら、国の役割を変化させることを通じて強化された形で定着されようとしている。

二〇〇六年一二月の教育基本法改正は、このような流れを決定的にするに違いない。そこでは新たに「七条大学」の条項が挿入された。一項で大学の目的として「社会の発展」への寄与が規定されたことにより、二項で大学の「自主性、自律性」等の尊重がいわれるものの、旧教育基本法の一〇条が全面改定され、代わりに「三章教育行政」が規定されたこともあり、大学に対する国家統制機能が強化されることになるであろう。

教育基本法改正後の政策動向として、二〇〇八年一二月の中教審「学士課程教育の構築に向けて」答申を取り上げる。本答申は、新教育基本法のもとで、二〇〇五年答申を具体化したものといえる。答申内容は多岐にわたるが、眼目は以下のようである。要するに、学士課程教育における分野横断的な学習成果として「学士力」なる目標を設定し、これを教育課程において具体化、実行させ、その達成度を評価して、財政支援に結びつけるというものであり、そのために大学教育課程にＰＤＣＡサイクルを導入せよということである。これでは国が大学教育の中身にわたって管理することになり、大学（教育）の根幹を揺がす問題といわざるをえない。

3　高等教育の「グランドデザイン」に対する考え方

中教審の「高等教育の将来像」答申は、「高等教育の危機は社会の危機である」との認識をもとに、高等教育と社会との関係を主軸に置いた点に特徴がある。そして、二一世紀を「知識基盤社会」の時代と呼び、高等教育を「国家戦略上も極めて重要」と位置づけ、「国際競争が激化する今後の社会では、国の高等教育システムないし高等教育政策そのものの総合力が問われる」として、「国が、将来にわたって高等教育に責任を負うべき」であるという。この文脈から、上述のような国の役割転換を導いているのである。つまり、直接の規制を撤廃したのちに、文部科学省にとって、資金の競争的・重点的な配分は、望ましいと考える政策課題の達成に向けて、大学を誘導する最重要の手段となるはずであり、「グランドデザイン」は文部科学省が大学・高等教育の未来展望を描くことによって、その実現に向けた政策手段を提示するためのものといわれる（天野郁夫「なぜいまグランドデザインなのか」ＩＤＥ『現代の高等教育』二〇〇四年一月号参照）。

では、「高等教育の将来像」はどのように描かれているのであろうか。第一、答申は「ユニバーサル段階の高等教育が実現しつつある」といい、学習機会に着目した「ユニバーサル・アクセス」の実現を重要課題としている。これは一八歳人口が約一二〇万人規模で推移する状況が続くなかで、誰もがいつでも学べる高等教育を整備することである。第二、これからの高等教育は、学習者のさまざまな需要に対応するため、学校種（大学・短大、高専、専修学校）ごとの役割・機能を踏まえて、各学校ごとの個性・特色を一層明確化し、特に各大学は自らの選択により「機能別分化」を図るべきである。「①世界的研究・教育拠点、②高度専門職業人養成、③幅広い職業人養成、④総合的教養教育、⑤特定の専門的分野（芸術、体育等）の教育・研究、⑥地域の生涯学習機会の拠点、⑦社会貢献機能（地域貢献、産学官連携、国際交流等）等」、である。第三、「高等教育の質の保証」ということで、設置認可の的確な運用、認証機関による第三者評価システム及び自己点検・評価の充実があげられる。第四、大学、大学院、短期大学、高等専門学校、専門学校を「高等教育機関」として包括し、それぞれのあり方を提示しており、大学については自主性・自律性とともに公共的役割・社会的責任を担うものと位置づけられる。第五、高等教育への公財政支出の拡充と民間資金の積極的導入に努める必要が強調されるとともに、今後の財政支援は、国内的・国際的な競争的環境のなかで、各高等教育機関がもつ多様な機能（個性・特色）に応じた形に移行するとしている。「多様な機能に応じた多元的できめ細かなファンディング・システムの構築」が提起されている。

中教審が提起する「ユニバーサル段階の高等教育の実現」という課題は積極的に受け止められるべきであるが、これをどのように実現するかでは異論も生じるであろう。第一に、答申がいう「高等教育（機関）」とは専修学校までを含むものとされるが、これでは高等教育概念を無限定に拡大することになりかねず、また、これを含めばすでに進学率は六〇％を超えており、課題は達成されたことになって、答申の趣旨とも矛盾しないであろうか。第二に、大学の「機能別分化」が提起されているが、これは大学の自主的な選択により種別化するいう臨教審以来の政策手法を継承したものといえる。ヨーロッパの大学と違い、日本の大学はすでに機能分化が進んでおり、しかも大きな格差があるなかで、さらに「機能別分化」を進めると格差・序列化を伴う種別化を固定してしまうことにならないかという危惧がある。第三に、高等教育に対する公的財政支出が頭打ち状態にあり、かつ、受益者負担原則による家計支出が拡大し切ったなかで、これからの財政支援を、各高等教育機関の機能に応じた配分を行うとした場合に、各種の大学評価による評価の結果を踏まえることになるから、政策誘導という点から見ると効果的なのかもしれないが、大学間の格差は一層拡大・固定化するに違いないであろう。第四に、大学には本来自主性・自律性が不可欠という答申の認識は大事であるが、現在では自主性・自律性の中身が問われているのであり、また、大学の公共的役割や社会的責任もしかりである。ところが、中教審は大学教育へ目標管理制度を導入することを求めており、新たな国家統制をねらっている。大学が国際的通用性を有するためには、ユネスコの高等教育世界宣言（一九九八年）等をもち出すまでもなく、「学問の自由と機関の自治」と結びついた自主性・自律性が求められるであろうし、また、国家的公共性を超えた普遍的、人類的価値を追求する新たな公共性の構築が必要とされ、それに向けた大学の社会的責任が問われるであろう。

二　高等教育制度の構造的変容

二〇〇四年は、国立大学法人制度の発足、専門職大学院制度・法科大学院の発足、認証評価制度の創設など、これまでの日本の大学・高等教育制度にはなかった制度が一斉に動き始めた、歴史を画する年であった。ここでは、一九九〇年代以降の高等教育制度の構造的な変化の様相を概述する。

1　高等教育の多様化と個性化・特色化

すでに見たように、高等教育は、政策的には、専門学校を含む多様な学校種を包括して捉えられている。新制大学発足時には、大学がいわば唯一の高等教育機関であり、四年制大学に転換できないが広く高等教育の便宜を提供する機関として、アメリカのジュニアカレッジ制度にならって、暫定的措置として短期大学が設置された。これが一九六四年に学校教育法のなかに、恒常的制度として位置づけられ、高等教育機会の地域的拡大や女性の高等教育進学を受け止める機関として貢献してきた。また、高等専門学校は、中学校卒業を入学資格とし、「深く専門の学芸を教授し、職業に必要な能力を育成すること」（学校教育法一一五条一項）を目的とする修業年限五年の学校であり、産業界の強い要請のもとに新たな人材養成を行う高等教育機関として、一九六一年に創設された。これらに対して、一九七五年の学校教育法改正によって、同法一条における学校とは別に制度化された学校が専修学校であり、「職業若しくは実際生活に必要な能力を育成し、又は教養の向上を図ることを目的」（学校教育法一二四条）とし、同条に規定する要件のもとに組織的な教育を行うものとされる。専修学校には、中学校卒を対象とする高等課程、高校卒を対象とする専門課程、生徒の学歴を問わない一般課程がある。このうち、高校卒を対象とした課程（専門課程を置く専修学校）を専門学校と称することができる。このように目的や性格、制度実体（例えば、自主性・自律性の有無）が全く違う学校類型を一括して高等教育機関と呼ぶとすれば、一体、高等教育とは何か、が問われるであろう。

中教審答申は、多様化した学校種において各学校が一層個性・特色を明確化することを求めるのであるが、答申が高等教育の中核としている大学について、そこで要請される「機能的分化」（「個性・特色の表れ」）の問題を、以下で検討していきたい。周知のように、大学は「学術の中心として、広く知識を授けるとともに、深く専門の学芸を教授研究し、知的、道徳的及び応用的能力を展開させることを目的」（学校教育法八三条一項）としている。この目的に従って、戦後の大学は、学問の研究と教育を合わせ行い、一般教育と専門教育を学生に授けるものと見なされてきた。そのことを制度的に規定していたのが、かつての大学設置基準であった。一九九一年の設置基準の大綱化は、大学教育の多様化を一挙に押し進め、機能分化も促進した。まず、教養部・一般教育課程は廃止され、全学共通教育や教養教育などへの名称変更とともに、全体的に縮小しながら内容的に多様化したし、専門教育を担う学部はいわゆる四文字学部（例えば、人間環境学部、国際文化学部、経営情報学部など）が急速に設置されるようになった。また、旧帝国大学系の大学の教養部廃止に伴い、大学院を設置し、あるいは既存の大学院の重点化（部局化）が進められるという形で、機能分化も進行した。後に述べる大学院重点化は、「研究大学」と「教育大学」に分けていく働きをしたといえよう。一九九〇年代には、大学の「機能別分化」も一層進められた。一九九八年の大学審議会「二一世紀の大学像と今後の改革方策について」答申は、現状を追認する形で、総合教養大学、職業専門大学、生涯学習大学、研究志向大学や「学部中心の大学から大学院中心の大学」などに、「多様化・個性化」するとしていた。

大学が発展する過程で機能分化することはあり得るし、またあったといえるが、その場合でも大学としての総合・統合化機能が自律的に働かなければ、大学が大学でなくなる可能性がある。極端に言えば、大学が研究機能を持たずに、総合教養、職業専門、生涯学習、社会貢献などという形で「機能別分化」を果たしたとすれば、それは大学たりうるであろうか。大学の特性は、中教審答申もいうように、「自主性・自律性」をもつことにおいて初めて発揮できるのである。そして、大学の個性・特色も普遍性・一般性と繋がってこそ意味があるといえるであろう。

2　大学院の重点化と機能分化

大学審議会が「教育研究の高度化」という課題に対して最も重視した政策は、大学院重点化である。東京大学の法学政治学研究科を嚆矢とする大学院重点化（部局化——従来学部が担ってきた機能を大学院に移行し、その比重を格段に引き上げる措置であり、人員の拡充はしないが予算を二五％増額）は、旧七帝大系の大学院を中心に行われたが、それは日本の大学史上初めて「研究大学」が登場したといわれる。大学院重点化はそれに留まるものではなく、大学院拡充政策（一九九一年を起点に一〇年間で院生数を二倍化）、大学院の目的規定の変更（研究者養成に加えて、高度専門職業人養成も）、大学院での教育方法や形態、入学資格等の弾力化（その結果、独立大学院や独立研究科、昼夜開講制、通信制大学院等の設置も可能となる）、あるいは学位制度の見直し（博士の学位授与の円滑化）など、一連の措置が取られていた。これらは大学院重点化政策ないしは大学院重視政策ともいうべき志向性をもつ提起であった。先述の「二一世紀の大学像と今後の改革方策について」の諮問（町村信孝文部大臣）では、その方向が明解に示されている。「二一世紀においては、従来の大学院が担ってきた役割に加えて、大衆化以前の大学が果たしてきた質の高い教育の核となる部分を、大学院が中心となって担っていく必要がある」。言い換えれば、大学と大学院の関係において、これまでの学部から大学院へ機能の重点移行を行い、大学院を重視した政策が必要になるというわけである。同答申は、「大学院については、学術研究の中心としての発展とともに、今後、社会・経済の高度化・専門化、大学等と社会の往復型の生涯学習社会への転換等が一層進行していくことをふまえた高度専門職業人養成の一層の強化が重要となる」と応答している。そして、大学院の役割として、①学術研究の高度化と優れた研究者の養成機能の強化、②高度専門職業人の養成機能、社会人の再教育機能、③教育研究を通じた国際貢献を挙げ、いずれの面からも大学院のさらなる整備が必要としている。また、二〇一〇年における大学院の在学者数は二五万人程度を見込み、将来的には三〇万人規模になると予想している。国立大学については、今後大学院の規模の拡大に重点を置き、学部段階の規模の縮小も検討する。

以上のような基本的考えをもとに、「二一世紀の大学像」答申は大学院の機能分化を図っている。①経営管理、法律実務、ファイナンス、国際開発・協力、公共政策、公衆衛生等の「高度専門職業人養成に特化した実践的教育を行う大学院修士課程」の設置促進、②資源の集中的・重点的配分により、「卓越した教育研究拠点としての大学院」を形成・支援、③教育研究システムの柔構造化のために、社会人の再学習需要に対応して、「修士課程一年制コースの制度化」「修士課程長期在学コースの制度化」などの方策を提起している。そして、①は大学審段階では専門大学院と称していたが、新中教審に至って独立した制度として構想され、法科大学院をはじめとする専門職大学院としてすでに発足している。また、②は先の「遠山プラン」の一つの柱である「二一世紀COEプログラム」（旧称「トップ三〇」）として、博士課程をもつ大学院を世界水準の教育研究拠点とするというスローガンのもとに進められている。

大学院重点化政策は、院生数の急速な増加にもかかわらず教員定数がほとんど増えないまま学内でのやりくりで進められ、当初は大学院の独立した建物や施設が整備されず、あるいはカリキュラムも体系化されなかったこともあり、学部学生に犠牲を強い、院生指導も十分に行き届かない状態も生じていた。これらの問題は、必ずしも解決したといえないが、さらに新たな課題として博士課程（後期）を修了し、たとえ「ポスドク」などにあたったとしても、その先での就職が難しく、ポストドクター問題も深刻化してきている。また、専門職大学院制度が創設されたものの、これはアメリカの大学院制度（研究者養成目的の graduate school と高度専門職業人養成目的の professional school の二本立て）をモデルにしたものと考えられるが、その経験をもたず、背景・風土・条件も異なる日本で成功するかどうかは、なお不透明といわざるを得ない。しかも、大学と大学院の関係を機能転換させ、大学院に比重を移す政策が取られたが、それが学術体制や教育制度全体のあり方、あるいは大学・大学院と社会の関係から見て、妥当なもので、かつ、真に教育研究の高度化につながるかどうかについては、歴史的に検証されるべき課題である。大学院の重点化と機能分化という問題は、一つの実験段階にあるといえよう。

3　設置形態の転換と統治構造の変化

戦後の学校は、国、地方公共団体、学校法人のみが設置できることになっていた。これを根本的に変えたのが国立大学法人法である。国立大学法人が国立大学の設置者になった。また、公立大学も自治体と大学が選択すれば公立大学法人になることができる。この場合は、地方独立行政法人法に基づいている。さらに、構造改革特区においては、株式会社立の大学・大学院も設置されている。大学制度は、設置形態の変更という新たな段階を迎えている。そして、大学の統治構造も変わり、大学と社会の関係もより直接的になった。

戦後の大学は、教授会→評議会→学長というボトムアップ方式で意思形成が行われたが、国立大学法人はこれとは全く異なる方式に転換している。まず、①役員として学長と監事二人、及び各国立大学法人に指定された員数以内の理事を置く（法人法一〇条）。学長は、学長及び理事で構成する役員会を組織し、法人運営に係わる重要事項は役員会の「議」を経て学長が決定する（法人法一一条）。学長又は文部科学大臣が、それぞれ理事又は監事を任命するにあっては、「現に当該国立大学法人の役員又は職員でない者」が含まれなければならない（法人法一四条）とし、学外者を含むことを義務づけている。つぎに、②国立大学法人に、「国立大学法人の経営に関する重要事項を審議する機関として、経営協議会」を置き、委員の総数の二分の一以上を学外者とし、議長は学長をもって充て、経営協議会を主宰する（法人法二〇条）。また、③国立大学法人に、「国立大学の教育研究に関する重要事項を審議する機関として、教育研究評議会」を置き、議長は学長をもって充て、教育研究評議会を主宰する（法人法二一条）。ところで、学長と監事の任命は文部科学大臣が行うが、④国立大学法人が学長候補を文部科学大臣に申し出するに際しては経営協議会で選出された学外委員と教育研究評議会で選出された委員が各同数をもって構成する学長選考会議の選考により行う（法人法一二条）。役員会と経営協議会に学外者を配置し、学長は経営協議会と教育研究評議会の議長を兼ねて、それらを主宰し、それらの審議を受けながら、役員会の「議」を経て、法人運営の重要事項を決定・執行する、学長中心のいわばトップダウン方式による意思形成・執行ルートが導入されている。

また、国との関係では、文部科学大臣が中期目標を設定し（法人法三〇条）、大学が作成する中期計画を文部科学大臣が認可する（法人法三一条）とし、また、文部科学省に国立大学法人評価委員会を設置する（法人法九条）などの仕組みが導入される。そして、年度計画の導入とその業務実績の評価（独立行政法人通則法三一条・三二条準用）をはじめ、中期目標に係る業務実績の国立大学法人評価委員会による評価（通則法三四条準用）、及び中期目標の期間（六年間）の終了時の評価に基づき文部科学大臣が「業務を継続させる必要性、組織の在り方その他その組織及び業務の全般にわたる検討を行い、その結果に基づき、所要の措置を講ずる」（通則法三五条準用）とし、さらに、総務省の政策評価・独立行政法人評価委員会が「主要な事務及び事業の改廃」に関して文部科学大臣に「勧告することができる」（通則法三五条三項準用）とされる。そして、政府は「予算の範囲において」「業務の財源に充てるために必要な金額の全部又は一部に相当する金額を交付することができる」（通則法四六条準用）とされている。このように、大学と政府との関係はこれまでのように直接的ではなく、「間接」的なものになっており、個々の国立大学法人と政府との間には一種の「契約」的な関係が導入され、しかも、契約の履行状況を国に設置された第三者機関が評価し、その結果に基づいて次期の契約内容を決めるという形で、国立大学法人の結果責任を問うというスキームが設定されている（世取山洋介「国立大学法人法（制）と学問の自由」『日本教育法学会年報』第三四号、有斐閣、二〇〇五年三月）。

公立大学法人は、国立大学法人とは異なる面もあり、組織機構面でもあいまいさがある。国立大学法人は、法人の長（理事長）と学長を一致することにしているが、公立大学法人は、自治体の判断で学長と理事長を分けることも可能になっている。また、公立大学法人は経営と教育研究の重要事項を、それぞれ経営審議機関、教育研究評議機関を置くと規定されているだけであり、その構成や審議内容も定められていない。国立大学法人のように役員会の規定もない。さらに、中期目標の作成や評価の過程も異なっている。中期目標の作成・変更過程で、法人の意見聴取、当該意見への配慮は義務づけられているとはいえ、意見を聴くことにされている評価委員会は地方独立行政法人評価委員会である。また、中期目標の作成・変更に際しては、議会の議を経ることになっており、地方独立行政法人の枠組みを出るものではない。それだけに、地方自治体の裁量が働く仕組みになっている。

国立大学法人化と並行して、私立学校法の一部改定も行われた。学校法人における管理運営制度の改善、財務情報の公開、私立学校審議会制度の見直しが改定の骨子であるが、本論との関連では、理事会、評議員会、監事のそれぞれの位置づけ・役割の明確化と各機能の強化を図っていることが注目される。

二〇〇四年は、株式会社立の大学や大学院が誕生した年でもある。従来の学校設立は敷地や校舎を自己所有することが原則になっていたが、特区では設置基準の大幅な緩和で、賃借でも可能になった。コンピュータ・グラフィック制作の技術指導や弁護士の資格取得支援など、ユニークな授業が特色とされるが、安定した経営で質の高い教育を提供できるかという懸念もあり、文部科学省も対応に慎重であった。

国立大学に民間的経営手法の導入をねらった設置形態の変更を契機として、大学の統治構造は顕著な変化を見せてきたが、それは公立・私立への影響も少なからずあり、一方で株式会社の学校参入という事態を迎えて、いよいよ大学も市場社会への道が大きく開かれたといってもよいであろう。

4　高等教育の質保証システムとその現実機能

「高等教育の将来像」答申も述べるように、高等教育の量的側面での需要の充足、大学設置に関する抑制方針の撤廃や準則主義化による大学等の新設や量的拡大、高等教育の多様化の一層の進展につれて、学習者の保護や国際的通用性の保持のため、高等教育の質の保証が重要な課題とされる。そのために、国による質保証の仕組みと各機関の自主的努力が必要とし、設置認可の的確な運用、認証機関による第三者評価システム及び自己点検・評価の充実が求められる。そこで、認証評価制度の創設、国立大学法人評価委員会、大学の自己点検・評価制度など、評価システムの諸相とその現実機能を検討しておきたい。

認証評価制度とは、学校教育法の一部改定で設けられた（一〇九条〜一一二条）、文部科学大臣の認証を受けた第三者機関による評価システムのことである。例えば、大学評価・学位授与機構、大学基準協会、日本高等教育評価機構、短期大学基準協会などのほか、日弁連法務研究財団の法科大学院の認証評価などである。認証評価機関の認証にあたっては六項目のわたる基準（大学評価基準及び評価方法、評価体制、意見申立ての機会の付与、法人であること等々）を満たすことや、評価結果の公表・報告義務、認証の取消し権限など、文部科学大臣の関与が厳しく、第三者機関というものの、その自律性の根拠が弱くなっている。一方、各大学（短期大学、高等専門学校も）は七年間に一回、専門職大学院の場合は五年間に一回、この認証評価を受けなければならない。また、認証評価の結果は、公表され、文部科学大臣に報告されるだけでなく、資源配分（例えば、運営費交付金、私学助成など）の資料にも利用されることから、大学にとっては重大問題となる。

国立大学法人の評価システムについてはすでに言及したが、そのなかで重要な役割を果たすのが国立大学法人評価委員会である。この評価委員会による評価は国立大学法人制度の「基幹をなす制度」（遠山敦子文部科学大臣）といわれる。評価委員会は国立大学法人の経営全般にわたる評価を行うが、大学の教育研究に関わる評価は大学評価・学位授与機構の評価を受け、評価委員会はその評価結果を尊重しながら評価をすることになり、しかも、評価委員会の評価は総務省の政策評価・独立行政法人評価委員会から総括的に「二次チェック」を受けることになる。この仕組みのなかで、評価委員会の評価が予算の配分や組織のあり方やその存廃までも決めることになりかねないわけである。

大学の自己点検・評価は、一九九一年の設置基準の大綱化に際して、各大学に義務づけられたものであるが、認証評価制度の創設で、その機能的側面も変化してきている。当初は基準の緩和で教育研究の水準の低下を防ぐことが目指されたが、やがて公表も義務化されるようになり、さらに第三者評価システムの導入、特に認証評価制度の創設によって、文部科学大臣の認証を受けた者による評価を受ける（学校教育法一〇九条）ことになるから、認証評価を半ば前提とした自己評価とならざるを得ない仕組みになってきている。国の認証評価のために、大学が自己評価を行うとなれば、本末転倒にならないであろうか。大学評価は、高等教育の質の保証の一環として行われるはずである。しかし、現行の大学評価システムは、国の関与が強く、しかも、大学間の競争の組織化や、資源配分や組織改廃といった大学の生命線をも左右する役割を期待されるために、本来の機能を果たすことになっていないのではないか、という疑問が大学関係者のなかに広がっている。つまり、何のための、誰のための評価か、ということである。高等教育の質の保証というのは、国際的なレベルですでに議論もされ、実践されていることであるから、その現実を踏まえて、日本の大学が国際的通用性をもちうる高等教育の質保証システム（大学評価システムはその一つの手段）の構築が課題とされている。

以上に見るように、教育政策・行政のなかで高等教育分野は、臨教審以降、他の分野に先がけて「自由化」論の影響を受けてきたが、一九九〇年代以降にはそれによる具体的な改編が全面にわたって進展している。そこで特徴的なのは、「学問の自由」がほとんど顧みられることなく、その制度的保障ともいうべき「大学の自治」は壊滅的ともいえる状況に押しやられていることである。しかも、旧教育基本法一〇条にもかかわらず、行政による大学の誘導と支配が、競争と管理の形態を取って常態化しており、その一方で、高等教育に対する国の財政責任が限りなく後退してきた。教育基本法改正は、それに拍車をかけ、大学・高等教育の自主的・自律的な発展を一層困難にするものではないだろうか。

今日の中心的課題は、高等教育と社会との関係をいかに組み替えるかにあるといえよう。これに対して、教育政策・行政が一つの見取り図を描き、教育基本法改正によってその弾みをつけることになりそうだが、果たしてそれが大学・高等教育の現在と未来に何をもたらし、また、もたらすことになるのかという点から、政策評価が必要である。この政策評価は、行政機関が行うそれだけを意味しない。むしろ市民的かつ人類史的な観点からのそれになるであろう。大学・高等教育が国際的通用性をもつということは、そういう意味での公共的課題の解決に向けての探究が求められるからである。大学・高等教育は、そのような社会的支持を受けるように積極的な働きが必要である。

（細井克彦）

参考文献

○高木英明『大学の法的地位と自治機構に関する研究』多賀出版、一九九八年。
○高柳信一『学問の自由』岩波書店、一九八三年。

第11章　保育制度・行政の再編

一　少子化対策・規制緩和と保育制度の再編

1　少子化対策としての再編

これまで日本の保育制度についてはさまざまな議論がなされたものの、現在に至るまで文部科学省の所管である幼稚園と厚生労働省の所管である保育所に二元化されている。両者の関係については、国は一九六三年に「幼稚園と保育所との関係について」（文部省初等中等教育局長・厚生省児童局長連名通達）を出してそれぞれの機能が異なることを確認した。幼稚園は「幼児に対して、学校教育を施すことを目的とし」、保育所は「『保育に欠ける児童』の保育を行なうこと」を目的とするとされた。この基本姿勢は長く変えられることはなかった。しかし、一九八九年の「一・五七ショック」以後とどまることを知らなかった出生率低下が、少子化を日本経済を左右する大問題に押し上げたことによって、改革の速度が増した。

九〇年代後半からの改革では、厚生省や文部省はこれまでの方針を大きく転換するとともに、関連各省庁の協力体制をしき、矢継ぎ早に施策を打ち出した。一九九四年に厚生、文部、労働、建設四省合意による「今後の子育て支援のための基本的方向性について」にもとづく「エンゼルプラン」を策定したのを手始めに、九七年「児童福祉法」改正、九八年文部・厚生共同通知「幼稚園と保育所の施設の共用化等に関する指針について」、九九年少子化対策関係閣僚会議「少子化対策推進基本方針」にもとづく「新エンゼルプラン」策定、二〇〇一年「仕事と子育ての両立支援の方針について」閣議決定、〇二年厚生労働省「少子化対策プラスワン」策定、そして〇三年には「少子化社会対策基本法」成立、〇四年「少子化社会対策大綱」閣議決定といった具合である。その具体的な施策である「仕事と子育ての両立のための環境整備」として、待機児童発生の主要因であり特別保育事業として抑制されてきた乳児保育を一般化・拡大、延長保育・預かり保育の拡大、「ファミリー・サポート・システム」の導入、幼稚園就園奨励事業の充実などの施策が進められてきたのである。その成果か、〇五年の「一・二六」以後出生率はわずかながら上昇している。

この一連の改革のなかで目指されてきたものは、一言でいえば子育てへの「社会的支援」である。九〇年代に至るまで乳幼児を対象とする施策は、厚生省を中心として打ち出された「育児は母の手で」、「家庭教育こそが一番」という基本理念のもとに進められ、「三歳児神話」は社会的通念といえるほどに深く浸透した。しかし、この神話も『平成一〇年版厚生白書』において、「母親は子育てに専念するもの、すべきもの、少なくともせめて三歳ぐらいまでは母親は自らの手で子どもを育てることに専念すべきである」という「三歳児神話」について、「少なくとも合理的な根拠は認められない」と厚生省自身が明言したのである。これは、子育てを女性の犠牲的負担に封じ込めていた「家族責任論」にかわって、家族以外による子育てへの支援の必要性を認識し、「社会的支援論」への転換を示すひとつのターニングポイントであった。

だが、ここでひとつ注目しなければならないのは、ここで進められてきた「社会的支援」とは、国および地方自治体という「公的」なものにその他の提供主体が加わるという「公的支援」の拡大路線とは異なるということである。「社会的支援」では、地方自治体の役割が直接保育サービスを提供するという立場から、さまざまな提供主体によって供給されるサービスに対して一定の基準を策定し、監督するという立場へと転換されていることを看過すべきでない。その先には所得に応じて保護者である利用者に利用料補助を行うという展開の可能性も大きく開かれている。

実際に保育所では、一九五一年「児童福祉法」改正以後三〇年以上にわたっては維持されてきた「保育に欠ける」乳幼児の「措置」入所が、九七年の同法改正によって、「行政措置」から市町村との公法上の「契約」となった。その一方で、九九年に成立した「地方分権一括法」、二〇〇〇年の「社会福祉法」改正にもとづく一連の社会福祉基礎構造改革によって、公立保育所の民間への移管・委託、認可保育所への営利企業の参入など、規制緩和による多様な提供主体の参入が進んだ。さらに「待機児童」解消などを目的として一部認可外保育所を認証するなどして、補助や助成の拡大を図って積極的な活用に乗り出している地方自治体もでてきた。

改革は保育所だけでなく幼稚園にも及んでいる。少子化の進行を受け園児が減少するのにともない幼稚園の減少が続いており、とくに、公立では構造改革によって統廃合が加速され、二〇〇〇年以降だけでも五四一園の減となっている。もともと幼稚園は私立の占める割合が高かったが、〇七年現在では施設数では約六割、園児数では約八割を占めている。これまで小学校区ごとに公立幼稚園を置くなど、地方自治体は地域の子どもに対して直接保育サービスを行ってきたが、園児減少を背景として統廃合をすすめ、需要の高い三歳児保育や預かり保育の実施は進まず結果サービスの縮小となっている。そうした現状を追認するように私立園への就園奨励費補助を拡大するなどの施策が進められている。

また、これまでの議論で決着をみることがなかった幼保一元化については、一九九八年に「幼稚園と保育所の施設の共用化等に関する指針について」（文初幼第四七六号・児童第一三〇号、局長通知）が出されると、理念や目的の相違についての明確な見解が示されないまま、地方自治体は財政の効率化を図るという名目で施設の共用化を進めた。さらに二〇〇七年には、従来の幼稚園や保育所といった枠組みとは別に、幼稚園と保育所が連携した園など多様な設置形態をもつ「認定子ども園」が認められることとなった（認定子ども園法）。「教育振興基本計画」（〇八年）では認定件数二〇〇〇以上を目指しているが、円滑な移行にはカリキュラムの在り方、運営方法、教職員の配置など検討を要する課題が多い。

こうした改革の結果、一面においては、利用者と事業者の対等な関係づくりが進み、これまで多年にわたって批判されていた画一的なサービスが改善され、保護者の選択肢は広がり、より利用しやすいものとなった。しかし、反面では行政は一定のアカウンタビリティー（説明責任）を負うものの、市場において「選択する」のは利用者である保護者であり、その責任となる。子どもの受ける保育サービスの質は、選択する保護者の情報リテラシーと判断に依存する度合いが高まったといえる。

2　少子化と家庭教育への社会的関心の高まり

一九九〇年代後半からのもうひとつの大きな潮流は、家庭教育に向けられる社会的関心を背景に、国が一九九九年「家庭教育手帳」の妊産婦や乳幼児をもつ親への配布開始、二〇〇一年「社会教育法」改正における家庭教育に関する講座の開設等の事務の教育委員会の事務としての明記、同年「今後の家庭教育支援の充実についての懇談会」設置とそれに続く〇二年同懇談会報告「『社会の宝』として子どもを育てよう！」、さらには改正教育基本法においては家庭教育の条項を新設するなどの関わりを深めていることである。

同懇談会報告では、家庭教育支援についての基本的考え方を示すなかで「家庭教育は親の責任であると同時に、親の権利と喜びである」、「家庭は本来私的な領域であり、家庭教育はそれぞれの親の責任と自覚に委ねられるべきもの」としながらも、養育機能が失われている家庭、あるいは機能が麻痺している家庭、そのなかで日々生存の危機に晒されている子ども、生存の危険がないまでも乳幼児期に適当と考えられる環境や配慮を欠いたまま養育される子どもの存在をとらえて、「これまで手が届きにくかった親等へのアプローチ」の必要性を説いている。

たとえば、家庭教育支援の第一の方策とされている「親の成長の支援」を具体化した施策として、「家庭教育手帳」の作成・配布がある。乳幼児編には、「手帳には、家庭での教育やしつけに関して、それぞれの家庭で考え、実行していただきたいことが書かれています」という扉書きの後、親への具体的なアドバイスが「1．家庭とは？」をはじめ六つのテーマで所収されている。この手帳で取り上げられているテーマは、普及している一般の育児書や雑誌が扱っているものと大差はなく、イラストなどを取り入れるなどわかりやすくまとめられている。母子手帳の申請時などに無料配布されている。同懇談会報告書の「戸口まで届く、心に迫る」という趣旨が生かされているといえよう。

しかし親への教育が具体的で行き届いたものになればなるほど、本来個人の価値観やライフスタイルにかかわって形成されるはずの家庭像にかわって、国が提示する家庭像が理想のものとして追求され、そうした像とは異なる家庭を疎外し、ますます孤立させることにつながるのではないだろうか。

二　保護者の選択意識と行動

1　「選択」の現状

では、実際に保護者たちは、子どもの養育・教育にかかわって、どのような保育施設をどのような理由で「選択」をしているのであろうか。現在では就学前にほぼ全員の子どもがいずれかに就園しているが、二〇〇七年現在全国的な就園比率はほぼ六対四（幼稚園対保育所）である。ベネッセの実施した調査によると、園選びで「よく考えた」と回答した母親は三六・三％であり、首都圏や地方都市では約七割の母親が「よく考えた」あるいは「まあ考えた」と回答しているのに対して、郡部では四割強にとどまっている。また、幼稚園と保育園で「園選びで重視する内容」が大きく異なっており、保育園では「親の通勤に便利」「長時間あずかってくれる」「給食がある」「施設や遊具が充実している」、幼稚園では「雰囲気がよい」「園児か明るい」「園長や先生が信頼できる」「保育内容・教育内容がよい」「費用が安い」「子どもの友だちが一緒に通う」「わが家の教育方針にあう」といった項目で数値が高いという結果がでている（ベネッセ「第二回子育て生活基本調査（幼児版）」二〇〇三年）。

《K市の場合》

筆者は二〇〇四年に地方都市であるK市において、満二歳から満五歳の子どもをもつ世帯を対象に、就学前児童の保育サービスに対する利用状況の実態、保育施設への満足度、保育に関する価値観・ニーズについての総合的調査に参加した（添田久美子「加古川市就学前児童施設保育に関するアンケート調査結果・分析」『兵庫大学附属総合科学研究所報』一〇号、二〇〇五年七月）。ここではK市の事例から、九割が通園している二年保育の対象となる子どもの保護者を取り上げて、その選択行動を詳しく検討してみよう。

K市は兵庫県の南西部に位置し、工業地帯と大都市のベットタウンの両方を抱える人口約二七万人の中規模の地方都市である。保育施設は、調査当時、公立保育所一一園、私立保育所（認可）一八園、公立幼稚園二二園、私立幼稚園三園、その他認可外保育施設が約五〇園あった。市は一六町からなるが人口など地域差が大きく、市北西部では地方郡部、市南部は大都市近郊における現象と似通ったことが起こっている。市北西部では認可保育所や公立幼稚園への入園は容易であるが現在統廃合が進められている。市南部では保育所申込保管者が約一〇〇人にのぼり、公立幼稚園の約半数で実施されている二年保育への申し込み倍率は三倍を超えている。

保護者の選択についてK市が他の地域と異なるのは、認可外保育施設のうち約一〇園が特別な位置を占めていることに因る。この一〇園は歴史、規模、質において認可保育所や幼稚園に引けをとらず、主に三歳児以上の幼児を対象に七時間程度の保育を行っている。このタイプの園（以下「K市タイプ認可外」と呼ぶ）は、既存の保育施設が応じていなかった保護者のニーズをとらえ、K市では確実な地位を築いている。ちなみに月額保育料は、「公立幼稚園」七〇〇〇円程度、「私立幼稚園」と「K市タイプ認可外」が三万円程度、「認可保育所」は年収六〇〇万円世帯で二歳児以下四万四〇〇〇円、三歳児以上三万円程度である。

それでは各保育施設の通園群をみよう。「幼稚園群」は、母親が家事専業である世帯が七割以上という点では「公立」と「私立」で共通するものの、他の質問ではかなり異なった傾向がみられる。選択に際して「公立」では「小学校区内にある」「保育料負担が低い」ことが強く意識されている。現通園先以外への申し込み経験があるものが約三割であり、そのうち六割の申し込み先が「認可保育所」である。一方「私立」では「教育理念・保育方針の一致」が重視されており、「選んで入園した」という意識がうかがえる。他への申し込み経験も一五・一%とすべての通園群のなかでもっとも低い。また同じ幼稚園という範疇にあるにもかかわらず、「公立」の二年保育にもれた者で「私立」に通園するものは一六・七%にとどまっている。

「認可保育所群」では当然のこととして母親の就労率が高い。通園に際しても就労を支えるための事柄が重視されており、この点は先のベネッセの調査結果とも一致する。他への申し込み経験は一七・三%と低いが、そのうち申し込み先の約六割が「認可保育所」であり、一貫した希望であったと考えられる。

これに対して、「K市タイプ認可外群」では幼稚園群と比較すると母親の家事専業の割合は一割程度低く、かわりにパートが二五%と高く、就労世帯と非就労世帯の比率は四対六と接近している。回答傾向も「私立幼稚園」にみられる特徴と「認可保育所」にみられる特徴の両方が認められる。収入においては「公立幼稚園群」よりも高い。他への申し込み経験から見ると、公立幼稚園の二年保育にもれた者、認可保育所に入所できなかった者の受け皿としても機能しており、園児の四分の一の保護者にとってはセカンド・ベストの選択であったといえよう。しかし、園児の四分の三は当該施設のみ申し込みをしており、当該施設を選択しているといえよう。年収五〇〇万円以上の世帯では、「認可保育所」よりも保育料負担が少なくてすむという場合もあり、それが理由となっている場合もみられる。

つぎに実際に通園させてどのように感じているのかをみてみると、全体的な感想としてはどの施設でも八割以上が満足しており有意差はない。しかし個別項目をあげて満足度をみると施設によって相違がある。

項目のなかですべての施設で「不満足」が高いのが「保育料」である。「私立幼稚園群」、「認可保育所群」、「K市タイプ認可外群」の順で高く、いずれも三割を超えている。満足度と所得との相関をみるために所得層による分析も行った。「私立幼稚園群」、「K市タイプ認可外群」では有意差は認められず、同一保育料の場合、高いと感じるのは所得との関係ではないことがわかった。これに対して所得に応じて保育料が決まる「認可保育所」では、年収五〇〇万円以上の世帯で、「不満足」が四割以上と有意に高い結果がでた。

また満足度について「公立幼稚園群」は他群とはかなり異なった回答傾向がみられる。月額七〇〇〇円程度と比較的負担が低いためか、「保育料」に対する「満足」は六割ともっとも高い。当該群で「不満足」が高い項目は「保育時間の長さ」や「延長・預かり保育の有無」で約四割が「不満足」であると回答している。これらは公立幼稚園の選択に際してはあまり重視されていなかった項目であるが、通園させてみると五時間半で「預かり保育」を実施しないという保育時間はやはり短いと感じるようである。

さらに地域による違いをみてみよう。先述したように市北西部では一般的に郡部の状況、市南部では大都市近郊の状況がみられる。市北西部では「認可保育所」が約五割、「公立幼稚園」が約二割、「私立幼稚園」と「K市タイプ認可外」が約一割である。市南部では「認可保育所」と「K市タイプ認可外」がそれぞれ約三割、「私立幼稚園」が約二割、「公立幼稚園」が約一割と通園の状況はまったく異なる。

市北西部では「認可保育所」と「公立幼稚園」のどちらの施設とも保護者が「園」を選択するというよりは、ほとんど行政上自動的に「園」が決定される。先のベネッセの調査においても、保育施設の選択に際して「よく考えた」あるいは「まあ考えた」と回答している割合が郡部では四割程度にとどまっているのは、保護者が「考えない」のではなく、「よく考える必要がない」と理解されるべきであろう。本調査では「公立幼稚園」の選択理由としては「小学校区内にある」がもっとも重視されているという結果がでているが、市北西部は市南部よりさらに顕著である。そうした保護者にとって保育施設は従来的観念のもとにあり、「選択」するものという意識はうすいのではないだろうか。

2　「選択」からみえてくるもの

以上、K市のケースから確認できたことは、「選択」という意識が一般化していない地域がある一方で、条件のそろっている地域では、「公立幼稚園」や「認可保育所」に入れなかったからというネガティブな理由からではなく、積極的に保育施設を「選択する」という意識が定着しているということである。こうした「選択」の定着は、行政による保育施設整備が不十分であるというマイナスの状況によって促進されたことは確かであるが、現在では、保護者の「選択」行為は、自発的行為であるといえよう。

そして今回新たに浮かび上がってきたことは、保護者の意識の上では「幼稚園」と「保育所」という区分があいまい化しているということである。それは申し込み経験と現通園先の比較によって明らかとなった。「認可保育所」希望者では「公立幼稚園」へ変更は二八・六％、「公立幼稚園」希望者では「K市タイプ認可外」へ変更は五二・八％と幼保の枠組みを越えた変更が、変更のなかで多数を占めているのである。

こうした異種間変更の背景には、母親の「パート」という就労形態の定着があると考えられる。なかでも「認可保育所」に入所できれば働きにでるが、できなければ専業主婦を続け保育料負担の低い「公立幼稚園」に入園させる。

母親就労に対する潜在的希望（必要性）がベースにありながらも保育時間と保育料の兼ね合いをみて就労が決定されるという層の存在である。Ｋ市においては「認可保育所」に入所が困難である市南部で「Ｋ市タイプ認可外」の存在がこうした層の形成・定着を促進しているといえる。「Ｋ市タイプ認可外」では、保育時間が七時間程度、給食があるという点では認可保育所に近く、送迎バス完備、行事、保育内容は私立幼稚園並みであるという園が大部分であり、認可保育所と私立幼稚園の中間的性質をもっている。これらの保育条件は「パート」就労をしている母親のニーズにもっとも応じたものとなっているのである。「保育料」は「私立幼稚園」並みと決して低いわけではないが、「パート」就労による増収でまかなえない金額ではない。

Ｋ市では通園児と未通園児が半ばする三歳児といえども、未通園児のなかで「家庭で保育することがよい」との考えで通園させていない保護者は五％にも満たない。未通園児の半数にとっては「保育料」の負担の大きさが通園の抑制理由であるという結果がでている。通園は「保育料」負担を家計が許すか否かにかかっているのである。ここまで考察してきたように、家計と保育時間、保育料、その兼ね合いによる母親就労の可能性から、いつ通園を始めるか、どの保育施設に通園させるのかが決定されるのである。

また「選択」が可能であるにもかかわらず、実際には「選択」がされていないのは、「認可保育所群」の所得層が上と下の層であろう。年収五〇〇万円以上の上層を主に構成している世帯は共働きのなかでも母親が専門的な仕事に就いていると思われる層である。こうした世帯では、母親の就労の継続については「選択」したかもしれないが、母親の就労を前提とした場合、就労を支える条件が整っていることが施設選択の必須条件となる。乳児や長時間保育の必要性などから、七時間程度の「Ｋ市タイプ認可外」でも応じきれない世帯にとっては、「認可保育所」以外には選択の余地はなく、まして個別の「園」を選択することは現在の「認可保育所」入所状況からみて不可能である。こうした層が「認可保育所群」における「保育料」不満の主流を成していると考えられる。

もう一方の年収三〇〇万円未満の層では「認可保育所」の保育料負担はもっとも軽い。しかし自己負担から考えてこの層の保護者が「認可保育所」以外の施設を選択できる実現可能性はきわめて低く、残る選択肢は家庭で子どもをみることであるが、三歳児以上の年齢であればそれは選択肢とならないであろうことから、事実上「選択」は不可能ということになる。

この二層の状況は「選択」とそれにともなう「自己負担」「自己責任」の問題とその前後にかかわる「公正観」とそれを基盤とする「公平感」の問題を顕在化させる。市場上的「選択」の是非について論ずるまえに、「公正観」にかかわって「保育は教育か福祉か」を再検討する必要があると考える。過去においては「福祉と教育の一体性」を主張する運動によって保育制度改善が進められてきたという成果については評価するべきではあるが、現在それは、苅谷剛彦のいう神話作用――「『本当の教育が実現すれば……』という、〈よきものとしての教育〉の信仰」、のなかでの堂々巡りしかもたらさない（苅谷剛彦『大衆教育社会のゆくえ』中央公論社、一九九五年）。

また白石裕が論じているように、教育と福祉は不可分性、連続性という側面をもちながらも、「教育には教育の、福祉には福祉の独自の目的があるし、またそのための独自の運営・管理の方法がある」。「教育は基本的には人間能力の開発とか、人間の成長・発達を図ることを目的とするのに対して、福祉は生活困難者など社会的・経済的弱者といわれる人たちを救済することを基本的な目的とする」。ゆえに対象においても「福祉の場合は対象が特定の人間に限定されるのに対して、教育の場合は不特定多数の人間を相手とする」（白石裕『分権・生涯学習時代の教育財政』京都大学学術出版会、二〇〇〇年）という相違がある。

目的の相違とその必然としての対象の相違は、当然のこととして人々がその領域に対して抱く「公正観」にも相違をもたらす。つまり、「どのような配分原理が用いられるべきか」、「どのような分布であるべきか」という「理念」は領域によって異なると考えられる。教育についていえば議論の余地は多く残されているが「能力に応じて」教育機会が配分されるべきであるという理念は教育基本法にも示されている。しかしこの配分原理は決して福祉の領域におけるあるべき配分原理とはなりえないであろう。このように「公正観」が異なれば、それをもとにした社会の実態の「認知」は異なり、その結果、社会評価としての「公平感」にも違いをもたらすであろう。

「公教育」であれば制度システムは「不特定多数が質の高い教育を安価な費用」で受けることができる設計がもとめられるべきであろう。「家庭の経済状態に応じて教育を受ける機会や教育費の負担のあり方が定められる」べきではなく、かりに、経済的事由によってそれが阻まれているとすれば就学援助として支援されるように整備するべきであるというのが戦後形成されてきた考え方である。「福祉」であれば、「特定の子どもに対して生存そのものにかかわるものとしての救済」ができる制度設計がもとめられるべきであろう。

たとえば、ほとんどすべての子どもが就園する五歳児の保育について考えると、これを「福祉」の領域であるとすれば、現行の保育が「生存のための救済」に当てはまるのか、「救済を必要とする特定の子ども」を対象としているのかという疑問が起こってくる。逆に「公教育」の領域であるとすれば、「認可保育所」制度における「保育料が所得に応じていること」は先の理念に反していることになる。

幼稚園と保育所の線引きのあいまい化が進んでいる状況において同じ施設で同じ保育を受けながら、もし一方の保護者は「福祉」と認知し、もう一方の保護者は「教育」と認知しているとすればどうであろう。K市における年収五〇〇万円以上の層の「保育料」に対する高い不満の根本も実はこのあたりに起因するものではないだろうか。

どの年齢、あるいはどの種類のサービスを教育とし、福祉とするのか、を明確にしなければ、「公正観」が異なる以上、当然のこととしてどちらの観点からもそのサービスは満足のいくものとはなりえないし、「公平感」をもたらすことはできない。線引きがあいまいなまま現在進んでいる「保育所と幼稚園の施設の共用化」、さらには「認定子ども園」への移行は、一部には保育施設による公費補助格差への保護者の不公平感への対応という評価はあるが、これまで言及してきたようにこれらの改革は、保護者の負担感や不公平感をさらに募らせるばかりではなく、「教育」にしろ「福祉」にしろ、その質を低下させるものである。

三　改革の行方

ここまでみてきたように、「保育」の領域は、是非は別としてすでに多様な提供主によってサービスが提供され、それが保護者によって「選択」されるという慣習が定着している。そしてその「選択」は現状では家計とのバランスによって決定されている。これに対して「大きな政府」による「公的介入方式」によって支えられる「ワン・ベスト・システム」は、保護者にとってもはや意味をなさないことはつぎのことからも明らかである。

国立社会保障・人口問題研究所による「第一三回出生動向基本調査」（二〇〇五年）によると、夫婦の理想の子ども数の平均は二・四八であるのに対して、予定子ども数は二・一一である。理想と予定に差が生じる要因はどこにあるのであろうか。「理想の子ども数を持たない理由」として六五・九％の人が「子どもを育てるのにお金がかかる」と回答している。実際にどの程度の子育ての費用がかかっているのかをみると、二〇〇七年度の野村證券の調査（野村證券「第八回家計と子育て費用調査」二〇〇七年。なお「エンジェル係数」とは食料、医療、レジャー、教育、預貯金まで含めた子どもにかかる支出を家計支出に占める割合をいう）では、第一子が乳幼児である世帯の「エンジェル係数」は一四・六％で、その費用を負担に感じているのは二七・〇％、しかし未就学児である世帯では二三・五％ですでに、五四・三％が負担に感じている。

「負担感」は客観的な家庭の経済状態を反映しつつもあくまでも主観的なものである。「負担感」を高める要因とはなにか。たとえば先の野村證券の調査によれば、第一子が乳幼児である母親では、子育てにかかる費用について「親も子育てを楽しみながら出費している」とする回答が四七・一％であるが、第一子が未就学児の母親では、「楽しみながら出費」は二四・一％であり、「人並み・世間並みのことをしてあげたいと考えて」出費するが三割を超える。この回答結果から、比較的費用が少なくてすむ乳幼児の間は、自己の理想とする生活スタイルを追求するなかで「子育てを楽しむ」という現代の若い世代のライフスタイルが実現されているが、子どもが幼稚園や保育所に就園する年齢になると、生活スタイルの追求や子育てを楽しむというより「人並み・世間並み」が優先されるようになり、そのことで理想と現実の乖離による心理的負担感が生じ、全体としての「負担感」が増大しているという姿が読み取れる。

さらに先の報告によれば「エンジェル係数が一九九一年以来過去最低であり、一人当たりの子育て費用は年収の多寡で二極化し低年収層で子育て費用を引き締めの傾向がみられるという。

では、家計がそれを許さないからといって希望する「選択」を放棄するのであろうか。たとえば福田亘孝は、実際の子育てにともなう現実の家計・生活と理想とする家計、生活スタイルの間に乖離があるとき、その乖離を抑制しようとする考えが働くという（副田亘孝「少子化の社会経済的背景」平山宗宏編著『少子社会と自治体』日本加除出版株式会社、二〇〇二年）。つまり、経済的状況の悪化や負担感の増大は、生活スタイルの「選択」の放棄という方向に進むのではなく、子どもをもつことを回避する方向に向かう。理想の子育てに向かっての「選択」を実現可能にすることのみが、子どもをもつことにつながるということになる。では、制度システムにこの「選択」と「家計負担」をどのように関係づけるのか、それがつぎに検討すべき課題となるのであろう。

たとえば八代尚宏は、行政的合理性としての効率性と公平性の両方の観点から「限られた財政資金を保育所という施設への補助から保育サービス利用者補助へ転換することで認可外保育所利用者負担の軽減と認可保育所利用者の負担増を図」る、保育負担を社会的分散させるための介護保険の保育版の設立を提言している（八代尚宏「規制改革を通じた公平性の確保」樋口美雄・財務総合政策研究所編著『日本の所得格差と社会階層』日本評論社、二〇〇三年）。

また総合規制改革会議の「中間とりまとめ」(二〇〇二年)においては、株式会社の参入とともに利用者補助を提言している。現在K市では「K市タイプ認可外」に対して助成や補助を行っていないが、この提言によれば利用者補助への転換や東京都のように独自の認証制度をとることも検討可能ということになる。

これに対して、文部科学省は「学校は『公の性質』を有するものであり、その設置と運営は、国家、社会として責任を持って取り組むべき極めて公共性の高いものである」という「公」の論拠にたって「機関補助から利用者補助へのシフトによる利用者選択の拡大は適切ではない」としている。また、厚生労働省ではこうした提言に対して「子どもを預けたい親がサービスの質に関わらず保育サービスを購入した場合に金銭的援助を行うという考え方」として、従来からの「子どものための保育」という理念に係る問題であるとしている。

この議論には「自己責任」のあり方も巻き込まれていく。文部科学省の「国家、社会としての責任」、厚生労働省の「親がサービスの質に関わらず保育サービスを購入した場合」と論拠は異なるものの、機関補助から利用者補助への転換の問題性を主張している。この発言の根底には、市場における「選択」には教育的(あるいは福祉的)合理性から鑑みて、合理的でない「選択」がなされる可能性があるという認識があると思われる。それについては「保育サービス利用者補助へ転換」を提言する八代自身も「消費者がその自主的な判断能力に欠けるため」状況が悪化することがあることを認めている(八代前掲書)。では、教育的(福祉的)合理性からみて不合理と思われる選択を保護者が行ったときの子どもが被る不利益はどう考えるのであろうか。

たとえば、ここに二〇〇〇年に厚生省によって出された「よい保育施設の選び方　十か条」と題されたものがある。「キャッチフレーズ、建物の外観や壁紙がきれい、保育料が安いなど、見た目だけで決めるのはやめましょう」とし、「部屋の中まで入って見る」ように勧めている。「子どもたちの表情がいきいきしているか」「保育する人が笑顔で子どもたちに接しているか」「赤ちゃんが静かに眠れる場所があるか」「子どもが動き回れる十分な広さがあるか」「遊び道具がそろっているか」「陽あたりや風通しがよいか」「清潔か」といった具体的なチェックポイントとともに、そこには「災害のときのための避難口や避難階段があるか」といった施設としての基本的安全性にかかわることもあげられている。そして最後は「個々の園の特色や状況はだいぶ違いますし、皆さんの事情も一人一人様々でしょうから、どの園がよいかは、皆さんが目で見て納得することが大切」という言葉でまとめられている。この「十か条」で果たして教育的（福祉的）不合理な選択をする可能性のある保護者がどの程度適切に保育施設を選ぶことができるようになるであろうか。

また、子育て費用の二極化については先述したが、保護者の子どもの進学に対する期待についても差が広がり続けている。ベネッセの調査によれば、大学卒業以上の学歴を子どもに期待する母親は、「大卒の母親」では七七・九％であるのに対し「高卒の母親」では、五一・六％と大差がある（ベネッセ「第三回幼児の生活アンケート調査報告」二〇〇五年）。学歴や学歴競争に与するつもりはないが、そうした保護者の期待や態度が小学校入学以前から子どもの学習への意味基盤・インセンティブ基盤に影響を与え、さらに保護者の「選択」によってより子どもへの影響を強めるとすれば、格差の補償はどこでなされるのであろうか。

一方では、五歳児就学の提言などに後押しされるように、幼稚園や保育所が小学校の就学準備に力を入れるべきという意見もでてきており、幼稚園や保育所に「知的教育」を望む母親も増加している。しかし、これとても子どもの発達という視点からみたとき、合理的「選択」とはいいかねるものがある。

こうした「選択」の不合理や家庭の文化・教育に起因する不平等を防ぐ方策が、先にあげた「家庭教育手帳」に象徴される家庭教育に向けられた国家的施策であるというのか。そのために「家族の自律性」の原理を手放してよいのであろうか。改めて言及するまでもないが、近代国家は子どもの利益のためという名目のもと親権に対して社会的・国家的な統制を加えてきた。これまでも家庭が国家的意思から独立した私的空間として存在してきたわけではないが、これらの施策は、親に残された次世代に対する人間の本質にかかわり価値観にもとづく自己教育の場となるという家庭の本質的機能に直接的に踏み込み「社会的なもの」にするものである。

保育に求められているべき構造改革とは、まず「社会的なもの」としてもよい限界線、「不特定多数」を対象にしなければならないものの再検討であり、保育サービスを目的理念と社会の現実的な認識のあり様にそって、「教育」と「福祉」に区分することである。その上で、それぞれの領域の目的理念に照らして問題のあると考える施設を排除するために認可外施設をも視野に入れて基準の再整備を行い、不適格な施設の存在を容認しない厳格な監督システムを行うことである。それは認可保育所や幼稚園に対する現行の基準からすれば一時的には引き下げになるかもしれないが、認可外施設が積極的、あるいは消極的に選択されているという現実、質的に雑多であり容認できない施設も多く存在しているという事実、こうした状況のまま多様化・選択の拡大が進むことによるリスクの大きさ、に対して現実的に対応するためには必要な改革ではないだろうか。施設の淘汰を保護者の「選択」にのみ任せるのではなく、それぞれの領域の目的理念にそって最適であると考える基準をたて評価を行い、不十分な施設については改善を求め、それが充たされないときには閉鎖するという厳格な監督を行うべきである。そうすることで、保護者の「選択」の実現可能性は拡大し、リスクはゼロにはならないまでも小さくすることが可能となり、それは「公平感」を高めることにもつながるのではないだろうか。

（添田久美子）

参考文献

○苅谷剛彦『大衆教育社会のゆくえ』中公新書、一九九五年。
○泉千勢・一見真理子・汐見稔幸『世界の幼児教育・保育改革と学力』明石書店、二〇〇八年。

第12章　福祉・司法と学校教育の連携

社会には子どもの成長・発達に関わるさまざまな制度がある。それら諸制度が相互関連・交錯するような分野ではとくに制度間の谷間が生じやすく、制度理念や対象に即して見直していくことが必要である。制度対象が子どもである場合、子ども側の視点は重要である。「縦割り行政」がよく問題にされるが、子どもは社会全体の中で自己形成をしていくわけで、それを支え保障する社会諸制度が子どものあれこれの側面をばらばらに管轄しているなら、子どもの人格の統一的成長には不都合である。子どもの権利条約第三条「子どもの最善の利益」の思想も、社会諸制度が全体として子どもの成長にとって整合的であることを求めていると言えよう。

そこで本章では、子どもを対象とする社会制度のうち児童福祉、少年司法、学校教育の制度・行政について、それらが相互に交錯する少年非行関連の場面を「子どもの成長発達を支える社会システム」という視点から横断的に検討する。それら諸制度は、そもそも子どもの福祉と成長発達という共通の理念・目的に基づいて制度配置されている（子どもの福祉＝児童福祉法一～三条、健全育成＝少年法一条、個人の尊厳を重んじ、人格の完成をめざす教育＝教育基本法前文・一条。なお、二〇〇六年改正教育基本法では旧教育基本法で教育の目的とされていた「個人の価値をたっとび」（旧一条）が教育の目標に位置づけを下げられたが（二条二号）、前文で「個人の尊厳を重んじ」という文言が維持されたことを重視したい）。それらを生かし子どもの成長発達権・学習権（日本国憲法一三・二五・二六条、子どもの権利条約三・二九条）を社会的に定着させるうえで、これら制度・行政の連携・運用の現状にはどのような理念整合的課題があるか、一定の改善方策も提示しつつ検討したい。

一　児童福祉と学校教育

1　児童自立支援施設と学校教育

（1）児童福祉法の改正と教育権問題

まず、児童福祉制度の中心をなす児童福祉法における少年非行と学校教育との関係場面をみておこう。

一九九七年に児童福祉法が改正され（一九九八年四月施行）、児童福祉制度における少年非行の扱い方は大きく変容した。この改正で教護院は児童自立支援施設と改称、対象児童は「不良行為をなし、又はなすおそれのある児童」に加えて「家庭環境その他の環境上の理由により生活指導等を要する児童」に拡大し、目的も「教護する」ことから「個々の児童の状況に応じて必要な指導を行い、その自立を支援し、あわせて退所した者について相談その他の援助を行う」ことと変更された（通所児童も含む、児福四四条）。

この改正は一九〇〇（明治三三）年感化法、一九三三（昭和八）年少年教護法、四七（昭和二二）年児童福祉法という非行問題に関する内務行政・福祉行政史において、非行問題を児童問題に限定せず家庭環境との関係の中でとらえようとする大きな変化であり、要保護性の概念を不良性及び要生活指導性へと拡大したことになる。

また、入所児童の就学行政も大きく変化した。改正前の教護院時代には、入所児童の就学は猶予・免除措置（学教二三条、「病弱、発育不完全その他やむを得ない事由のため、就学困難と認められる者の保護者に対しては、市町村の教育委員会は、（中略）（就学させる）義務を猶予又は免除することができる」、中学校準用三九条三項。行政指導として文部省初中局長回答、少年院・教護院入院児童生徒についての処置は、就学義務の猶予をする、昭二八・九・二九。同、教護院入所は「その他やむを得ない事由のため」の場合と解する、昭二九・三・二六）をとる一方、教護院の長は「在院中学校教育法の規定による小学校又は中学校に準ずる教科を修めた児童に対し、修了の事実を証する証明書を発行することができ」（改正前児福四八条二項）、「教科に関する事項については、文部大臣の勧告に従わねばならない」（同条三項）として、「準ずる」教育内容を学校制度から乖離させないよう縛りをかけつつ教護院長は文部大臣の許可を必要とせずに通常の卒業証書と同一の効力をもつ修了証明書を発行できるとされていた（厚生事務次官依命通達「児童福祉法の一部を改正する法律（第五次改正）の施行について」発児第六九号、昭二六・一一・八）。しかし厳密に考えれば、ここには「準ずる」教育と同一効力との矛盾がある。修了認定とその卒業証書との効力同一性は児童福祉法の原型とされる少年教護法成立時に初めて規定された（一九三三・昭和八年五月五日公布、二四条）。これが九七年改正で他の施設と同様、児童自立支援施設長や里親にも保護者に準じて就学させる義務を課し（児福四八条）、学校制度上の猶予・免除という形で教育を受ける権利（憲法二六条）の谷間にあった入所児童に純然たる公教育を保障することとなったのである。

しかし、児童自立支援施設は児童養護施設などとちがって自己完結的な生活の場として施設目的を果たすものであるから、施設長の就学させる学校は施設内設置、すなわち児童福祉制度の中の学校教育という形態にならざるを得ない（東京都知事・東村山市長「東京都立萩山実務学校における学校教育実施に関する協定書」（二〇〇一・三・一）の協定引継ぎ書には、分校設置理由を「入所中の児童については、その行動において、近隣の学校での就学は難しいため、」と記している）。

この改正で入所児童の学籍は施設に設置される学校（本校設置以外は分教室、分校）に置かれ、法改正前（教護院時代）に「就学猶予」扱いにしていた無学籍状態は解消される。もともと、改正契機にはこの就学・学籍問題があり、とくに「一九八四年に神奈川県で行われた会計検査院の検査で、教護院入所児の『学籍』を出身学校にそのまま置いておくことは『水増し』であるとの指摘を受けた」（小林英義「施設入所児の教育保障」小林英義・小木曽宏編著『児童自立支援施設の可能性』ミネルヴァ書房、二〇〇四年）ことで、法改正前すでに九施設でそれまでの「派遣教員受け入れ」から一歩進めて分校・分教室設置に踏み切った事情がある（神奈川県会計検査院問題以前からの学校設置施設は二、検査院問題以降法改正までが九施設である）。

さらに、この入所児童就学・学籍問題を社会的にクローズアップさせたのは、日本弁護士連合会の意見書「教護院にある児童の教育を受ける権利に関する意見書」（一九九〇年三月）であった（この意見書は、一九八六年に元教護院長から日本弁護士連合会人権擁護委員会に対してなされた、児童福祉法四八条の「準ずる教育」は法制度上入所児童の教育を受ける権利が侵害されているとの人権救済申立に対する意見書である）。

日弁連は、憲法二六条一項違反の疑いがある児童福祉法四八条二〜四項を削除し、同一項に教護院を挿入して入所児童の教育を受ける権利を保障すること、その上で、厚生省・教護院は伝統的な全人教育との調和を追求すべきこと、文部省は学校教育法二三条（改正前）の就学猶予・免除適用をやめ入所児童の教育権保障に責任を負うべきことを提言した。この意見書は、就学猶予・免除制度によってその間の教育権保障責任を頬かむりしてきた教育政策・行政に対する問題提起でもあり、一九九四年の子どもの権利条約批准・発効という状況も重なって、これらの動きが教護院入所児童の教育権保障法制を整備する九七年児童福祉法改正にはずみをつけることになった（日弁連意見書以降の厚生省、文部省、教護院の対策協議の経過について、花島政三郎「教護院の将来展望」加藤幸雄ほか編『司法福祉の焦点』ミネルヴァ書房、一九九四年、参照）。

（2）法改正に関する教育行政側の態度

とはいえ児童自立支援施設の学校教育（公教育）実施について、教育行政サイドはどのような立場をとったであろうか。法改正に至る過程での文部省の態度は、「教護院側の決断次第」というもので（花島前掲論文）、義務化に必要な教育法制ないし教育行政上の条件整備は等閑視された。児童福祉法改正時の文部省通知も、「児童自立支援施設

（以下「施設」という）に入所中の児童に対する学校教育の実施形態は関係教育委員会において判断されるものであること。また、学校教育の実施の際には、関係教育委員会は、福祉部局等と十分に連携を図ること」ときわめて簡易なものであった（文部省初中局中学校課長教育助成局財務課長通知「児童自立支援施設入所中の児童に対する学校教育の実施について」初中第三九号、平一〇・三・三一）。

要するに、国としては施設と市町村教育委員会側に学校教育実施責任を投げ、都道府県・指定都市教育委員会に対しても、「管下の市町村教育委員会及び学校に周知願います」と、実施の受け皿整備をあげて市町村教育委員会に降ろしてしまうような形であった。

だが、市町村側からすれば学校設置義務は居住する住民の子女を就学させる義務への対応なのであって、居住していない親の子女に対する責任まではとれない、住民の税金による予算をまわすには議会の承認が取りにくい、そもそも児童自立支援施設の設置義務は都道府県にあるのだから、責任は都道府県がとるべきだ、ということになる。

一方、都道府県も財政難の折から学校教育実施は負担であり、義務教育であるから施設のある地元市町村が面倒を見てほしいということになり、結局都道府県と市町村の教育委員会そして施設の三すくみ状態が続いて、法改正はしたものの実際には関係者の協議は難航することが多かった。施設現場サイドにとって、この状態は法改正時にきちんと福祉行政・教育行政両者の責任と負担の法的整理ができていないまま就学させる義務だけが押し付けられたことになる。実際、学校教育実施施設の学校建物は市町村所有が皆無で、もともと施設の建物であるものを借りる形になっている（文部省調べ「児童自立支援施設における学校教育の用に供する建物の状況」、二〇〇一年一〇月現在）。

こうして児童福祉施設内学校教育は、都道府県、市町村及び各教育委員会・福祉部局の間で責任区分等の協定が整うことで実施可能となる。例えば東京都では、都が施設無償使用や施設維持管理費を、施設所在市が学校教育実施経費・備品費と学校事故責任を負担し、学籍は区域外就学及び指定校変更等により転学とするという協定書を結んでいる（萩山実務学校について前掲一三九頁の協定書、誠明学園については東京都知事・青梅市長「東京都立誠明学園における学校教育実施に関する基本協定」（二〇〇二・三・二九）等。いずれも他に管理運営・就学、連携協力、施設使用の協定・覚書を交わしている）。

2　施設における学校教育実施と教育行政

（1）児童自立支援施設における学校設置の現状

児童自立支援施設の学校制度は義務教育段階の法制化であり、中学校卒業後（自立支援施設でいうところの年長児童）の後期中等教育についてはなお課題が残されているが、まず就学義務化に伴う全国的な学校設置・運営実態をみてみよう。

小・中学校設置状況は、全国五七施設（国立二、都道府県立四〇、市立四・横浜、名古屋、大阪、神戸、私立一・北海道家庭学校、横浜家庭学園。中学校卒業後の不登校・引きこもり児童対象の一施設・大阪を除く）で、小学校設置が三六施設（六三％）、中学校設置四〇施設（七〇％）、一〇～一一年度設置予定が二施設である。つまり現状では、学校設置施設は全体の六～七割である（石川県立児童生活指導センター前施設長調査、二〇〇九年一月現在）。

実施形態（運営形態）も多様で、本校、分校、分教室の三形態がある。独立した学校として小・中学校とも本校方式をとるのは東京都立誠明学園のみ、中学校を本校方式としたのが岡山県立成徳学校である。小学校は分教室方式が多く（一九施設、設置施設の五三％）、中学校は分校方式が多い（二七施設、同六六％）。中学校でなぜ分校方式が多くなるかは、入所児童数による選択であろう。施設入所は小学生は比較的少なく中学生の数が多い。全国合計では、小学生二〇九人、中学生一五六九人、中学校卒業後の年長児童二七四人、合計二〇五二人である（二〇〇八年三月一日、全国児童自立支援施設協議会調べ）。学年別では、非行の初発時期である小学校高学年ないし中学一年あたりから徐々に進行し、中学二、三年あたりで措置ないし送致が増えるという実情に見合って小学生と中学一年生が合わせてほぼ五分の一、中学二、三年生が五分の四である。

中学校で分教室方式をとる施設は、法改正以前からすでに学校教育法上の学校として設置していたところが多い（国立武蔵野学院と同きぬ川学院は学校設置が比較的新しいものの分教室方式である。法改正前に最も早くから学校を設置していたのは福岡県立福岡学園で一九五四年、次いで宮城県さわらび学園が七三年、千葉県立生実学校、滋賀県立淡海学園が八六年、茨城県立茨城学園が八七年と続き、これら施設では分教室方式で設置していた。石川県立児童生活指導センターは八六年だが分校方式）。

以上のように、未設置あるいは検討中といった施設がなお多く設置方式も全国的にばらばらな現状をみれば、児童自立支援施設の学習権保障は児童福祉制度と学校制度が重なる場面でなお制度的谷間にある問題といえる。法改正後相当な時間経過にもかかわらず、なぜ学校設置がおよそ半数にとどまっているのだろうか。そこには入所児童に学校教育を保障する行政責任の所在、施設設備・教職員配置など教育行政による条件整備、児童福祉行政と教育行政の連携といった問題が依然として残されている。

（2）施設における学校教育条件整備と運営努力

施設における学校設置形態（運営方式）の分布はすでにみたが、教員配置は設置形態による特別の扱いはほとんどなく、おおむね標準定数法（公立義務教育諸学校の学級編制及び教職員定数の標準に関する法律）七条に基づく計算で配置されている（以下、学校教育実施状況について全国児童自立支援施設協議会『全国児童自立支援施設運営実態調査』二〇〇九・三）。ということは、とくに中学校の場合、教科ごとの配置は困難で、担当教科の免許状所有状況が懸念される。その隙間を埋めるような形で講師が配置されている施設が多いものの、なかには小学校（分校）一学級で教員一名、中学校（分校）二学級で教員四名、講師なし、という施設もある。その施設では施設職員もTT要員として授業に参加し学習指導の補助をしている。もっとも、施設職員による学習指導協力態勢は多くの施設で行われており、全国で唯一小中学校とも本校設置形態である誠明学園（東京都）の教員配置は校長一（小中兼務）、教頭各一、小学校三学級に四名、中学校九学級に一八名、講師四名と、人数としては学校規模に見合った教員配置であるものの、福祉職員九名が直接連携協力する態勢をとっている。学校事務職員配置にいたっては誠明学園を含め全国で八施設にすぎず、全体として個々の児童の実態に即した学習指導をすすめる教職員配置は不十分とみられる。

九七年児童福祉法改正による児童福祉制度内部に学校制度を抱えるという特殊な制度形態が全国的に実施され定着する上で、福祉職員の担う児童福祉（生活指導、職業指導）と教育職員の担う学校教育（学科指導）は截然と区分されにくく、施設レベルでの児童福祉・学校教育連携が不可欠であろう。実際、学校教育実施施設では両領域の固有の責任分担を基礎とした協力関係がいろいろ工夫されており、職員合同の朝会やケース検討会、クラブ活動指導、福祉職員の学科指導（授業）補助などはほとんどの施設で行われている。なかには、教員を夫婦ともに施設職員として任命し（西日本のある施設）、小舎夫婦制の施設運営を生かした指導体制の一体化を図っているところもある。

これらは職員配置の不十分さを補う工夫でもあるが、職員配置が充実したとしてもすべての福祉・教育職員が児童の生活全体に配慮しながらそれを見通せる児童自立支援施設ならではの積極的意義をもつものといえよう。児童福祉制度内部の学校制度包摂は、施設の福祉活動（生活指導・職業指導）、教育活動（学科指導）間に壁を作ることではなくて、入所児童学習権保障の制度化に意味がある。児童福祉施設最低基準は生活指導・職業指導の趣旨を児童の社会的自立支援と定めるが（八四条）、これは学校教育の人格完成目的（教基法一条）と同質である。むしろ、受験教育に偏る学校教育の問題性を逆照射する「流汗悟道」（留岡幸助）、「with の精神」（斉藤幸芳「これからの児童自立支援施設――児童相談所からの期待」小林・小木曽前掲書）という近代日本児童福祉の根底にある教育理念は、「児童自身の抱える育てられにくさの中で、家庭や地域に居場所を無くし、またはこれまでの環境に自ら見切りを付け、施設を選択した児童が、（中略）施設生活の中での職員との関係で自己肯定感や信頼感を獲得し、癒しを経て自信を回復し、自立へ向けて着実に一歩を踏み出すことの出来る支援を行う」（樋口俊司「岡山県立成徳学校における定員開差に対する取り組み」岡山県立成徳学校『想いを寄せて〜一二〇周年を迎えて〜』、二〇〇九年）というような、児童自立支援施設が培ってきた「生活と教育の結合」として、文字通り施設（生活）内学校（教育）という新しい一施設二制度形態に生きて花開くことが求められる。

二　少年司法と学校教育

1　少年独自の刑事政策・法制の形成

日本近代行刑制度初めての立法である監獄則（一八七二・明治五年）は、監獄と懲治監を区別し、二〇歳未満で満期を迎えた者は監獄から懲治監に移し獄司が懇諭するという少年処遇の先駆的思想を持つものとして、犯罪対策における「児童」「少年」の発見、刑事政策における「教育」への関心を示す「少年刑事政策の源流」とされる（土持三郎「少年院の沿革と教育理念」朝倉京一・八木國之ほか編『日本の矯正と保護』第2巻少年編、有斐閣、一九八一年）。日本近代初頭の行刑に成長発達過程という特質に着眼した児童・少年と成人との相対的区別があったことは重要である。

わが国最初の刑法（一八八〇・明治一三年）は刑事責任年齢を一二歳とし、一二歳以上一六歳未満の弁別能力なき場合も罪を問わないとした。その後、一九〇〇（明治三三）年に監獄は内務省から司法省管轄となり、府県行政から直接国の統制下に置かれる。一方、明治一〇年代から民間篤志家による感化事業が広がり、不良少年に対する感化教育立法たる感化法制定（一九〇〇・明治三三年）により感化院（対象年齢は八歳以上一八歳未満、のちに一九二二年少年法制定に伴う感化法改正で一四歳未満となる。その後教護院、今日の児童自立支援施設）が設置され、刑法・監獄法における犯罪少年に対する教育的処遇の思想・制度と不良少年に対する感化教育・保護福祉的教育の思想・制度が二重に管轄官庁も異にしながら（司法省と内務省＝地方長官）並存していくことになった。

一九〇七（明治四〇）年刑法改正による刑事責任年齢の一四歳以上への引き上げに伴い、一四歳未満の引き受け施設として感化院の府県設置が進んだ。少年犯罪・非行領域の特別法制定機運は、諸外国の少年法制をも背景にしながら、刑事政策と福祉保護政策の交錯のもと、いよいよ少年刑事政策に関する特別法として、一九二二（大正一一）年、現行少年法・少年院法の源流である少年法（旧少年法。現行少年法はこの改正）・矯正院法の制定に結実し、刑事政策において少年を独自の対象とする少年法制の基本的な枠組みができあがった。

この旧少年法で「少年」は一八歳未満とし、犯罪少年、虞犯少年に対する九種類の保護処分を設け、行政機関としての少年審判所が設置されることとなった。保護処分の一つとして、少年監と感化院の中間的性格の矯正院を設置し、そこで「性格ヲ矯正スルタメ厳格ナル紀律ノ下ニ教養ヲ施シソノ生活ニ必要ナル実業ヲ練習セシム」（矯正院法九条）こととした。これに伴い、少年法との抵触を避けるため感化法を改正し、感化院収容は一八歳未満から一四歳未満に引き下げた。これら立法により、刑事政策における「少年」の区別と処遇論を基礎とした独自の少年刑事政策が形成されたとみることができ、矯正院法は犯罪少年を「国の責任において保護するという画期的な立法であった」（西岡正之「日本における更生保護の歩み」朝倉・八木ほか編『日本の矯正と保護』第三巻保護編、有斐閣、一九八一年）。

戦後少年法改正は、一四歳以上を刑事責任年齢とする明治四〇年刑法を基礎に（現刑法四一条）、罪を犯しても一四歳未満は罰せずという旧少年法を引き継いでそれを原則児童福祉対応とし、さらに少年の特性に着目した保護処分の精神に基づいて少年年齢を旧少年法での一八歳未満から二〇歳に引き上げた（第二回国会衆議院司法委員会、昭二三・六・一九）で、佐藤政府委員（法務行政長官）は、「最近における犯罪の傾向を見ますると、二十才ぐらいまでの者に、特に増加と悪質化が顕著でありまして、この程度の年齢の者は、いまだ心身の発育が十分でなく、環境その他外部的條件の影響を受けやすいことを示しておるのでありますが、このことは彼等の犯罪が深い悪性に根ざしたものではなく、従ってこれに対して刑罰を科するよりはむしろ保護処分によってその教化をはかるほうが適切である」と発言している）。ここに、自己成長力に依拠した育ち直しを保護する社会制度としての新しい戦後少年法制が形成されたのであった。

2　少年司法と少年院の矯正教育

（1）少年院の概要

少年の犯罪・非行対策を大別すれば、児童福祉法による措置、刑事事件として検察官送致、家庭裁判所の保護処分の三通りがある。少年司法を担う家庭裁判所の決定（処遇選択）には、審判不開始（少一九条）、不処分（二三条）、児童福祉法措置が適当な場合都道府県知事ないし児童相談所長送致（一八条）、死刑、懲役又は禁錮に当たる罪の事件は一六歳以上であれば原則検察官送致（二〇条）、さらに保護処分（二四条）として保護観察所の保護観察、児童自立支援施設又は児童養護施設送致、少年院送致がある（これら家裁の処分決定につき詳しくは、澤登俊雄『少年法入門』第三版、有斐閣、二〇〇五年参照）。

この保護処分は社会内処遇を保護観察で、施設内処遇を児童自立支援施設等ないし少年院で、となる。児童相談所の措置による児童自立支援施設入所は親権者の同意を要するが（児福二七条四項）、保護処分としての施設送致は親権者の同意を要しない（児福二七条の二・一項）。また、児童自立支援施設は自由拘束施設をもつ国立の二施設（男子の武蔵野学院と女子のきぬ川学院）を除いて開放収容であるが、少年院は少年の自由を拘束する非開放施設である。

少年院は国立で法務大臣が管理し（少院三条）、矯正教育を授ける（同一条）。少年の年齢や特性に応じて、初等（心身に著しい故障のないおおむね一二歳以上おおむね一六歳未満）、中等（おおむね一六歳以上二〇歳未満）、特別（心身に著しい故障はないが犯罪的傾向の進んだおおむね一六歳以上二三歳未満、少年受刑者を含む）、医療（心身に著しい故障のあるおおむね一二歳以上二六歳未満）の四種類があり、男女分別施設がある医療少年院を除き男女別である（同二条）。送致先は、初等中等など種類を家裁が決定（少年審判規則三七条一項）、少年鑑別所長に通知し（同二項）、その上で具体的な少年院の指定を少年鑑別所長が行う（二〇〇七年少年法改正による少年院送致年齢引き下げについては後述）。

収容期間設定権限は執行機関（少年院長）にあり、処遇の実際は少年院運営に関する法務省行政通達に基づいて行われる。収容期間を司法ではなく執行機関決定とするのは、少年院での矯正教育による成長発達状況をみて弾力的に判断するためであり、矯正教育施設としての少年院の本質的特長として成人の自由刑の刑期と大きく異なる。通常最長で二年間（長期処遇）であるが、いわゆる「凶悪」事件の発生によって、少年鑑別所の鑑別に基づく処遇指針と家庭裁判所の処遇勧告により、少年院長はあらかじめ二年を超える収容期間を決定することもできるようになった（法務省矯正局長依命通達「少年院の運営について」矯教第二一二四号、一九九七・九・九）。

少年法の目的は「少年の健全な育成を期し、非行のある少年に対して性格の矯正及び環境の調整に関する保護処分を行う」（少一条）であり、少年院は成人の刑罰の執行施設と違ってあくまでも教育施設である。少年非行対策はそもそも罪と罰の制度ではなく教育と児童福祉の制度として対応している。非行に対する保護処分として最も重い印象をもたれている少年院も、あくまで教育施設だという点が重要である（小島喜孝「非行問題と学校・教師」土屋基規編著『現代教職論』学文社、二〇〇六年、参照）。保護処分の選択は少年の要保護性の判断、つまり少年の健全育成の必要から判断されるのであって、それを軽重感覚でとらえるのは問題であろう。逆にその意味で、凶悪犯罪の場合、厳罰化風潮の中でみられる被害者・社会感情対応としての少年院という短絡的選択は問題である。また、環境調整については少年院も退院後の生活環境など帰住環境の調整を行うが、家庭その他環境調整は、主として保護観察所が行う（少二四条二項）。

（2）少年院の分類処遇

少年院の処遇は、個々の少年院の種別（法務省告示、少年院種別表）ごとに行われる。法務省の運営通達は戦後、少年非行・犯罪状況の変化により何度か改正されてきたが、大きな節目は昭和五二年通達「少年院の運営について」（矯正局長依命通達、矯教第一一五四号、一九七七・五・二五）であった。

五二年通達による運営改善は、①施設内外処遇の有機的一体化、②処遇の個別化と収容期間の弾力化、③処遇の特色化、という方針で処遇期間の大枠を短期処遇（六か月）、長期処遇（二年以内）と分け、それぞれ処遇内容を類型化した「分類処遇」を実施するというものだった。処遇の個別化、分類処遇は「少年行刑を含めた行刑処遇全てにかかわる基本理念」（新井浩二「少年矯正の現状と課題」猪瀬愼一郎ほか編『少年法の新たな展開』有斐閣、二〇〇一年）として、「今日の少年院の処遇制度や運営上の基本的な枠組み」（宮之原弘「少年院処遇の新しい展開」加藤幸男ほか編『司法福祉の焦点』ミネルヴァ書房、一九九四年）となっている。

現在の分類処遇は、一般短期処遇（六か月）、特修短期処遇（四か月。交通短期処遇を一九九一年に改正）、長期処遇（二年以内）で、どの分類の矯正教育とするかは家裁の処遇勧告が尊重される。さらに処遇の特色化として、処遇課程の分類があり、短期が教科教育（S_1）、職業指導教育（S_2）、進路指導（S_3）の教育課程に、長期が生活訓練課程（G_1、G_2、G_3）、職業能力開発課程（V_1、V_2）、教科教育課程（E_1、E_2。初等及び中等少年院）、特殊教育課程（H_1、H_2。主として医療少年院）、医療措置課程（P_1、P_2、M_1、M_2。医療少年院）に細分化される。少年院ごとにどの教育課程を中心にするかが特色化というかたちで分類されているので、鑑別所は個々の少年の要保護性によってどの少年院に収容するかを特定する（田宮裕・廣瀬健二『注釈少年法』有斐閣、一九九六年改訂版、参照）。

（3）矯正教育の教育課程編成

教育課程の編成は、法務省矯正局長通達がいくどか改訂されながらかなり体系化されてきた（今日では法務省矯正局長通達「少年院における教育課程の編成、実施及び評価の基準について」矯教二九五二号、一九九六・一一・二七、がその基準を示している）。

教育課程を構成する指導領域は①生活指導、②職業補導、③教科教育、④保健・体育、⑤特別活動とし、特修短期処遇課程では院外委嘱教育（院外委嘱職業補導、特別活動における社会見学・社会奉仕活動等）も行われる。教育課程はまた前述のように処遇期間別に定型化された処遇課程が編成される。

教科教育は、初等は小学校及び中学校で必要な教科、中等及び特別は初等少年院に必要な教科、さらに必要があれば高等学校、大学、高等専門学校に準ずる教科とされ（少院四条）、教科に関する事項は文部科学大臣の勧告に従い、少年院長は教科修了者に修了の事実を証する証明書（学校長の発行する卒業証書と同一の効力を有する）を発行することができる（同五条）。

これまで、一四歳未満の少年（触法少年）は施設処遇を選択した場合でも児童福祉施設送致であり、少年院には中学生以上の少年が収容されていたが、二〇〇七年少年法改正（同年六・一）により、審判決定時一四歳未満でも家裁が「特に必要と認める場合に限り」少年院送致が可能とされた（少二四条）。あわせて少年院法を改正し、初等・医療少年院の収容年齢を「一四歳以上」から「おおむね一二歳以上」に引き下げた（少院二条二項及び五項）。「おおむね」、つまり場合によっては小学生をも少年院送致とする保護処分選択が可能となる。これは、これまで刑事責任年齢区分の一四歳未満は犯罪要件を欠くゆえに「触法」と呼び児童福祉処遇としてきた刑事政策と児童福祉政策とが交錯する少年法制において、一四歳未満少年に対する自由拘束施設における矯正教育の妥当性、また、児童福祉措置区分としてきた一四歳刑事責任年齢の境界的意味を失わせかねないという重要な問題を含んでいる。それゆえ少なくとも、この改正で追加された「少年院における処遇は、個々の在院者の年齢及び心身の発達程度を考慮し、その特性に応じて、これを行わなければならない」（少院一条の二）の運用がとくに注目される。

少年院では、一人ひとりについて作成する個別的処遇計画（矯正局長依命通知「個別的処遇計画の運用について」矯教一五八一、一九九一・七・一〇）の中で、中学生以上であっても学力に応じて小学校ないし中学校の教科内容を教育する（少年院法改正で可能となる小学生を少年院に送致したときの教育について、長勢法務大臣は国会審議で「法案が成立したら、文部科学省とも連携し、小学生に対する教育上の留意点についてもよく研究」すると答弁＝参議院法務委員会厚生労働委員会連合審査会、二〇〇七・五・二四。これは、ともかく小学生でも少年院にという法改正の拙速さを物語っている）。

これら教科教育は学習指導要領に基づき指導されるが、とくに長期処遇課程では「個別的な学習効果を上げるため、個々の在院者の学力に配慮して指導する」ものとされ、高校教育段階の教育課程（E_2）では補習教育（高等学校卒業程度認定試験（二〇〇五年文部科学省令一号、旧大検）受験のための指導にも配慮）も行う。E_2の種別となっている喜連川少年院では、高等学校教育は一九七四年五月に栃木県立宇都宮高校通信制課程の喜連川スクーリング教場が設置され、その通信制課程に入学して行われている。同少年院では補習教育も意欲的に取り組まれており、毎年高等学校卒業程度認定試験合格者を生んでいる。

また、E_1の赤城少年院では、教科書は前橋市教育委員会の選定する教科書を少年院が購入し、英語、数学、国語、社会、音楽については篤志家を非常勤講師として採用する。筆者が同少年院を見学したとき、掛け算や割り算の基礎的な勉強で一定量の問題を解き終わる時間を担当教官が個人ごとに測定していく数学授業で、法務教官の説明によれば、ＬＤ（学習障がい）が見られるある少年が、解き終わったとき何とも言えない笑顔を見せたその表情が実に印象的であった。彼は学校の授業ではおそらくそのような表情を見せたことはなかったのではないか。少年院が果たしている自尊感情回復は、学習面でも大きな意味を持っているように思われる。

法務教官（公安職）は法務教官独自の採用試験制度導入（一九八九年）によって教員免許状を有する者も多く採用されるようになり、矯正教育における教科教育の充実に取り組む風土が形成されてきているとみてよい。

（4）少年院と学籍問題

少年院送致により、学籍は「やむを得ない事由のため」（学教一八条）が適用され就学猶予・免除となる。また、義務教育年限中の出院は、猶予期間の経過または猶予・免除の取り消しとして校長が「年齢及び心身の発達状況を考慮して、相当の学年に編入する」（学教施規三五条）ことになる。このような猶予・免除の場合、指導要録では「在学しない者」としての扱いになり、年月日及び事由を記載することになる（就学義務の猶予・免除をする場合又は生徒の居所が一年以上不明である場合は、在学しない者として取り扱い、在学しない者と認めた年月日及びその事由等を記入する。文部科学省初等中等教育局長通知「小学校児童指導要録、中学校生徒指導要録、高等学校生徒指導要録、中等教育学校生徒指導要録並びに盲学校、聾《ろう》学校及び養護学校の小学部児童指導要録、中学部生徒指導要録及び高等部生徒指導要録の改善等について」別紙第二、文科初第一九三号、平一三・四・二七）。

就学義務の猶予・免除時点で学籍としては「無学籍」状態になるが、少年院の教科教育は学校と同一の教育課程履修効力を持つから（少院五条三項）、学歴としては少年院長の修了証明書で実害はない。ただ、実際は少年の将来に向けた履歴を考慮し、在院中に卒業を迎えるときはおよそ二週間ほど前に猶予・免除で除籍された学校（原籍校）に復学するかたちでその学校長から少年院で卒業証書を授与される運用がなされている。もっとも、この措置は法的手続というより、少年院長と学校長との間の意思によるしかないので、必ずしも少年院の調整が当該学校に受け入れられるとは限らず（場合によっては少年自身の意思もからんでくることもあるが）、その場合には少年院はそれぞれが持っている中学校名称で（学校教育法上の学校ではない意味では制度上架空である）卒業証書を授与することもないではない。

三　就学・学籍問題と学校・機関連携の課題

1　教科教育の法的性格

児童自立支援施設や少年院を児童・少年の学習権保障という角度からみると、いまなお微妙に複雑な制度的不整合が残っているといわざるをえない。

まず、それら制度における学習を教科という領域に限定してみた場合、教科教育の法的性格をどう考えるか。

児童自立支援施設長に対する入所児童就学義務法定化により、学校未設置の施設で「準ずる教育」を受けている児童がなお存在するものの、法制上の建前としては入所児童学習権が宙に浮いた無学籍状態は解消した。他方、少年矯正教育と学校法制との関係では、少年院の矯正教育で「授ける」教科は、義務教育部分については小中学校で「必要とする教科」という表現で法的には「準ずる教育」ではない（高校、高専、大学については「準ずる教科」、少院四条一項、二項）。医療少年院についても、特別支援学校で「必要とする教科」とされている。

このように、児童自立支援施設長の就学義務法定化は、逆に見れば、「準ずる教育」と同様、児童自立支援施設での「個々の児童の状況に応じて必要な指導」（児福四四条、教護院時代にはこれを総じて「教護」といった）は、法的には学校教育法上の教科教育を含まないことを意味する。一方で、少年院についてはそこでの教科指導が法的に学校の教科教育とみなされる。それを担う教員の専門性・免許資格は、教員免許を所有する法務教官の採用が多くなったとはいえ、制度として教員免許を受験資格にしているわけではない。戦後改革において、児童福祉施設では正規の教科教育とみなされなかったのに、なぜ少年院は認められたのか。そこには感化院が先んじていた少年非行対応の福祉教育的発想に対して、刑事政策の流れから生まれた矯正院設置にかけた国の威信や創設者たちの意気高さという成立事情をかいまみることができる（山口幸男『司法福祉論』ミネルヴァ書房、一九九一年、二〇〇六年増補版、参照）。

ともかく、公教育未実施施設および少年院の教科教育は法的にはいずれも就学猶予・免除の無学籍状態でありながら、修了証明書は学校の卒業証書と同等の効力を持ち、しかし児童自立支援施設の教育は学校の教育課程修了とはみなさず少年院については修了とみなす、という形になっている。この説明困難な矛盾は児童・少年の学歴配慮という観点から事実上定着してきたと思われるが、義務教育未修了者がいないようにするという国の行政上の都合もみてとれる。これは法務省、厚生労働省、文部科学省にまたがる制度問題であり、所管を異にする「縦割り行政」の谷間に置かれた問題である。

教科教育の法的性格、教育課程履修の修了、無学籍という制度上複雑に矛盾しあうような状態をいかに整合させうるか、学習権保障に見合う学校・児童福祉・矯正教育（健全育成）制度間の関連を見直す必要がある。

2　就学と学籍の関係

そこでまず就学猶予・免除と無学籍の問題を検討する。児童福祉法改正に学習権保障の立場から疑問を投げかける服部朗（司法福祉論）は、「学籍は（中略）児童の教育を受ける権利の制度的保障であって、保護者の就学義務に従属するものではない」から、「保護者の就学義務が猶予・免除されても、児童の学籍はこれによって影響されることはなく、当然A校（施設入所前に在籍していた学校――筆者注）に残っているはずである」として、四八条改正（児童自立支援施設長の就学義務化）は「本来運用の問題であるものを法改正の問題として切り誤ったもの」と評する（服部朗『少年法における司法福祉の展開』成文堂、二〇〇六年）。

これは学籍と就学義務の本質的関係を鋭く突くとともに、学校を設置する児童自立支援施設入所で転籍となることでそもそも少年の施設入所のいきさつにからむ原籍校を不問に付し、少年との関係を遮断してしまうことへの問題提起でもあろう。加えて問題は、児童（少年）の児童自立支援施設への入所や少年院への入院を保護者の就学猶予・免除願に基づく猶予・免除措置とすることにもある。就学＝通学という観念を基礎にすればそうなるが、不登校あるいは出席停止（学教三五条）の場合は猶予・免除にならない。児童自立支援施設入所中の出席停止手続も、親権者等に対する事前の説明及び意見聴取は施設長を介して行い、理由・期間通知文書の宛先は親権者等とするとの行政運用がなされており（文科省初中局児童生徒課長通知「児童生徒が児童福祉施設に入所している場合等の出席停止の手続について」二〇〇一・一一・一四）、施設入所中でも親権者等の保護者としての地位が承認される。このように、就学＝通学という形式的前提はすでに実質的に意味をなさないから、学籍は子どもの学習権保障の責任所在を制度的に確定するところにその本質があるというべきである。

そもそも非行という場合の保護者の就学猶予・免除願をどう考えたらよいだろうか。

親の就学させる義務（親義務）は、子どもの学習権を基本に置いたその裏付けとしての親子関係上の親義務（親権）であり、その不履行に対する「十万円以下の罰金に処する」という学校制度上の罰則（学教一四四条）も子どもの学習権実質化の仕組みと考えられる。児童福祉施設・少年院への入所・入院を就学猶予・免除措置とする行政運用は、親がこの罰則規定に抵触しないようにという点に合理性があるようにみえる。しかしこの義務不履行は、親が子どもを働かせるとか監禁して通学を妨げるような親の不履行意思による場合に該当するとしても、これと親の義務不履行意思によらない場合、例えば子ども自身の不登校、引きこもり、家出、行方不明、あるいは社会的判断・認定による病気入院（医師の判定）、児童自立支援施設入所（児童相談所長または都道府県知事の措置）、少年院入院（家庭裁判所の決定）とを同列に置くことには無理がある。児童福祉施設措置入所は親の同意を基礎とするが、それを親の就学義務不履行意思とみることはできない。現に不登校や出席停止命令など親の意思を超えたケースは就学猶予・免除にならず罰せられもしないから、そもそも親の、わが子の学習権阻害意思を超える施設入所措置・送致を親の就学義務関係のなかで論ずること自体に無理があるといえよう。

3　学籍運用の問題

学籍は単なる制度的形式でなく、実質的に子どもの学習権保障の社会的責任所在を特定するものと考えたい。したがって、児童自立支援施設や少年院に入所・入院中であっても、学校教育責任としては学校がそれら施設と連絡連携をとりながら常時子どもの状態を把握し学校制度上の責任主体機能を担っているという状態が学籍の内実とならねばならない。これはいったん施設や少年院に入所すると、学校側は厄介者を追い出したかのように見放してしまうという一部の現状を根本から改善することにつながる。

児童福祉法改正による施設内学校設置との関係では、学校が設置されている施設への入所の場合も、学籍は原籍校（就学義務者たる保護者の住民票所在地にある学校）に置いて、その学校が教育責任のセンター機能を果たしながら、施設内学校への転籍ではなく「一時委託」等の特別措置をとる運用が適切であろう。過去には、就学猶予扱いとしつつ学籍はそのままにし、学校教育を教護院に委託する手続とした実例もあった（北海道民生部長通知「教護院入所児童の学籍上の取扱いについて」北海道教育庁教育長宛、一九五七・九・七。高知県同旨教育長通知「教護院入所児童生徒の学籍上の取扱い要領」各市町村教育委員会宛、一九六〇・三・四。以上通知は小林英義『児童自立支援施設の教育保障』ミネルヴァ書房、二〇〇六年。また、小林は同書で「県立学校方式」を提唱している。同書）。学校未設置の場合はいうまでもなく、すでに学校が設置されている児童自立支援施設への入所にあたっても、学籍は「教育責任本籍校」として原籍校に置くことが合理的であり、運用として行われている原籍校からの卒業証書授与も制度的正当性を確保しうる。また、制度的整合性だけではなく、最も肝心な児童・生徒の成長発達権に原籍校が一貫して責任をもち、児童生徒と学校の関係を遮断せず学校としての自省と教訓の学びを大事にすることで、学校教育全体の教育力と資質向上を期することができる。

さらに、施設内学校の望ましい設置形態としては、現行の転籍（転学）、あるいはここで提案する一時委託方式のどちらにせよ、原籍校と対等の関係に立つ独立した本校方式が本来のあり方であろう。それによって施設内学校の固有な管理運営、職員配置その他教育諸条件の整備を行き届かせることができる。分校・分教室方式は、独立した学校としては施設入所児童生徒数が少人数の現状によるものとはいえ、付属的な性格を拭いきれず、その本校となった地元校にとっても、施設入所児童生徒との教育的関係性は稀薄なものにならざるをえないであろう。

さらに進んで、県立学校方式も貴重な考え方である。この方式は施設の都道府県設置と整合し、県内各地の児童生徒を入所させる現状からも、学校設置の市町村主義を超える施設内学校の特性からみて合理的である。岡山県立成徳学校の「県立学校構想」が、関係機関協議の過程で不実現となったことはこうした点からも惜しまれる。

少年院も正規の公教育学校ではないが、学校教育法上の「学校で必要とする教科」指導をしているとみなすのであるから、これも学籍校から少年院への「一時委託」とする。このような行政運用にすれば、教育課程履修と学籍の関係や除籍・編入して卒業証書を授与するといった手続上の混乱をなくし、学籍校が実質的に子どもの教育責任センターになっているという学習権保障の内実を確保することになろう。

4　学校・関係機関連携の課題

社会に強烈な印象を与えた中学生神戸連続児童殺傷事件（一九九七年）は少年法の二〇〇〇年改正を、長崎県佐世保市小学六年生同級生殺害事件（二〇〇四年）は二〇〇七年改正をそれぞれ後押しする形となったが、教育行政分野でも学校内の生徒指導だけではなく、学校と関係機関の連携強化という方向が図られていった。

文科省が設置した少年の問題行動等に関する調査研究協力者会議の報告書「心と行動のネットワーク――『心』のサインを見逃すな、『情報連携』から『行動連携』へ――」（二〇〇一年）は学校、教委、警察、児童相談所等のネットワークをつくり、個別ケースごとにサポートチームを組織することを求めた。サポートチームづくりは、その後政府の青少年育成大綱や犯罪対策閣僚会議でも取り上げられ、文科省は〇四年度から「問題行動に対する地域における行動連携推進事業」をすすめている。

このサポートチームは一人ひとりの少年ごとに組織されるので、きめ細かい連携を可能にするが、問題行動克服指導が生徒排除にならないような運用が必要である（葛野尋之は少年司法の方向として、「少年の成長発達権に基礎づけられた新しい教育理念の下、少年の主体的非行克服援助としての教育機能の強化とともに、恣意的・専断的手続の排除のみならず、少年の手続参加を本質とする適正手続の実質的保障が要請される」とするが、これは学校・関係機関連携場面でも同様である。葛野尋之『少年司法の再構築』日本評論社、二〇〇三年、参照）。

情報連携はとくに学校と警察の間で重要な問題となる。従来、学校警察連絡協議会が自治体ごとに組織されていたが、警察庁がより実務的な連携を可能とする見直しを求め（警察庁生活安全局少年課長執務資料「学校と警察との連携強化による非行防止対策の推進について」二〇〇二・五・二七。同日、同名の文科省児童生徒課長通知も出された）、それ以降、学校と警察の情報提供に関する教委・警察署の協定化が全国的にすすみ、しかも全国ほとんど同じ内容でつくられている。協定内容の問題点としては、①きわめて包括的な情報連絡を可能とし、②したがって校長、警察署長が行う連絡必要性判断には恣意性のおそれがあり、③速やかな面接又は電話による口頭連絡は内容検証可能性に欠ける、④少年本人の位置づけがない、等を指摘しうる（例えば千葉県教委・千葉県警察本部「児童生徒の健全育成に関する学校と警察との相互連絡制度の協定書」二〇〇四・一〇・一四。二〇〇五年二月段階で三二都道県で協定が結ばれ、市町村立学校について市町村教委と警察署の協定も進んでいる）。また、警察等の少年補導活動の法的根拠を整備するため、奈良県では全国に先駆けて少年補導条例が施行された（「奈良県少年補導に関する条例」二〇〇六・七・一施行）。この条例は、「正当な理由がなく、（学校を）欠席し、又は早退し、若しくは遅刻して、徘徊をし」など多岐にわたる「不良行為」を定義し（二条四項）、保護者の指導監督責務、県民の警察等への通報努力責務等を規定している。これに対し、日弁連は条例案審議段階で不登校も不良行為にされる危険、ぐ犯少年への警察権限付与の条例制定権逸脱等の理由で反対を表明した（日本弁護士連合会「奈良県少年補導条例（案）に対する会長声明」二〇〇六・三・一〇）。これも少年補導員による不良行為の恣意的判断や、大人社会のまなざしの監視社会化に注意する必要がある。

もとより警察は学校教育と相容れないとは機械的にいえない。少年の抱える困難を支援する観点からの連携は必要である。少年警察活動規則が「少年の性行及び環境を深く洞察」する（規則三条）と定めるが、時には学校以上に少年の内面に人間信頼の心を届ける少年係警察官の実例もある（佐藤けいこ「どん底から救ってくれた一人の大人」、「非行」と向き合う親たちの会編『絆』新科学出版社、二〇〇二年）。

おわりに

児童福祉制度・少年司法と学校教育との交錯を、教育基本法、児童福祉法、少年法のいずれにも根底に有する子どもの福祉理念を生かした子どもの成長・福祉を一体的に保障する社会制度的整合性という観点からみれば、次のような改善点があろう。

①就学行政としては、児童自立支援施設入所および少年院送致に伴って在籍していた学校（原籍校）を「就学猶予・免除」とするのではなく、学校を設置する児童自立支援施設を含めて学籍は原籍校に置き、当該児童・少年の学校教育センター機能を保持し、非行の経過に学校が関係していることも多い実態から、学校側の反省を含めた教育機能の改善向上可能性が失われる原籍校との関係の制度的遮断をやめる。

②児童自立支援施設の学校は、設置者管理主義（学教法五条）の特例として児童自立支援施設設置者・都道府県所管とし、経費を国及び都道府県が負担し教員・学校事務職員配置の充実をはかる。この措置は学校未設置施設の直面

する困難を大幅に解消することになる。
③少年院は国（法務省）の設置管理施設であるが、その教育条件整備は文部科学省の責任で行う。とくに教員配置は教員免許状所有法務教官の充実のみならず、文部教官としての配置をすすめ、また、それは学級規模基準ではなく教科学習の必要の観点から行う。
④非行に関わる学校と関係機関の連携は、健全育成・保護主義という少年法の理念に沿って子どもの要保護性克服を支援する観点で行い、情報連携は少年法六一条及び個人情報保護法をふまえ、非行少年情報がセンシティブ情報であることを厳格に考慮した協定とする。

教育理念や目標はもちろん重要であるが、あくまでもそれは人間の、あるいは大人社会の問題でもある。むしろ非行は「幼いときからの人権侵害が蓄積された結果」との見方もあり（坪井節子編集代表・東京弁護士会編『お芝居から生まれた子どもシェルター』明石書店、二〇〇六年）、大人社会の問題や困難を背負わされ内在している目の前の子どもたちを理念や目標基準で裁断していくことは、健全育成に必要な人間の社会的関係性を逆に遮断していくことになる。問題や失敗や弱さを栄養素として学び合う子どもの成長過程を支える社会システムの構築という観点から、今日の教育・福祉・司法諸制度とその総合的体系化をはかることが重要である。

（**小島喜孝**）

参考文献

○小林英義・小木曽宏編『児童自立支援施設の可能性』ミネルヴァ書房、二〇〇四年。
○小林英義『児童自立支援施設の教育保障』ミネルヴァ書房、二〇〇六年。
○澤登俊雄『少年法入門』（第四版）有斐閣、二〇〇八年。

○山口幸男『司法福祉論』ミネルヴァ書房、一九九一年、二〇〇六年増補版。
○財団法人矯正協会『矯正教育の方法と展開』矯正協会、二〇〇六年。
○太田政男・小島喜孝・中川明・横湯園子編『思春期・青年期サポートガイド』新科学出版社、二〇〇七年。

【参考基礎資料】——1　各国の教育改革

わが国では、一九八〇年代から教育改革の必要が唱導されたが、同じ頃世界の国々でも、教育改革が重要課題の一つとされ、さまざまな取組みが行われた。

各国では、それぞれの伝統や文化を反映して、教育改革の背景も重点目標も同一ではないが、いくつかの国に共通して見られる傾向を看取することはできる。例えば、教育改革に取組む動機は、経済発展の見地から教育の役割を重視し、生活、社会システム、産業構造などの急速な変化に対応して現有の知識や技能を更新することであり、教育改革の目標は、国際競争力に耐え得る人材養成に資する教育水準の向上を目指し、初等中等教育における学力の向上や資質教育、高等教育における教育と研究の質的向上、経費負担の改善、生涯学習社会の実現に向けた職業訓練の充実などである。

以下は、わが国にかかわりのある主要六か国とわが国における教育改革の背景、取組み、重点目標、施策（原則等）を要約したものである。

〈アメリカ〉

・教育改革の背景（特に指摘されていた教育上の問題点）＝学校の危機、学力の低下、財政の悪化（高等教育）など

・改革への政府の取組み＝レーガン共和党政権下では、連邦教育長官諮問委員会による『危機に立つ国家』（一九八三年）が全米に大きな影響を及ぼし、教育の危機を脱却し世界における米国の威信を回復するための改革運動を繰り広げる。ブッシュ共和党政権になると、全米州知事が参集する史上初の第一回教育サミットを開催し（一九八九年）、「全国共通教育目標」達成のため「教育スタンダード」を策定し、教育改革を中心とする総合的地域計画の立案などを柱とする教育改革戦略「二〇〇〇年のアメリカ」を発表（一九九一年）。クリントン民主党政権はこの路線を基本的に引継ぎ、「全国共通教育目標」に二項目追加した全米的目標と、州の教育改革を支援する補助金の交付を定めた教育改革振興法「二〇〇〇年の目標：アメリカ教育法」を制定（一九九四年）

・改革の重点目標＝学力の底上げ、教育の質の維持・向上（公立学校）、教育研究水準の維持・向上（高等教育）

・改革の施策（原則等）＝基準化、共通化、規制緩和、各学校の裁量の拡大、経営のスリム化、独自の収入の増加

〈イギリス〉

・背景＝国民・産業のニーズに対応した教育への要望、生徒の学力低下

・政府の取組み＝キャラハン労働党党首、社会経済の求めに応じた教育を提起（教育大討論）（一九七六年）、サッチャー保守党政権誕生、社会経済の要請に応じた教育改革を展開（一九七九年）、教育改革法成立（一九八八年）、メージャー組閣　高等教育の一元化等の改革を推進（一九九〇年）、ブレア労働党政権誕生　改革の継承と修正（一九九七年）

・重点目標＝社会発展に役立つ人材の養成、教育水準の向上、教育

の量的拡大（義務教育後教育・高等教育）
・施策＝競争（市場）原理の重視、学校の教育成果に対する責任の強化、行政のスリム化・分権化、民間活力の導入、社会経済のニーズへの対応

〈フランス〉
・背景＝初等中等教育段階における基礎学力の不足、大学第一期課程での高い中途退学率、職業資格未取得での離学
・政府の取組み＝第二次ミッテラン社会党政権、教育を最優先課題に（一九八八年）、新教育基本法制定（一九八九年）、教育改革指針「学校改革のための新しい契約」（一九九四年）、シラク保守政権誕生（一九九五年）、ジョスパン左派連合内閣発足（一九九七年）
・施策＝学力の多様化に応じた教育の多様化・弾力化、分権化、各学校・地方の裁量権の拡大、国際化・情報化への対応

〈ドイツ〉
・背景＝経済発展を維持できる人材養成への要望、高等教育の学生増と研究・教育条件の悪化
・政府の取組み＝ドイツ統一（一九九〇年）、高等教育大綱法改正（一九九八年）
・重点目標＝教育の質の維持・向上、人材の養成（職業・高等教育）、国際化・情報化への対応
・施策＝ドイツ語・外国語・数学を必修化する履修内容の共通化（ギムナジウム）、多様化と競争原理の導入（高等教育）、高等教育機関の権限拡大

〈ロシア連邦〉
・背景＝官僚主義的・中央集権的な教育行政、画一的な教育課程、市場経済体制下に有用な人材養成の必要
・政府の取組み＝教育のペレストロイカ政策の開始（一九八八年）、ソ連邦解体・ロシア連邦成立（一九九一年）、ロシア連邦教育法成立（一九九二年）
・重点目標＝市場経済体制に対応した新教育制度の模索、教育水準の維持・向上
・施策＝教育行政の地方分権化、地域・学校の実情に合せた教育の多様化・弾力化、新たな教育課程基準等の指示、優秀教員への新称号、教員の待遇改善

〈中華人民共和国〉
・背景＝経済発展への貢献の要請、文化大革命による停滞と混乱、教育普及の遅れと劣悪な教育条件、行政の管理指導の硬直化
・政府の取組み＝教育体制改革に関する決定（改革の指針）（一九八五年）、成人教育の改革と発展に関する決定（一九八七年）、第一三回党大会、教育を経済発展の最重要課題に（一九八七年）、中国の教育の改革及び発展についての要綱（新たな指針）（一九九三年）、二一世紀に向けた教育振興行動計画（一九九九年）
・改革の重点目標＝国民全体の資質向上と優秀で大量の人材の効率的育成、資質教育（創造性の育成）
・施策＝基礎教育の普及、経済発展の需要への対応、行政権限の下級機関への移譲、地方・学校の実情に合せた教育の多様化・弾力化、「教師の日」制定、私立学校・高等教育機関設置

〈日　本〉

・背景＝いじめ、不登校、受験競争の過熱化、家庭と地域社会の教育力の低下

・政府の取組み＝臨時教育審議会設置（一九八四年）、教育改革推進大綱（一九八七年）、文部省教育改革実施本部設置（一九八七年）、大学審議会設置（一九八七年）、生涯学習審議会設置（一九九〇年）、教育改革プログラム（一九九七年、以後毎年改訂）、教育改革国民会議設置（二〇〇〇年）

・重点目標＝個性の重視、生涯学習体系への移行、国際化・情報化等の変化への対応、科学技術創造立国への取組み

・施策＝生涯学習体制の整備、学校教育の多様化・弾力化、高等教育の個性化・高度化、研究振興、「ゆとり」の中で「生きる力」を育成

【参考基礎資料】――2　各国の教育行政制度

各国では、前述のように、それぞれの国情を反映して、固有の教育行政制度が形成されている。国家が連邦制であるか否か、権限配分が中央分権か地方分権かなどの違いにより、教育行政機関の組織や行政関与の範囲・程度が異なり、実態は多様である。ここでも、七か国の基礎情報を要約しておく。

〈アメリカ〉

・教育行政機関の種類……連邦＝教育省／州＝教育委員会（決定機関）、教育長・教育局（執行機関）／地方（学区）＝教育委員会（決定機関）、教育長・教育事務所（執行機関）

・その役割と権限……連邦＝障害児教育や奨学プログラムなど機会均等に係る事業、調査・研究・統計事業などに限定／州＝教育に関する最終的な権限を有し、教育財政制度や教員免許制度の制定、教育過程の基準の設定、学校評価、州立大学の設置・管理等を実施／地方（学区）＝公立初等中等学校の設置・維持・管理（学校制度の決定を含む）、学校予算の配分、教職員の雇用、教育課程の策定など

・国・地方・学校等の関係……連邦と州＝連邦は補助金事業などで方針を示すが、受入れは州の任意／州と学区＝州は学区を設置し、補助金の支給により教育条件の整備を支援するほか、教育水準の維持を監督・指導・助言／学区と学校＝公立学校の校長は行政系統のポスト（中間管理職）、学区教育長の代理として公立学校を管理運営、近年は学校単位での管理運営（ＳＢＭ）やチャーター・スクール等の学区の権限を各学校に移譲する試みが拡大

・諮問機関等……連邦教育省には恒常的な審議会はないが、州によっては教育課程や教員養成など分野ごとに設置。

（参考）・主たる初等中等学校体系／義務教育年限……5（または4）―3（4）―4、6―3（2）―3（4）、8―4など（学区により異なる）／9年または10年（州により異なる）

・教員養成機関……大学4～5年

〈イギリス〉

・教育行政機関の種類……国（中央）＝教育雇用省、地方＝地方教育当局

・その役割と権限……国＝教育の振興を目的に教育制度全般に責任を負い、国の教育政策の決定、教育課程基準（全国共通カリキュラム）の策定、視学機関を通じて学校・地方教育当局の監視／地方＝公立（営）学校の設置・維持、学校予算の配分、当該地方の教育計画、教育課程の策定、広域的な条件整備、学校に対する指導・助言など

・国・地方・学校等の関係……国＝地方教育当局及び学校の統制・指揮、地方の教育予算、学校設置、教育計画の承認、監査による監視、指導・助言／地方と学校＝公立（営）学校の理事会への任命理事の配置、教育の質に問題のある学校に対する警告、理事の追加任命、予算裁量権の停止など

・諮問機関等……一九四四年法にもとづき、教育全般にわたる審議会として中央教育審議会が設置されていたが、一九八七年廃止（現在この種の恒常的審議会はは設けられていない）

・主たる学校体系／義務教育年限……6―7（5―2）／11年

・教員養成機関……大学4年または学士取得後1年

〈フランス〉

・教育行政機関の種類……国＝国民教育省／国の出先機関＝大学総長（広域圏）、大学区視学官（県）、国民教育視学官／地方＝地域圏、県、市町村

・その役割と権限……国＝教育課程の基準の設定、修了証・職業免許状交付要件の設定、教員の任用等、広範囲に強大な権限／地方＝学校の施設・設備の改善、生徒の通学等、限定的な役割

・国・地方・学校等の関係……国＝各地方レベルに出先機関として視学官当を配置、各学校の教育を直接管理／地方＝地域圏は県に特に関与せず、県は市町村に対して小学校の建設・改修費用を補助

・諮問機関等……国民教育省に、中央教育審議会、高等教育・研究審議会等が置かれ、教育政策について意見具申

・主たる学校体系／義務教育年限……5―4―3（2）／10年

・教員養成機関……教員教育大学センター2年、大学4年（中等教育のみ）、グランゼコール5年（同）

〈ドイツ〉

・教育行政機関の種類……連邦＝教育研究省／州＝文部省／地方＝県レベルは学校部、郡レベルは学務部

・その役割と権限……連邦＝基本法に規定された一部の事項を所管―高等教育の一般的原則の規定、職業教育の支援、高等教育機関の新設・拡充に対する財政補助／州＝教育全般を所管―教育政策の決定、教育制度・教育課程の基準の制定、教員養成・研修、高等教育機関の設置・管理、教員人事／県・郡レベル＝ギムナジウム・実科学校・職業教育学校の設置・管理／市町村レベル＝基礎学校・ハウプトシューレの設置・管理

・国・地方・学校等の関係……連邦と州＝共同任務に関して協力／州＝学校の新設・拡充、児童・生徒の交通費について地方に補助金を拠出、地方に視学を配置／県・郡レベル＝監督する学校の人事・予算・教科書、就学義務の猶予・免除など／県＝州に代り、教員の公募、採用、配置の手続きをすることあり

・諮問機関等……厳密な意味での諮問機関はないが、学術協議会が高等教育・学術・研究に関する問題につき見解を表明、勧告

・主たる学校体系／義務教育年限……4―5―1～3、4―6―1～3、4―9（8）／9年（一部の州は10年）
・教員養成機関……大学3～5年

〈ロシア連邦〉

・教育行政機関の種類……連邦＝教育省、各省・国家委員会／地方＝連邦構成主体レベル、市・地区等レベル
・その役割と権限……教育省＝教育全般を所管――全国的な教育政策・制度・各種基準の制定、高等教育機関や一部の職業教育学校の設置・管理／各省・国家委員会＝特定分野の専門教育を所管――一部の高等教育機関や職業教育学校の設置・管理／連邦構成主体レベル＝連邦の方針に従い、地域の実情に応じた政策や基準等の制定、主に職業教育学校の設置、管理／市・地区等レベル＝就学前教育機関・初等中等学校の設置・管理
・国・地方・学校等の関係……教育省＝連邦構成主体レベルの教育行政機関に対し、教育政策・制度の連邦としての統一性を維持するための施策を指導／連邦構成主体＝連邦と共同で市・地区等の指導・管理／市・地区等＝初等中等学校の管理
・諮問機関等……連邦レベルには、常設の諮問機関はないが、重要施策を立案する際、教育省の下に検討委員会等が設置されることあり
・主たる学校体系／義務教育年限……4（3）―5―2／9年（または8年）
・教員養成機関……師範学校3～4年（初等教育のみ）、教育大学4年（同）、5年（中等教育のみ）、大学5年（同）

〈中華人民共和国〉

・教育行政機関の種類……国（中央）＝教育部、中央各部・委員会教育司又は教育局（専門教育）／地方＝省レベルは教育委員会、地区・県レベルは教育委員会・教育局、郷レベルは教育担当部署
・その役割と権限……教育部＝全国的な教育方針・政策・制度・各種基準の制定、中央各部・委員会＝高等教育機関・中等専門学校の設置・管理／省レベル＝省内の教育計画・法規・各種基準の制定、高等教育機関・中等専門学校の設置・管理／地区レベル＝同前（省の出先）／県レベル＝初等中等学校の設置・管理、教員採用／郷レベル＝義務教育学校の経費補助
・国・地方・学校等の関係……教育部＝省レベル教育委員会に対し、教育方針・政策・制度・各種基準等に関する専門的事項の指導／上級教育委員会＝下級教育委員会・教育局に対し、教育の専門的事項の指導／県教育委員会・教育局＝その設置する初等中等学校の管理・指導
・諮問機関等……国レベルに政策形成のための常設諮問機関は設けられておらず、通常は臨時に重要政策策定のための起草委員会を設置
・主たる学校体系／義務教育年限……6―3―3（または、5―4―3）／9年
・教員養成機関……中等師範学校3～4年（初等教育）、師範専科学校2～3年（前期中等教育）、師範大学4～5年（後期中等教育）

〈日　本〉

・教育行政機関の種類……国＝文部省／地方＝都道府県、市町村とともに教育委員会、一部都道府県知事など

・その役割と権限……文部省＝基本的な教育制度の枠組や全国的な基準の制定、地方における教育条件整備の援助、国立学校の設置・維持／都道府県教育委員会＝主に公立高等学校、盲・聾・養護学校の設置・管理／市町村教育委員会＝主に公立幼稚園、小中学校の設置・管理
・国・地方・学校等の関係……文部大臣＝都道府県・市町村教育委員会に対し、教育に関する事務の適正な処理について指導・助言・援助／都道府県教育委員会＝市町村教育委員会に対し、教育に関する事務の適正な処理について指導・助言・援助／都道府県・市町村教育委員会＝その設置する公立学校の管理・指導
・諮問機関等……文部省には中央審議会をはじめ各種審議会が置かれ、文教の重要施策につき答申・建議、ほかに調査研究協力者会議等も
・主たる学校体系／義務教育年限……6―3―3／9年
・教員養成機関……大学2・4年

《参考文献》

文部省編『諸外国の学校教育　欧米編』教育調査第一二二集、大蔵省印刷局、一九九五年、『同　中南米編』教育調査第一二三集、九六年、『同　アジア・オセアニア・アフリカ編』教育調査第一二四集、九六年、文部省／文部科学省『諸外国の教育の動き』大蔵省印刷局／独立行政法人国立印刷局、九九年〜、本間政雄・高橋誠編著『諸外国の教育改革―世界の教育潮流を読む　主要六か国の最新動向―』ぎょうせい、二〇〇〇年、文部省編『諸外国の教育行財政制度』教育調査第一二六集、大蔵省印刷局、同年、文部科学省編『諸外国の初等中等教育』教育調査第一二八集、財務省印刷局、〇二年、同『諸外国の高等教育』教育調査第一三一集、財務省印刷局、〇四年、及び『文部科学時報』所載の「海外教育ニュース」など。

【参考基礎資料】——3　文部科学省の組織図

（2009年4月1日現在）

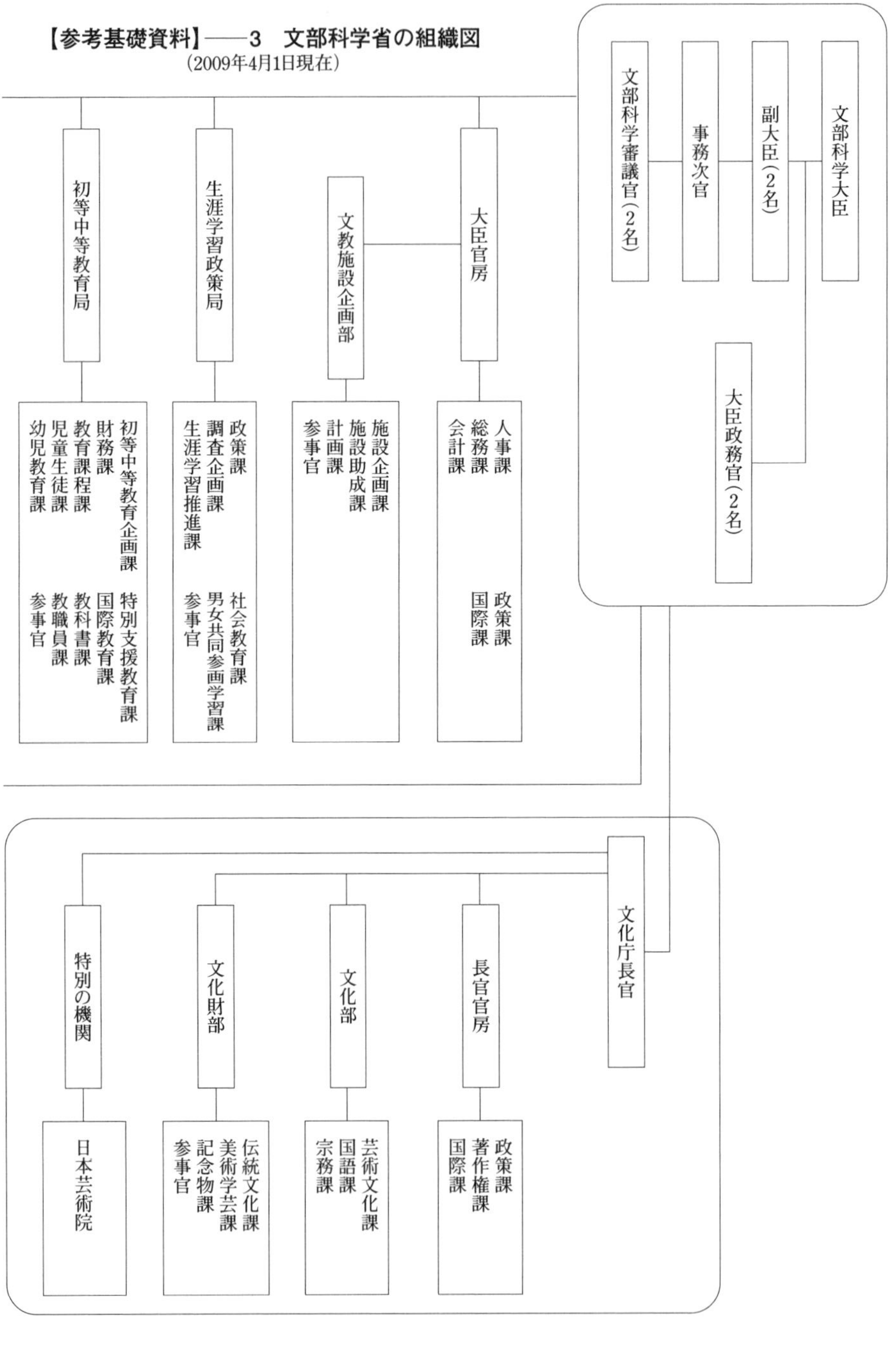

- 高等教育局
  - 高等教育企画課
  - 大学振興課
  - 専門教育課
  - 医学教育課
  - 学生・留学生課
  - 国立大学法人支援課
  - 私学部
    - 私学行政課
    - 私学助成課
    - 参事官
- 科学技術・学術政策局
  - 政策課
  - 調査調整課
  - 基盤政策課
  - 原子力安全課
  - 計画官
  - 国際交流官
- 研究振興局
  - 振興企画課
  - 研究環境・産業連携課
  - 情報課
  - 学術機関課
  - 学術研究助成課
  - 基礎基盤研究課
  - ライフサイエンス課
- 研究開発局
  - 開発企画課
  - 地震・防災研究課
  - 海洋地球課
  - 宇宙開発利用課
  - 原子力計画課
  - 原子力研究開発課
  - 参事官
- スポーツ・青少年局
  - 企画・体育課
  - 生涯スポーツ課
  - 競技スポーツ課
  - 学校健康教育課
  - 青少年課
  - 参事官（2名）
- 国際統括官

- 施設等機関
  - 国立教育政策研究所
  - 科学技術政策研究所
- 特別の機関
  - 日本学士院
  - 地震調査研究推進本部
  - 日本ユネスコ国内委員会
- 地方支分部局
  - 水戸原子力事務所

執筆者紹介

平原春好（ひらはら・はるよし）〔編者、1章、2章、3章〕
神戸大学名誉教授。主要著書に、『教育行政学』（東京大学出版会、一九九三年）、『教育学』（共著、有斐閣、一九九七年、補訂版二〇〇四年）、『資料　教育基本法五〇年史』（共編、勁草書房、一九九八年）ほか。

＊

勝野正章（かつの・まさあき）〔8章〕東京大学大学院教育学研究科教授。主要著書に『教員評価の理念と政策　日本とイギリス』（エイデル研究所、二〇〇三年）、School Evaluation at Japanese Schools（*London Review of Education*, Vol. 6, issue 2, 2008）、「教員評価・学校評価のポリティクスと教育法学」（『日本教育法学会年報』三七号、二〇〇八年）ほか。

小島喜孝（こじま・よしたか）〔12章〕元東京農工大学教授。主要著書に『教育改革の忘れもの』（つなん出版、二〇〇六年）、『地域における新自由主義教育改革』（共編、エイデル研究所、二〇〇五年）、『思春期・青年期サポートガイド』（共編著、新科学出版社、二〇〇八年）ほか。

白石　裕（しらいし・ゆたか）〔6章〕元京都大学教育学部教授。主要著書に、『教育機会の平等と財政保障』（多賀出版、一九九六年）、『分権・生涯学習時代の教育財政』（京都大学学術出版会、二〇〇〇年）、『地方政府における教育政策形成・実施過程の総合的研究』（編著、多賀出版、一九九五年）ほか。

添田久美子（そえだ・くみこ）〔11章〕和歌山大学大学院教職開発専攻教授。主要著書に、『「ヘッド・スタート計画」研究』（学文社、二〇〇五年）、『いじめととりくんだ国々』（共編著、ミネルヴァ書房、二〇〇五年）ほか。

土屋基規（つちや・もとのり）〔9章〕元神戸大学名誉教授。二〇一八年七月逝去。主要著書に、*Education in Contemporary Japan*（共著、Cambridge University Press, 一九九九年）、『日本の教師』（新日本出版社、第二版、一九九五年）、『戦後日本教員養成の歴史的研究』（風間書房、二〇一七年）ほか。

坪井由実（つぼい・よしみ）〔5章〕愛知県立大学・北海道大学名誉教授。主要著書に、『アメリカ都市教育委員会制度の改革』（勁草書房、一九九八年）、『地方教育行政法の改定と教育ガバナンス―教育委員会制度のあり方と「共同統治」』（共編著、三学出版、二〇一五年）ほか。

中嶋哲彦（なかじま・てつひこ）〔4章〕名古屋大学大学院教育発達科学研究科教授。主要論文に、「新自由主義的教育政策の展開と公教育の現状―公教育における支配と統治構造の転換」（『日本教育政策学会年報』第一九巻、二〇一二年）、「新自由主義的国家戦略と教育政策の展開」（『日本教育行政学会年報』第三九巻、二〇一三年）、「大阪府・市における首長の教育支配―「不当な支配」と教育委員会廃止論登場の必然性」（『日本教育法学会年報』第四三巻、二〇一四年）ほか。

細井克彦（ほそい・かつひこ）〔10章〕大阪市立大学名誉教授。主要著書に、『設置基準改訂と大学改革』（つむぎ出版、一九九四年）、『大学評価と大学創造』（共編著、東信堂、一九九九年）、『戦後日本高等教育行政研究』（風間書房、二〇〇三年）、『新自由主義大学改革―国際機関と各国の動向』（共編著、東信堂、二〇一四年）、『岐路に立つ日本の大学―新自由主義大学改革と超克の方向』（合同出版、二〇一八年）ほか。

渡部昭男（わたなべ・あきお）〔7章〕神戸大学大学院人間発達環境学研究科教授（鳥取大学名誉教授）。主要著書に『能力・貧困から必要・幸福追求へ―若者と社会の未来をひらく教育無償化（日本標準ブックレット）』（日本標準、二〇一九年）、『障がい青年の自分づくり』（日本標準、二〇〇九年）、『格差問題と「教育の機会均等」』（日本標準、二〇〇六年／大学評価学会第一回田中昌人記念学会賞二〇一〇年受賞）ほか。

索　　引

さ　行

た　行

ま　行

や　行

ら　行

概説　教育行政学

2009年7月31日　初　版
2019年9月10日　第3刷

〔検印廃止〕

編　者　平原春好

発行所　一般財団法人　東京大学出版会
代表者　吉見俊哉
153-0041 東京都目黒区駒場4-5-29
http://www.utp.or.jp/
電話 03-6407-1069　Fax 03-6407-1991
振替 00160-6-59964

印刷所　株式会社三陽社
製本所　誠製本株式会社

ISBN 978-4-13-052078-2　Printed in Japan